城市轨道交通运营车辆系统岗位培训教材

城市轨道交通厂段调度

丛书主编：张 辉 谭文举 柳 林

主 编：王 亮 罗 敏 姚 闽 明 洪

主 审：黄满光 林琪东

中国建筑工业出版社

图书在版编目（CIP）数据

城市轨道交通厂段调度/张辉，谭文举，柳林丛书主编；
王亮等分册主编. —北京：中国建筑工业出版社，2017.3
城市轨道交通运营车辆系统岗位培训教材
ISBN 978-7-112-20396-3

Ⅰ.①城…　Ⅱ.①张…②谭…③柳…④王…
Ⅲ.①城市铁路-轨道交通-运输调度-岗位培训-教材
Ⅳ.①U239.5

中国版本图书馆 CIP 数据核字（2017）第 026881 号

　　本书包括 8 章。分别是基础知识、技术设备、车厂调度、信号楼值班员、车厂派班员、车厂（停车场）应急处理、检修、相关知识等内容。本书根据城市轨道交通场段调度员岗位标准和培训规范进行编写。内容丰富，通俗易懂。

　　本书可作为城市轨道交通运营车辆系统岗位培训考试用书，也可作为运营管理部门、设计部门、科研单位和教育机构的参考书。

　　责任编辑：胡明安
　　责任设计：谷有樱
　　责任校对：焦　乐　党　蕾

城市轨道交通运营车辆系统岗位培训教材
城市轨道交通厂段调度
丛书主编：张　辉　谭文举　柳　林
主　　编：王　亮　罗　敏　姚　闽　明　洪
主　　审：黄满光　林琪东
＊
中国建筑工业出版社出版、发行（北京海淀三里河路 9 号）
各地新华书店、建筑书店经销
霸州市顺浩图文科技发展有限公司制版
环球东方（北京）印务有限公司印刷
＊
开本：850×1168 毫米　1/32　印张：12⅛　字数：335 千字
2017 年 6 月第一版　　2017 年 6 月第一次印刷
定价：38.00 元
ISBN 978-7-112-20396-3
（29913）

本书编委会

丛书主编： 张　辉　谭文举　柳　林

主　　编： 王　亮　罗　敏　姚闽明　洪

主　　审： 黄满光　林琪东

编　　委：（排名不分先后）

唐宇斌　金敏敏　刘国政　黄室榕　王　樊

毛松平　李燕艳　李大洋　王　伟　刘　波

谭睿珂　潘小坤　杨丰厚　黄甫乐　黄　政

陈延安　刘仕祥　凌科峰　刘仕祥　张　晓

于　阳　莫燕冯　余　爽　吕　翔　李　阳

李成林　曾　玥　旷文茂　李福斌　黎　鑫

刘光普　张雪琦　孙拓东　张忠强　吴全立

张保华　崔海龙　邱明江　曾　兴　党永伟

李文龙　黎　远

参编单位： 南宁轨道交通集团有限责任公司

中国建筑股份有限公司

序

目前，随着我国城市轨道交通事业的快速发展，城市轨道交通的运营、管理及安全已经摆到了首位。轨道交通系统一旦建成，就必须夜以继日地保持系统的安全和高效运营。城市轨道交通系统设备先进、结构复杂，高新技术应用越来越普及，要保障这样庞大系统的安全和高效，必须依靠与之相协调的高素质的人员。轨道交通行业职工素质的高低直接关系到企业的生存和发展。因此，企业必须拥有一支高素质的技术队伍，培养一批技术过硬、技艺精湛的能工巧匠，才能确保安全生产，提高工作效率，提升非正常情况下的应急应变能力。

岗位培训是人才培养的重要途径，是提高企业核心竞争力的重要手段，而岗位培训需要适合的培训教材，在对国内城市轨道交通行业进行广泛调研的基础上，推出了"城市轨道交通运营车辆系统岗位培训教材"，涉及城市轨道交通标准化作业教程、电客车驾驶、工程车驾驶、工程车检修技术、厂段调度、车辆系统功能与组成、车辆检修技术、设备维修技术、设备操作原理、运营安全管理等内容。

本套教材由南宁轨道交通集团和中国建筑股份有限公司组织从事城市轨道交通建设和运营管理的专家编写。在教材内容方面，力求实用技术和实际操作全面、完整，在注重实际操作的基础上，尽可能将理论问题讲解清楚，并在表达上能够深入浅出。本套丛书不仅是城市轨道交通工程运营专业人员的岗位培训、技能鉴定的培训教材，也可以作为城市轨道交通大中专院校、职业学校学生的教学参考用书。

相信该套培训教材，能在广泛吸收国内、外同行技术与管理经验的基础上，结合国内行业实际情况，为城市轨道交通车辆系统，提供一套完整而系统的参考读物，亦为我国城市轨道交通运营管理的基础理论和实用技术填补空白。

张　辉

前　　言

随着城市化进程的加快和城市规模的不断扩大，出行距离、出行时间也越来越长，城市交通需求不断增加。城市轨道交通具有大容量、快速、准点、安全、环保等特点，满足了城市大量人口快速移动和城市可持续发展的需求，受到越来越多的城市青睐。随着城市轨道交通的重要性、便捷性日益凸显，列车作业、乘务安全也越来越受到人们重视。

对于"牵一发而动全身"的地铁运输而言，任何一个小细节出现问题都有可能引起行车事故。为保证行车运输质量，达到行车安全的目的，就必须制定相关岗位作业标准。目前，国内外专家对地铁厂段控制作业的规范各抒己见，取得了一定进展，但是尚未形成统一标准。而一套行之有效的厂段控制作业标准可以使运营管理人员更好开展行车组织业务学习、培训，从而使相关岗位人员能快速掌握基本技巧，进而有效避免因标准不一致导致乘务安全事故发生。

为此，编写一本适用于现代城市轨道交通车厂控制类的书籍，满足当前不断增长的行车工作需求，已是迫在眉睫的重要任务。笔者根据多年在地铁工作的实践经验，结合地铁自身特点，从岗位介绍、技术设备基础、行车组织、施工管理和非正常应急处理等方面详细介绍地铁厂段调度的作业规范，注重体系性、实用性，以期切实推行作业标准化，保证运输安全，提高经济效益，助力城市公共交通。运用标准用语并基于精简原则，特编写本书。本书可作为培训专业人才的教材，也可作为车厂控制相关岗位工作的参考书，还可作为设计、科研单位和高等院校相应专业师生的教学参考书。

全书共分为 8 章。第 1 章为基础知识，第 2 章为技术设备，第 3 章为车厂调度，第 4 章为信号楼值班员，第 5 章为车厂派班员，第 6 章为车厂（停车场）应急处理，第 7 章为检修，第 8 章为相关知识。本书对笔者多年来在地铁的实践进行了较为全面和科学的总结，具有较强的实用性和操作性，可供广大工程施工管理和技术人员参考和借鉴。

　　本书在编写过程中得到了南宁轨道交通集团及运营分公司领导专家的大力支持，在此一并致谢。在成文过程中，也参考和引用了部分同行的相关成果，特向相关作者表示感谢。鉴于编者水平有限，书中纰漏和不足之处在所难免，恳请广大专家、读者批评指正！

2016 年 9 月

目　　录

1 基 础 知 识

1.1 城市轨道交通运营

1.1.1 城市轨道交通概述

在经济发展的基础上，现代城市人口大量增加，地域不断扩大，地面交通已无法适应由经济活动和人民生活产生的日益增长的运量需求。城市交通堵塞、交通事故、噪声和空气污染日益影响着人们的工作、生活。因此，必须有一个快捷、舒适、大运量、低能耗的城市交通工具。地铁正是这样一种理想的现代化的城市交通工具。

地铁原是地下铁道的简称，但本书的内容也适用于地面轻轨、高架城市铁道，而且在一些城市地铁系统中往往是三者联系在一起的，所以不妨以此作为它们的统称。它们的主要任务是快速输送城市客流。地铁是一种独立的有轨交通系统，其正常运行不受地面道路拥挤的影响，能够按照设计的能力正常运行，实现快捷、安全、舒适地运送乘客。地铁一般采用直流电力牵引，其效率高、无污染，能够实现大运量的要求，具有良好的社会、经济效益。

尽管地铁建设周期比较长、投资大、技术要求高，但因其具有上述其他城市交通方式无法比拟的优越性，越来越受到人们的青睐。自 1863 年伦敦建成世界上第一条地铁以来，到 1990 年世界上已有 30 多个国家和地区的 100 余座城市建成地铁并投入了使用。几乎世界上著名的城市如伦敦、纽约、柏林、巴黎、莫斯科、东京、新加坡、中国香港等都先后建成地铁并形成地铁网络，促进了经济的发展。有的地铁已成为现代化大城市的著名景观（如莫斯科地铁）。可见，是否具有地铁已成为现代化大城市的标志。

根据国外发展城市交通的经验，对于人口超过 100 万人的城市一般应发展地铁以解决城区交通，促进经济发展。按照国内情况，结合旧城市的改造和城市经济的发展，改善居民居住条件等规划地铁的发展也有许多可行的经验。因此，全国各大城市，如广州、南京、青岛、重庆、哈尔滨、深圳、成都、长沙等十余座城市均已在规划建设地铁。其中北京、上海、广州、深圳、南京地铁均已投入运营。随着改革开放形势的发展和经济实力的增强，地铁在我国有着美好的发展前景。

地铁是有轨交通，其运输组织、功能实现、安全保证均应遵循有轨交通的客观规律。在运输组织上要实行集中调度、统一指挥、按运行图组织行车。在功能实现方面，各有关专业如隧道、线路、供电、车辆、通信，信号、车站（主要是地下站）机电设备及消防系统均应保证状态良好，运行正常。上述设备中某一环节出了问题均可能影响列车的正常运行。在安全保证方面主要依靠行车组织和设备正常运行来保证必要的行车间隔和正确的行车经路。一旦发生故障就要立即组织抢修，迅速恢复行车，而抢修故障一般也应由各有关专业配合进行。为了保证地铁列车运行安全、正点，在集中调度、统一指挥的原则下，行车组织、设备、车辆检修、设备运行管理、安全保证等方面均由一系列的规章制度来规范各部门的生产活动。可见，有轨交通的正常运行是整个系统联动的运行，有人把有轨交通系统比作一个庞大的联动机，的确是一个形象的比喻。地铁也正是这样一个多专业、多工种联合作战，围绕安全行车这一中心而组成的有序联动的系统，而且是一个时效性非常强的系统。为了使地铁这一联动系统的运行更加安全可靠、效率更高，在发展的基础上，采用了以电子计算机处理技术为中心的各种自动化的设备系统来代替人工的、机械的、电气的行车组织、设备运行和安全保证系统。如 ATC 系统可以实现列车自动驾驶、列车自动跟踪、列车自动调度，CKA-DA系统可以实现主变电所、牵引变电所、降压变电所设备系统的遥控、遥信、遥测，BAS及FAS系统可以实现车站环境控制的自动化和消防、报警系统的自动化；自动售检票系统可以实现自动售票、检票、分类等功能。这些系统全线各自形成网络，均在调度所（控制中心）设中心计算机，实行统一指挥，分级控制。各系统运行情况均可在调度所反映，数据在调度所统计，各系统围绕安全行车这一中心紧密配合，有序运行。系统间的速度、配合是由调度所工作人员来实现的。可见，正常情况下运行情况一目了然。一旦情况变化或发生事故，调度所可立即得到信息，根据具体情况适时作出处理。这样就能够提高指挥的效率和在安全上得到比人工控制更可靠的保障。

地铁是城市公共交通，在运输上集中体现了城市交通的特点，全部为旅客运输；运输距离比较短；早晚高峰旅客流集中；季节变化比较大等。因此，在地铁设计上一般均采用短站距（1km左右）、大容量（上海地铁远期8节车编组定员2480人）、高密度（地铁远期2min行车间隔）。地铁要真正解决城市交通问题，一定要形成网络，辐射和环线相结合，方便各去向旅客换乘。如伦敦地铁网运营线路长度已达392km，248座车站；纽约地铁网407.2km，476座车站；莫斯科2518km；东京153.7km。所以发展地铁均应有城市地铁网络规划，一般从客流量比较大的线路开始建设。

为便于旅客集散，地铁车站一般设两层，即站厅层和下面的站台层。形成网络之后，为了方便换乘，两条及以上线路交会站一般为三层或多层设计。为方便乘客，每一车站视地区客流情况设计多个出入口。出入口及站台站厅层均应设有导向标志。

地铁运营应该以安全第一、优质服务为指导思想，建立精简、高效的管理机构，按照有轨交通的客观规律和城市公共交通的特点组织列车运行和客运服务，设计、施工应该充分体现这方面的要求，为地铁运营创造良好的、体现该城市特点的条件。

城市交通有许多方式（图 1.1-1）。

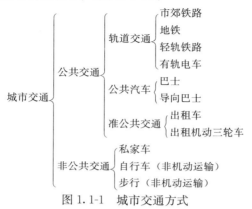

图 1.1-1　城市交通方式

1.1.2　城轨行车组织

1. 车辆的运用和检修

车辆的运用和检修工作由车辆段来承担。车辆段一般设在出入地铁正线方便的地点。它的主要任务是合理组织车辆和车辆司机完成地铁运输的任务，组织完成车辆的各项整备、检查、修理工作。

车辆运行的安全依赖于司机，因此司机不仅要熟悉本车辆的结构和工作原理，还要了解牵引理论的有关知识，并且要掌握有关的安全规程。

车辆在运行前要进行车辆的清扫，车辆的检查和交接工作，统称为整备工作。为此车辆段设有足够的整备线和符合车辆整备条件的停车库，在进行整备作业时，特别要注意带电作业项目的人身和设备安全。

为了保证车辆质量良好的运行，除了整备作业和车辆司机的日常检查外，还必须进行各种定期修程。为了正常进行检修工作，车辆段设有修车库和各种辅助车间及相应的检修设备。

现将车辆牵引理论、车辆运用组织及车辆检修简单介绍如下：

（1）牵引力、车辆阻力、制动力和列车运行工况地铁车辆在运动过程中受到各种外力的作用，影响它的运行结果。我们把所有作用在车辆上外力的合力用 C 表示，根据动力学原理，当 $C>0$ 时，车辆加速运行；$C=0$ 时，车辆静止或匀速运行；当 $C<0$ 时，车辆减速运行。作用在车辆上的诸多外力按其性质可分为三类：

1）牵引力 F

牵引力受到两个因素的影响，一是牵引装置传给轮对的转矩，它和牵引电机的速度特性和扭矩特性所决定的牵引特性有关；二是动轮与钢轨的互相作用，主要是轮轨间的黏着系数以及动轮的荷重有关。当牵引电机选定后，轮轨间的黏着就变成产生牵引力的决定条件，牵引力不能大于轮轨黏着力，否则动轮就会产生空转、打滑，列车不能前进、并造成轮对踏面和钢轨面擦伤的恶果。

2）车辆阻力 W

阻力是车辆运行中必然存在的一种外力，根据阻力引起的原因可把阻力分为基本阻力和附加阻力。

基本阻力产生的主要因素有：车辆各摩擦处之间的摩擦，车辆与线路之间的冲击振动等作用力和车辆周围的空气阻力。车辆在隧道中运行，由于车辆与隧道的横截面之比很小，在车辆与隧道的间隙中存在着强烈气流摩擦和车辆前后的空气压力差，使空气阻力成为车辆的主要运行阻力。列车运行速度越高，基本阻力越大，一般采用理论和实验相结合，求出经验公式。在车辆单位重量下车辆的基本阻力公式为：

$$W_0 = a + bV + cV^2 (\text{N/T})$$

式中 V——列车的运行速度（km/h）；

a、b、c 为试验数据，由试验确定。

附加阻力指的是在某些特定情况下，除基本阻力外所增加的阻力，对于车辆来说，主要是坡道阻力和曲线附加阻力。

坡道阻力：$W_i = i \times 9.81 (\text{N/kN})$

式中 i——坡道坡度（‰）；

曲线附加阻力：$W_r = 700/R$（N/kN）；

式中　　R——曲线半径（m）。

3）制动力 B

制动是车辆运行的重要性能制动性能的好坏在很大程度上限制了车辆的载重和列车的运行速度。地铁车辆主要采用电制动，但是由于电制动的制动力和车辆运行速度之间的关系是速度越低制动力越小，停车和紧急制动时还要采用空气制动系统。空气制动又称摩擦制动，制动力的大小可用下式表示：

$$B = 2K\phi_k$$

式中　　K——闸瓦压力，为空气制气动机作用于闸瓦上的力（N）；

　　　　ϕ_k——与闸瓦材料、闸瓦压力、车辆运行速度有关。

一般来说，闸瓦制动力 B 和车辆速度成反比，速度越低，制动力越大。

需要指出的是，并不是制动力越大，制动效果越好。当制动力大于轮轨间的黏着力时，就像牵引时一样，也会发生轮轨间的滑行。列车一旦滑行，首先是制动力下降，其次会发生轮对踏面及轨面的擦伤，对此司机在驾驶列车，尤其是天气不良，轮轨黏着状态不好时，要特别加以注意，切忌蛮干。

牵引力 F、车辆阻力 W、制动力 B 综合作用的结果决定了列车的运行工况。

牵引工况：力 F 和 W 共同作用，且 $F > W$，合力方向与运行方向相同；

制动工况：力 B 和 W 共同作用，合力方向与运行方向相反；

惰行工况：只有一个力 W 的作用。

（2）牵引计算和运行图

对于列车的上述几种工况，车辆所受的合力与其加、减速度之间的关系可用列车运动方程式表示：

$$C = M(I + \gamma)a$$

式中　　C——所有作用于列车上产生加速度的外力之和；

　　　　M——列车的全部质量；

　　　　a——列车加减速度；

　　　　γ——回转质量系数。

由于列车部分部件作平移和回转的复合运动，回转运动对将a产生影响，我们把这种影响折算成为平移运动的相当质量，回转质量系数就是回转部分相当质量对列车全部质量M的比值。

应用列车运动方程式即作用于列车的合力与其加、减速度之间的关系，就可以进一步建立列车在区间的运行时间、运行距离、运行速度与合力间的关系，来解决列车在区间内走行距离、运行时间以及列车的制动等问题。

降低能耗是降低地铁的运营成本的一项重要措施。由电机牵引特性可知，它的牵引电流的变化主要与电机的转速，即列车运行速度有关，因此，在掌握了列车的运行情况后，就可计算出运营的耗电情况。

我们把这些计算依据、计算过程、计算结果统称为牵引计算。根据牵引计算再通过牵引试验就可以确定运行区间的列车运行时分、停车作业计划以及运行的能耗，科学地编制列车的运行图。

（3）乘务制度和车辆周转图

车辆乘务制度是指车辆乘务员（司机）执乘车辆的工作制度。可分为包乘制和轮乘制两种。车辆固定配给固定乘务组的为包乘制，不固定配给乘务组的为轮乘制。采用包乘制、车辆乘务员对所包列车负有操纵、检查、保养的全部责任，因此，对车辆性能比较熟悉、了解，有利于对车辆的正确操纵和保持车辆的良好技术状态。轮乘制可以提高车辆的利用效率和节约人力。

担任正线运行任务的列车，在规定区段内往返运行的回路，称为车辆运转交路。上海地铁车辆除每日运营结束后回段或停留在折返线作技术检查外，始终在区间循环运行，我们把它称为循环交路。

为了有效利用车辆，合理地安排车辆运行计划，车辆部门根据运输部门制定的列车运行图以及乘务制度和车辆周转交路，把车辆运行计划编制在一张图上，就形成了车辆周转图，从图上就可看出车辆在区段内往返运行的情况。

（4）车辆的检修

车辆经过一段时间运用后，各部构件会产生磨耗、变形或损坏，为了保证车辆质量良好地运行、延长使用寿命，除了车辆乘务员加强日常检查和保养、维护外，还需要定期进行各种修程的检修。地铁车辆的修程分为双周检、双月检、定修和架修、大修。各种修程所包含的内容，在地铁有关检修规程中都有具体规定。一般来说，双周检、双月检是以外观和一般功能检查为主，定修主要是预防性的检修，需要架车，对重要的大部件作较细微的检查，对检查发现故障的部件才送车间进行修理，架修的主要目的是检测与修理大型配件、走行部和牵引电机，必须架车，将上述部件拆下送部件检修车间进行分解、检查、修理；大修则是一种全面恢复性修理，要求对车辆全面拆修，大修后的车辆基本上要达到新车出厂水平。

车辆各级修程的周期如图 1.1-2、表 1.1-1 所示。

图 1.1-2　修程图

各级修程安排　　　　　　　　　　　　　　　　　　表 1.1-1

修　　程	时　　间	公里数（km）
双周检	2 星期	4000
双月检	2 个月	20000
定修	1 年	100000
架修	5 年	500000
大修	10 年	1000000

2. 车辆配备计划

车辆配备计划指为完成全线全日行车计划所需要的车辆保有数量计划。车辆保有数量计划包括运用车辆数、在修车辆数和备用车辆数 3 部分。

（1）运用车辆数

运用车辆数是指为完成日常运输任务所必须配备的技术状态良好的可用车辆数量。

它与高峰小时开行的最大列车对数、列车旅行速度及折返站停留时间等因素有关，计算方法为

$$N = n_{高峰} \theta_{列} \, m/60 \quad （辆）$$

式中　$n_{高峰}$——高峰小时开行的列车对数；

　　　$\theta_{列}$——列车周转时间；

　　　m——平均每列车编成辆数。

考虑到地铁车辆有时是以动车组形式编组，此时动车组可用下式计算：

$$N = n_{高峰} \theta_{列} \, L/60 \quad （组）$$

式中　L——每列车内动车组组数。

两式中，列车周转时间是指列车在线路上往返一次所消耗的全部时间。它包括列车在区间运行时间、列车在中间站停留时间以及列车在折返站作业停留时间。

$$\Sigma_{列} = \Sigma_{t运} + \Sigma_{t站} + \Sigma_{折停} \quad （min）$$

式中　$\Sigma_{t运}$——列车在线路上往返一次各区间运行时间之和；

　　　$\Sigma_{t站}$——列车在线路上往返一次各中间站停站时间之和；

　　　$\Sigma_{折停}$——列车在折返站停留时间之和。

（2）在修车辆数

由于运营过程中的损耗，车辆需要定期检修，以预防故障或事故的发生。在修车辆则是指处于定期检修状态的那部分车辆。

车辆检修概念包括车辆检修级别和车辆检修周期。它们是根据车辆设计的性能、各部件在正常情况下的使用寿命以及车辆的运用环境和运用指标（如走行公里等）来确定的。轨道交通系统

车辆的检修级别通常包括日检、双周检、双月检、定修、架修和大修（厂修）6 类。表 1.1-2 给出了某地铁系统的车辆检修周期计划。

某地铁系统车辆检修计划 表 1.1-2

检修类别	时间间隔	走行公里数量(km)	检修停时
日检	1 日	—	—
双周检	2 周	4000	4h
双月检	2 月	20000	48h
定修	1 年	100000	10 日
架修	5 年	500000	25 日
厂（大）修	10 年	1000000	40 日

在修车辆数量的确定可以根据上述检修周期来推算。

（3）备用车辆数

备用车辆是为轨道交通系统适应可能的临时或紧急的运输任务、预防车辆故障的发生而准备的技术状态良好的车辆数。一般说来，这部分车辆可控制在 10% 左右。不过，对于投产不久的新线来说，由于车辆状态较好，客流量不大时，备用车辆数量可适当减少，以节约投资。

（4）列车交路计划

当轨道交通线路较长，客流分布不均衡时，通过合理、可行的交路组合来安排列车输送能力是一种充分利用有限资源、降低运输成本的常见方法。这种规定列车交路的方法与过程就是编制列车交路计划。列车交路计划规定列车运行区段、折返车站以及按不同交路运行的列车对数。

由于城市轨道交通系统站线少甚至没有侧线，规定不同的交路其实要受客观条件的限制。根据轨道交通线路的特点，列车交路可分为长交路、短交路及混合交路 3 种类型。长交路是指列车在全线各站间运行，为全线提供运输服务，列车到达折返线（站）后返回。短交路是指列车在某一区段内运行，在指定车站折返，它可为某一区段旅客提供服务。混合交路则指线路上长短交路并存的情形。图 1.1-3 给出了 3 种交路的示意图。

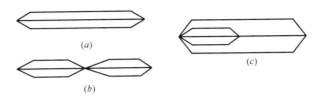

图 1.1-3　不同类型的列车交路

（a）长交路列车交路；（b）短交路列车交路；（c）长短交路列车交路

由于大多数城市轨道交通系统的车站没有侧线，列车折返是设置列车交路需要考虑的一个重要问题。一般说来，列车折返方式可根据折返线位置布置情况分为站前折返和站后折返两种。

1）站前折返方式

指列车经由站前渡线折返。站前折返时，列车空走少，折返时间较短，上下车乘客能同时上下车，可缩短停站时间，减少费用。不过，这种方式存在一定的进路交叉，对行车安全有一定威胁，客流量大时，可能会引起站台客流秩序的混乱。

2）站后折返方式

避免上述交叉的另一种方法是站后折返，即由站后尽端折返线折返。此外，列车还可采用经站后环线折返的方法。

站后折返避免了前一种方式的进路交叉，安全性能良好；而且，站后列车进出站速度较高，有利于提高旅行速度。一般说来，站后尽端折返线折返是最常见的方式，站后渡线方法则可为短交路提供方便；环形线折返设备可保证最大的通过能力，但施工量大，钢轨在曲线上的磨耗也大。站后折返的主要不足是列车折返时间较长。

3. 地铁行车调度工作

（1）地铁行车调度工作的重要性

地铁是一个大联动机，调度所（中央控制室简称 OCC）在日常运输组织工作中代表公司实行高度集中统一指挥，以使各个环节紧密配合，协调动作。保证地铁安全、均衡、有节奏地完成旅客运输任务。行车调度是地铁运输工作的神经中枢，它的好坏直接影响地铁运输工作的完成情况。

（2）地铁行车调度的基本任务

1）组织各工种严格按（运行）图行车。

2）密切注意列车的到、发运行情况，防止列车运行秩序混乱。

3）当运行秩序不正常时，采取有效措施，恢复行车秩序。

4）及时、正确地处理行车异常情况，防止行车事故。

5）随时掌握客流情况，及时调整列车运行。

6）检查各站、段执行运行图情况，发布调度命令。

7）区间或车站发生事故时，按规定程序和内容汇报，并采取措施防止事故扩大，参与组织救援。

（3）行车调度的主要设备

地铁的行车调度设备，随着科学技术的不断发展进步，也逐渐发生了变化。

目前仍在使用的有调度集中及计算机控制的调度集中，直至世界各城市地铁趋势和方向：SICAS。

地铁的行车调度主要以 SICAS 为主要手段，进行日常工作。

（4）SICAS 系统的基本功能

1）ATC 系统的组成

ATC 系统是由列车自动保护（ATP）、列车自动驾驶（ATO）和列车自动监督（ATS）组成。

① ATP 子系统

ATP 子系统直接保证列车运行的安全，限制列车的行驶速度在规定的范围之内。

② ATO 子系统

ATO 子系统担任列车自动驾驶，可在 ATP 的保护下，在 ATO 故障或误操作时，保证列车运行的安全。

③ ATS 子系统

ATS 子系统负责监视和控制列车的运行。ATS 依靠 ATP 来阻止故障和误操作给行车带来的不安全影响。

地铁的 ATS 主要由位于车辆段的中央控制室（OCC）中的 SICAS 来执行其功能的，具有中央计算机和人工控制功能。

2）SICAS 系统的功能

SICAS 是以计算机（双机热备用）为基础的系统。有下述功能：

① 具有运行显示以及人工控制功能。

② 发出控制需求，并从线路轨道上及信号设备上接受信息。

③ 由 OCC 操作人员（即行车调度员）人工或自动地将系统的需求传送到集中站 ATC 系统设备，比如：停站时间，列车运行等级。

④ 实现列车的动态显示。

⑤ 存贮多套列车运行图。

⑥ 按当前正在使用的列车运行图调度列车运行。

⑦ 监视列车运行，调整列车的发车时刻，据运行图修正。控制列车停站时分和终端站进路。

⑧ 非正常情况的报警。

⑨ 生成、修正运行报告。

⑩ 记录运行数据信息，可提供实时记录的重放。

4. 站、段行车组织工作

站、段行车组织工作是地铁行车组织工作的基础，站、段行车组织工作的组织水平在很大程度上影响着地铁运输工作的数量指标和质量指标。因此，站、段行车工作的管理水平是提高地铁运输工作的重要环节。

（1）车站行车控制设备

在车站控制室的现地控制盘上，可以现地操纵信号系统。在现地控制盘上有中央和现地二种模式。不允许现地控制盘和 SICAS 工作站同时控制，只有一种模式可以操作控制，但 SICAS

工作站控制优先。在一般情况下，是 SICAS 工作站控制即中央控制。当 OCC 行车调度员，也就是行调允许时，可以由 OCC 操作模式按钮，由"中央"模式转换到"现地"模式，或者由行调发布命令，车站行车值班员按令将"中央"模式转换到"现地"模式。只有在紧急情况下，可以由"现地"向"中央"申请模式转换到"现地"状态。

每一个工作日开始，SICAS 总是在"中央"模式下。

"现地"模式，同样可以自动地完成监督列车运行，排列进路、设置或取消自动信号，道岔自动动作，设置终端模式……功能。只是仅仅完成该现地操纵盘所覆盖的线路上运行的列车自动运行，而不是全线的。所以，就某一个现地操纵来说无法纵观全线，立足全线完成全部运行列车的运行监督控制。而且，运行等级较低。

（2）车站运行设备

除了车站的行车设备外，车站还设有自动扶梯，直升电梯（内部使用）、屏蔽门（与列车门同步开关），站厅、站台照明，向导标志，自动售检票设备等辅助车站设备设施，为方便乘客和保证乘客的安全。

又：在车控室里设有两台电视监视器，监视站厅站台上的情况。还有对车站设备的监控，送排风机的遥控及消防报警系统。

这些都是以防万一，为了乘客的安全和一定的舒适度，以及保证列车在线路上安全运行。

在国外，一般都是在中央显示和控制，或由中央发令给车站人员去当地操作，比如亚特兰大市的 MARTA 地铁，由中央调度发令给巡视人员，巡视人员赶赴车站，按调度的命令进行操作并作汇报。

（3）车站的行车组织工作

由 SICAS 控制列车运行时，车站的接发列车均由 OCC 工作站直接指挥和办理，车站行车值班员只需监视列车的到发，开关车门，乘客安全和处理本站的突发事件。

同时，车站行车值班员监视乘客的流量流向动态，及时广播，监控自动扶梯的运行，控制车站的照明并监视环控消防排风系统的运行。

当 OCC 中的 SICAS 系统故障时，车站行车值班员按行调指挥，转换操作模式为"现地"后，代替 OCC 工作站进行监督指挥。

当 ATC 系统全部失去功能时，用司机双区间自动闭塞设备办理行车。

（4）车辆段的行车组织工作

车厂调度员负责车辆段的行车组织及指挥工作，其日常在 DCC 办公。车辆段内的信号设备是采用微机连锁集中控制的，信号楼设有信号楼值班员。车辆段主要的行车作业有：

1）收、发车（出入段）作业

2）转线调车作业（分工程车调车和电客车自动力调车）

3）解编调车作业

4）试车线的调试作业

5）洗车线的洗车作业

每班的作业计划，由车厂调度员根据列车运行时刻表、车辆检修计划、地铁施工计划而编制；下达调车计划，要编制书面的《调车作业单》。

1.1.3 列车运行图

列车运行图是地铁行车组织工作的基础，是地铁行车组织工作的综合性计划，也可说，列车运行图是组织地铁运输各生产单位和部门互相配合和协调一致进行工作的工具。

1. 列车运行图概述

（1）列车运行图的作用

列车运行图是行车组织工作的基础，在保证地铁运输各单位各部门相互配合和协调动作上起着重要的组织作用。因为，列车运行图规定了各次列车占用区间的程序、在车站的到发及通过时刻、在区间的运行时分、在车站的停站时分、折返站列车折返作业时分、电动客车出、入车辆段时刻和地铁设备保养维修时间及司机作息时间等，具体说，通过列车运行图也就规定了地铁车站、线路、供电、电动列车、通信信号等技术设备的运用和与列车运行有关的各部门、各单位的工作，将运营生产活动联合成一个统一的整体，把所有与行车有关的部门和单位组织起来，严格按照一定的程序有条不紊地进行工作，从而保证列车按运行图运行。因此，列车运行图也可说是地铁行车组织工作的综合性计划，是地铁行车组织工作的基础。

（2）列车运行图的图解表示

列车运行图是用坐标原理表示列车运行的一种图解形式。

列车运行图上用横坐标表示时间，并按一定比例用代表间隔时分的垂直线进行划分，来表明运行图上的不同时间，地铁的列车运行图一般采用1分格和2分格，比如巴黎和上海地铁是采用1分格。

列车运行图上用纵坐标表示距离，根据区间实际里程的比率，用代表车站中心线所在的位置的水平线进行划分，用以表示车站的位置。

在运行图上，用斜线表示列车的运行，称为运行线。

另外，国外有些地铁直接采用时分秒的序列来表示列车的运行。

（3）运行图上时刻的表示方法

运行图上列车运行线与车站中心线的交点，表示列车在各个车站的到发或通过时刻。

（4）运行图上的列车及列车车次

在运行图上，对于所铺画的列车运行线，按照列车的不同类别规定不同的表示方式。如专运列车、客运列车、施工列车等等，均采用不同的号码来表示。

在国外，比如法国巴黎，有按市区地铁、郊区地铁等用不同的号码表示。

在图上，为了识别各次列车的运行线、对每一列车均按其所属的种类及有关规定给以一定的车次编号范围，并按序标写在运行线指定的位置上。

列车运行方向：深圳地铁 1 号线规定：从世界之窗开往罗湖方向为上行，反之为下行。列车车次编号：上行车次为双数，下行车次为单数。

（5）列车运行图的分类：

1）按区间正线数目区分，有单线运行图和复线运行图；

2）按列车运行速度区分，有平行运行图和非平行运行图；

3）按上下行方向的列车数区分，有成对运行图和不成对运行图；

4）按同方向列车运行方式区分，有连发运行图和追踪运行图。

地下铁道多采用双线、追踪、平行、成对运行图。

在编制日常的基本运行图外，还需编制冬季、夏季、周日、节假日等形式的运行图。

图 1.1-4 就是一个典型的双线成对平行运行图。

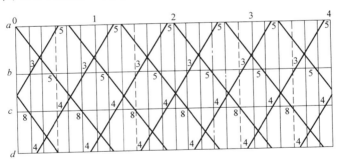

图 1.1-4　双线成对平行运行图

2. 列车及运行图的组成要素

地铁运输强调适应市民的需要，因此，地铁列车运行图组成要素上有其本身的特异性。在内容上有三类：时间要素；数量要素；相关要素。

（1）时间要素：

时间要素是地铁列车运行图的基本组成部分，构成运行图的具体时间标准。

1）区间运行时分

区间运行时分是指相邻车站间指定的运行时分，需通过牵引计算和实际查标后确定。

2）停站时分

停站时分是列车在车站办理乘客上、下车及列车开、关门等到、发作业所需的时间。

3）折返

① 折返线的形式：

各城市的折返线布置有多种形式，现介绍下列几种：

a. 站前折返线（图 1.1-5）

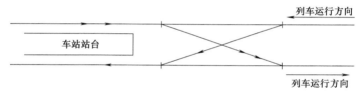

图 1.1-5　站前折返线形式

b. 站后折返线（图 1.1-6、图 1.1-7）。

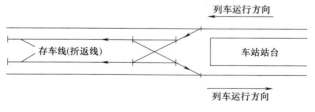

图 1.1-6　站后折返线（一）

c. 综合折返线（图 1.1-8）

当然，折返线有多种多样的组合形式按地理位置、地形及其

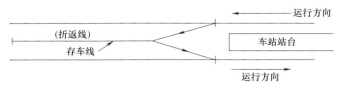

图 1.1-7　站后折返线（二）

图 1.1-8　综合式折返线

需要而设定。

② 折返时分

折返时分是指列车行驶到该次列车的终点站后（可以是线路的终点，也可以是线路中间的一个车站，但必须可以转入到另一条运行线），办理折返作业的时间。需通过牵引计算及实际查标而确定。

从上述几种折返线形式，可以看出，折返时间是不相同的。

折返时间受折返线的形式、列车长度、列车制动力、信号设备及驾驶员操作水平等诸多因素的影响。

4）出入段作业时分

指列车从车辆段停车库到达与其相接的正线车站或返回的作业时间，需要通过查标确定。

5）营业时间

指地铁运营线路运送乘客的时间。地铁目前工作日运营时段为 6：30～23：00

此外，一般说来，各地铁均留有一定的时间（2～4h 不等，主要是夜间），留作维修保养设备、设施。

当然，还必须有营业前后的准备和结束时间。

6）停送电时间

在每天的营业开始前和营业结束后的停电等所必须的操作和确认时间。

（2）数量要素

数量要素是地铁列车运行图的重要数量指标，直接影响运行图的全部内容。是编制运行图不可缺少的重要内容。数量要素主要包括：

1）全日分时段客流量分布

地铁列车编组确定后，每日开行的地铁列车数将依据客流量而定。为了合理地安排各次列车运行图中的位置，就需要准确地掌握地铁全线的全日分时段客流量分布，尤其是高峰客流。这些统计数据要经过多次客流调查分析后才能获得。上海地铁在设计阶段就对运营的不同阶段的全日分时断面客流进行了预测，并以此作为全线通车初期全日列车开行计划的依据之一。

2）列车满载率

指列车实际载客量与列车定员之比。在编制列车运行图时，应尽量提高列车满载率，并留有一定的余地，以适应那些不可预测因素的可能发生。同时，也要考虑旅客乘车的舒适性。

3）出入段能力

指车辆段与正线之间出入段线，每小时出入段列车通过该段线路入段或出段的最多次数。

4）列车最大载客量

指一列地铁列车按定员计算允许载客量。上海地铁 1 号线，每一车厢载客定员 310 人，超员时可达 410 人。所以每一列车最大载客定额为 1860 人（近期）；远期 8 节编组，列车最大载客量可达 2480 人。

（3）相关要素

相关要素是指与编制列车运行图相关连的非直接的因素。

1）与其他交通的衔接

在编制列车运行图时，要考虑铁路客站的列车到发时刻与客流量；以及地铁车站附近的地面公交线路、车站及其客流量。

2）电动列车检修作业

为了保证电动列车处于良好的状态，在列车运行时，部分电动列车将要留段检修。因此，编图时要考虑这一因素，并且要均衡各列车的走行公里。

3）开行调试列车

电动列车经过一定时间的运行，要进行计划性的检修，检修后的列车需安排调试。除了在试车线上试车，某些项目要在正线上试车。

4）地铁电动列车驾驶员的作息安排

在编制列车运行图时要考虑驾驶员的作息制度、接落班地点及途中用餐等因素，以及均衡各班次的实际工作时间。

5）车站的存车能力

在地铁线路上的车站有些车站可以存放一定数量的列车，尤其是在折返站。比如：上海地铁1号线的各车站中，上海火车站和徐家汇车站的折返线上可在夜间存放电动列车，以减少空驶里程。这就直接影响列车运行图的编制。

6）电动列车的能耗

在计算、查定电动列车的各区间运行时分时，要协调区间的运行等级、限速与给电时间的关系，尽可能使之达到最佳。

同时，也要使同一供电区段中同时启动的列车最少。

3. 列车运行图的编制

（1）列车运行图的编制原则

1）提高列车的运送速度、缩小列车的运行时分

运送速度是地铁工作的综合指标之一，当然，也是地铁优于地面公共交通的特点之一。纵观各城市的地铁，运送速度均在20～35km/h 之间。如：法国巴黎是 23.7km/h，里昂地铁是29km/h，日本东京的银座线是 24.9km/h，千代日线是33.4km/h，大阪市的地铁在 30～33.5km/h 之间。

上海地铁一号线的运送速度（锦江乐园站至新客站站）为

35km/h。

2）方便乘客

地铁属于城市公共交通，因此，在编制列车运行图时要考虑给乘客以方便。比如：最大的列车行车间隔不宜过大，即不能以乘客量的多少来确定，而应以乘客的等候时间来确定。

3）充分利用线路的能力（包括折返线）

通常情况下，折返站的折返能力是限制地铁全线能力的关键。因此，必须对折返线的作业时间进行精确的计算和严格的查标，尽可能地安排并行作业。

（2）牵引计算

在确定各区间的列车运行时分时，必须作出牵引计算，并结合查标，以最终确定列车在全线所有区间的纯运行时分。

多个专业，如：线路、信号、车辆等专业，都在各自专业范围内作牵引计算，为各自的目的服务。在行车组织上，也需作牵引计算，必须结合线路的纵平面情况，在信号的限制条件下，充分利用车辆的各技术指标，尽可能地节约电能，主要是合理地安排列车在区间的运行时分，使地铁各项设备、设施综合发挥其最大的效能。

（3）列车运行图的编制顺序

1）根据当局的指示及规定的编制原则，确定编图的具体要求。

2）按地铁列车运行图的组成要素，搜集资料并计算、查定各要素的数值。

3）根据客流资料，及列车编组定额载客量分时段确定列车运行间隔时分。

4）铺划列车运行方案图。

5）确定全日列车开行对数。

6）计算所需的运用列车数。

7）征求有关专业人员的意见。

8）修改运行图并绘制详图。

9）编写运行图说明书。

必须指出，在采用 ATC 设备后，列车运行图的编制不需要花费大量的人工铺划。ATC 系统计算机有设计列车运行图的功能，仅需维护人员将软件所需的关键数据输入计算机，计算机就会铺出列车运行图，并且，通过人-机对话，逐步调整，直至计算机铺划出满意的运行图。

而且，在 ATC 系统中，所铺划的列车运行图可以是地铁常用的坐标图解形式，也可以是国外大多采用的时间序列形式。

另外，行车的相关部门也需在新列车运行图制定以后，绘制本部门所使用的图表：

① 客运部门编制供各车站使用的列车时刻表，向乘客公布。

② 车辆部门编制电动列车驾驶员专用运行图。

1.2 机械传动基础知识

当今，无论人们的衣、食、住、行，还是工业各领域，都离不开机器，而传动装置是机器的重要组成部分。本章将主要介绍常用机械传动和液压传动的组成、特点及应用等基础知识。

1.2.1 传动的分类和功用

1. 传动的概念

机器是执行机械运动的装置，用来变换或传递能量、物料与信息，以代替或减轻人的体力和脑力劳动。图 1.2-1 所示为一台式钻床，在电动机 1 的驱动下，与电动机相连的塔式带轮依靠摩擦力驱动 V 带运行，并带动塔式带轮 3．主轴 4 和钻夹头 5 转动，从而带动钻头转动。通过操纵手柄就可以对工件钻孔。

在上述台式钻床中，电动机提供机械能，是机器的动力来源，称为原动机部分；钻头直接完成钻孔的任务，是执行部分；V 带、塔式带轮、主轴及钻夹头等是将原动机部分输出的运动和动力传递给执行部分的中间环节，称为传动部分，简称传动；手柄、电动机开关等起操纵作用，是操纵或控制部分。

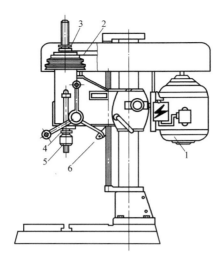

图 1.2-1　台式钻床

1—电动机；2—V 带；3—塔式带轮；4—主轴；5—钻夹头；6—手柄

　　由此可知，机器主要由原动机部分、传动部分、执行部分和操纵或控制部分组成。传动部分在机器中占有重要地位，对机器的结构、外形有重大影响。

　　2. 传动的功用及形式

　　（1）传动的功用

　　1）传递动力通过传动部分，把原动机部分的机械能传递给执行部分，使执行部分获得动力，从而完成任务。

　　2）改变运动形式可把原动机的运动形式转变为执行部分所需要的运动形式，如将旋转运动改变为直线运动。

　　3）实现运动的合成与分解。

　　4）改变运动速度可把原动机输出速度降低或增高，以满足执行部分的需要。

　　（2）传动的形式

　　工业中，主要有以下几种传动形式：

　　1）机械传动采用机械零件组成的传动装置来传递运动和

动力。

2）液压传动采用液压元件，利用液体作为工作介质，以其压力来传递运动和动力。

3）气压传动采用气压元件，利用气体作为工作介质，以其压力来传递运动和动力。

4）电气传动采用电力设备、电气元件，通过调整其电参数来传递运动和动力。

以上四种传动中，应用最多的是机械传动，常用的机械传动有带传动、链传动、齿轮传动、螺旋传动等。

3. 机械传动的传动比和效率

机械传动的工作能力，可以用传递的功率、传动的效率及传动比来表示。传动比是衡量传动能力的指标；效率是衡量传动质量的重要指标。

（1）传动比

在机械传动中，传出运动、动力的零件称为主动件，接受运动、动力的零件称为从动件。

当机械传动传递转动时，主动件的转速 n_1 与从动件转速 n_2 的比值称为传动比，用 i 表示，即

$$i = \frac{n_1}{n_2}$$

当传动比 $i < 1$ 时，$n_1 < n_2$，为增速传动，i 值越小，机械传动增大转速的能力越强；当传动比 $i > 1$ 时，$n_1 > n_2$，为减速传动，i 值越大，机械传动降低转速的能力越强。

（2）效率

由于摩擦等原因，机械传动中不可避免地有能量损耗，使传动输出功率 P_2 永远小于输入功率 P_1 两者的比值称为机械传动的效率，用 η 表示，即：

$$\eta = \frac{P_2}{P_1}$$

1.2.2　机械传动的基本原理

1. 带传动的基本原理

带传动是由主动带轮 1、从动带轮 2 和套在带轮上的挠性传动带 3 组成，如图 1.2-2 所示。

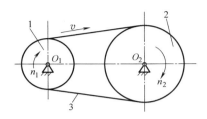

图 1.2-2　带传动
1—主动带轮；2—从动带轮；3—传动带

按其工作原理不同分可为摩擦带传动和啮合带传动。

（1）摩擦带传动

1）摩擦带传动的工作原理

摩擦带传动中的带是紧套在主、从动带轮上的，使带与带轮的接触面间产生一定的正压力，当主动轮转动时，带与带轮间的接触面上产生摩擦力，使带随主动轮运动，同时带又依靠带与从动带轮之间的摩擦力，使从动轮转动，从而将主动轴的运动和动力传递给从动轴。

带传动工作时，带两边的拉力发生了变化，进入主动轮的一边被进一步拉紧，称为紧边；离开主动轮的一边被放松，称为松边。

2）摩擦带传动的类型

根据带的横截面形状不同，可分为平带传动、V 带传动、圆形带传动及多楔带传动等，如图 1.2-3 所示。

① 平带传动：平带的横截面为矩形，带的内表面为工作面。其结构简单，带轮制造容易，平带比较薄，挠曲性好，可形成开口传动和交叉传动。通常用于传递功率在 30kW 以下、带速不超过 30m/s、传动比 $i < 5$ 的场合。传动效率通常为 $0.92 \sim 0.98$，如图 1.2-3（a）。

② V 带传动：V 带是没有接头的环形带，其横截面为梯形；

带轮的轮缘具有梯形槽。V带紧套在带轮的梯形槽内，两侧面为工作面。在相同条件下，V带传动的摩擦力比平带传动约大3倍，因而传递功率较大，应用广泛。通常用于传递功率在40～75kW以下、带速在5～25m/s、传动比$i<7～15$的场合。传动效率通常为0.90～0.96。

当V带绕过带轮时产生弯曲变形，其上层受拉而变窄，下层受压而变宽，其间宽度不变的一层称为节面，如图1.2-3（b）所示。在节面位置处V带的周长称为带的基准长度。

普通V带已标准化，国家标准是《普通V带和窄V带尺寸》GB/T 11544—1997，按截面尺寸由小到大分为Y、Z、A、B、C、D、E七种型号，其基准长度系列可参见有关标准。V带标记内容和顺序为型号、基准长度和标准号。例如标记为"B2500GB/T 11544—1997"表示B型V带，基准长度为2500mm。V带标记通常压印在带的顶面上。

③ 圆形带传动：带的横截面为圆形，一般用于传递小功率的场合，如缝纫机和某些仪器上的传动装置，如图1.2-3（c）。

④ 多楔带传动：多楔带是以平带为基体并且内表面具有等距的纵向楔的传动带，其柔性好，楔侧面为工作面。主要用于要求结构紧凑、传动平稳、传递功率较大的场合，如图1.2-3（d）。

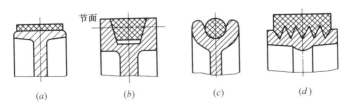

图1.2-3 摩擦带传动的类型

（a）平带传动；（b）V带传动；（c）圆形带传动；（d）多楔带传动

3）摩擦带传动的传动比

摩擦带传动工作时，由于松边、紧边的拉力不相等，加之带具有弹性，将产生弹性变形，致使绕过带轮的带将因拉力大小的变化而产生与带轮表面之间的微小相对滑动，这种微小滑动称为弹性滑动。因为弹性滑动很微小，可认为两带轮的圆周速度 v_1、v_2 近似相等，即：

$$v_1 \approx v_2$$

而

$$v_1 = \frac{\pi d_1 n_1}{60 \times 1000} \qquad v_2 = \frac{\pi d_2 n_2}{60 \times 1000}$$

故传动比

$$i = \frac{n_1}{n_2} \approx \frac{d_2}{d_1}$$

式中　n_1、n_2——主动轮、从动轮的转速（r/min）；

　　　d_1、d_2——主动轮、从动轮的计算直径（mm）。

当主动轮的计算直径 d_1 小于从动轮的计算直径 d_2 时，传动比 $i > 1$，$n_1 > n_2$，为减速传动。反之，$i < 1$，$n_1 < n_2$，为增速传动。

4）摩擦带传动的特点

① 由于传动带有良好的弹性，所以能缓和冲击，吸收振动，传动平稳无噪声。

② 由于传动带与带轮是通过摩擦力来传递运动和动力的，因此当传递的动力超过许用负荷时，传动带会在带轮上打滑，从而避免其他零件的损坏，起到过载保护作用。

③ 带传动可以用在中心距较大的场合。

④ 带传动结构简单，制造容易，成本低廉，维护方便。

⑤ 带传动因存在弹性滑动，不能保证恒定的传动比，传动效率较低，寿命较短。

⑥ 带传动外廓尺寸较大，轴向压力较大。

⑦ 带传动不适宜用在高温、易燃和易爆的场合。

由此可知，摩擦带传动通常用于要求传动比不十分准确、结构不紧凑的中小功率传动。一般多用于原动机部分至执行部分的高速传动。

（2）啮合带传动

啮合带传动是利用带内侧的齿或孔与带轮表面上的齿相互啮合来传递运动和动力的。有同步齿形带传动和齿孔带传动两种形式，如图 1.2-4 所示。由于是啮合传动，带与带轮之间无相对滑动，因此能保证准确传动比，能适应的速度、功率范围大，传动效率较高。常用于传动比要求较准确的中、小功率的传动，如电影放映机、打印机、录音机、磨床及医用机械中。

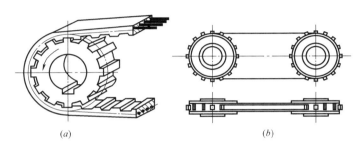

图 1.2-4　啮合带传动
（a）同步齿形带；（b）齿孔带

2. 链传动的基本原理

（1）链传动的组成和传动比

1）链传动的组成

链传动由分别装在两平行轴上的主动链轮、从动链轮和绕在链轮上的链条所组成，如图 1.3-5 所示。工作时，主动链轮转动，依靠链条的链节与链轮齿的啮合把运动和动力传递给从动链轮。

2）链传动的传动比

设主动链轮、从动链轮的齿数分别为 z_1、z_2，转速分别为 n_1、n_2。当主动链轮转一个齿时，链条就移动一个链节，从动链轮就被链条带动转一个齿。1min 内，主动链轮、从动链轮转过的齿数分别为 z_1、n_1；z_2、n_2，两者必相等，即：

$$z_1 n_1 = z_2 n_2$$

所以：

$$i = \frac{n_1}{n_2} = \frac{z_2}{z_1}$$

由此可知，链传动的平均传动比等于两链轮齿数的反比。当主动链轮齿数 z_1 小于从动链轮的齿数 z_2 时，$i > 1$，为减速传动；反之，为增速传动。

（2）链传动的特点及应用

1）链传动的特点

① 由于链传动是具有中间挠性件的啮合传动，链条与链轮之间没有相对滑动现象，因此能保证准确的平均传动比，工作可靠，传动效率较高，一般可达 95%～97%。

② 在传递相同动力时，链传动的结构比带传动紧凑，过载能力强。

③ 张紧力小，作用在轴上的压力小。

④ 对环境的适应性较强，可在高温、多尘、潮湿、有污染等恶劣环境中安全可靠地工作。

⑤ 只能用于两平行轴间的传动，安装时对两链轮轴线的平行度要求较高。

⑥ 由于链是按折线绕在链轮上，所以从动链轮的瞬时转速不均匀，传动的平稳性较差，运转时产生附加动载荷、噪声。

⑦ 工作时，链条与链轮之间磨损较快，使得链条的节距增大，造成跳齿、脱链现象。

⑧ 不能用于急速反向的传动中。

2）链传动的应用

链传动主要用于要求平均传动比准确、两轴线平行且相距较远、传动功率较大、环境恶劣的场合，广泛用于矿山机械、农业机械、化工机械、起重机械及摩托车中。通常，链传动的传动比 $i \leqslant 8$；传递功率 $P \leqslant 100\text{kW}$，传动效率约为 0.92～0.98；中心距 $\alpha \leqslant 6\text{m}$；圆周速度 15m/s。

（3）链传动的类型

按照用途不同分为传动链、起重链和输送链 3 种。传动链用于一般机械中传递运动和动力；起重链用于起重机械中提升重物；输送链用于输送机械中输送物料。

机械中传递动力的传动链主要有滚子链和齿形链两种。

1）滚子链

滚子链的结构如图 1.2-5 所示，两片内链板 1 与套筒 2 用过盈配合连接，构成内链节；两片外链板 4 与销轴 5 用过盈配合连接，构成外链节；销轴穿过套筒，将内、外链节交替连接成链条。销轴与套筒之间为间隙配合，所以内、外链节可相对转动。滚子 3 与套筒之间为间隙配合，使链条和链轮啮合时形成滚动摩擦，减轻磨损。为了减轻重量、使链板各截面强度接近相等，链板制成"8"字形。

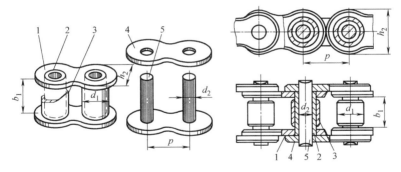

图 1.2-5　滚子链的结构

1—内链板；2—套筒；3—滚子；4—外链板；5—销轴

链条相邻两销轴中心之间的距离称为节距，是链传动的主要参数。节距越大，链条的各零件尺寸越大，承载能力越大。滚子链已标准化，国家标准为《传动用短节距精密滚子链、套筒链、附件和链轮》GB/T 1243—2006，分为 A、B 两种系列。

2）齿形链

如图 1.2-6 所示，齿形链由许多齿形链板通过铰链连接而成，链板两侧为直边，夹角为 $60°$。

图 1.2-6 齿形链齿形链传动平稳，噪声小，承受冲击性能好，但质量大，结构复杂，价格较高。一般用于速度较高（$v \leqslant$ 30m/s）或运动精度较高的传动中。

3. 齿轮传动

（1）齿轮传动组成和传动比

齿轮传动是机械传动中应用最广泛的一种传动，是由主动齿轮 1，从动齿轮 2 及机架组成，如图 1.2-7 所示。当主动齿轮转动时，通过主、从动齿轮的轮齿直接接触（啮合）产生法向反力来推动从动轮转动，从而传递运动和动力。

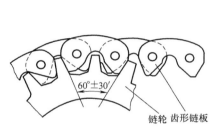

图 1.2-6　齿形链

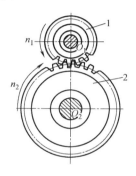

图 1.2-7　齿轮传动
1—主动齿轮；2—从动齿轮

设主动齿轮、从动齿轮的齿数分别为 z_1、z_2，转速分别为 n_1、n_2，则齿轮的平均传动比为：

$$i = \frac{n_1}{n_2} = \frac{z_2}{z_1}$$

说明齿轮传动的平均传动比仍然等于两齿轮齿数的反比。当主动齿轮齿数 z_1 小于从动齿轮的齿数 z_2 时，$i > 1$，为减速传动；反之，为增速传动。

（2）齿轮传动的基本要求

为了充分发挥齿轮传动的作用，从传递运动和动力两方面，对齿轮传动提出了两个基本要求。

1）传动要平稳

为了提高齿轮的工作精度、适应高精度及高速传动的需要，要求齿轮在传动过程中始终保持瞬时传动比恒定，即当主动齿轮匀速转动时，从动齿轮任意瞬时的转速不变。为此，必须采用合理的齿轮轮廓曲线。可以论证，齿轮轮廓曲线采用渐开线、摆线和圆弧时，能使瞬时传动比恒定。最常用的齿轮轮廓曲线为渐开线。

2）承载能力要强

为了延长齿轮传动的使用寿命、减小结构尺寸、传递较大的动力，要求齿轮具有足够的抵抗破坏的能力，即足够的承载能力。

（3）齿轮传动的特点

齿轮传动之所以能得到广泛应用，是因为与其他传动相比具有如下特点。

1）适用的圆周速度和功率范围大。圆周速度可高达 300m/s，传递的功率可高达十几万千瓦，也可小至 1W。

2）能保证恒定的瞬时传动比，传递运动准确可靠。

3）具有中心距可分性，即由于制造、安装或轴承磨损等原因，造成中心距有偏差，但渐开线齿轮传动的传动比仍然保持不变的特性，这一特性对渐开线齿轮的制造和安装十分有利。

4）结构紧凑，体积小，使用寿命长，能实现两轴平行、相交、交叉等各种运动。

5）传动效率较高，一般为 0.92～0.98，最高可达 0.99。

6）制造、安装精度要求高，成本高，对冲击和振动比较敏感，没有过载保护作用，不适合两轴距离较远的传动。

（4）齿轮传动的类型

齿轮传动的类型很多，分类方法也很多，通常按齿轮的形状和工作条件进行分类。

1）根据齿轮形状分类

根据齿轮形状，可分为圆柱齿轮传动、圆锥齿轮传动。

① 圆柱齿轮传动当用于两平行轴间的传动时，可采用图 1.2-8（a）～（d）所示的齿轮传动；如果要求传动平稳、承载能力较大时，则采用图 1.2-8（b）所示的圆柱斜齿轮传动和图 1.2-8（c）所示的人字齿轮传动；如果要求结构紧凑时，则采用图 1.2-8（d）所示的内啮合传动；当需要将回转运动变为直线运动（或反之）时，可采用图 1.2-8（e）所示的齿轮齿条传动。

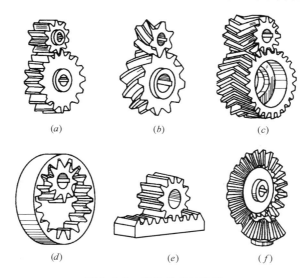

图 1.2-8　齿轮传动的类型

（a）圆柱直齿传动；（b）圆柱斜齿轮传动；（c）人字齿轮传动；
（d）内啮合传动；（e）齿轮齿条传动；（f）圆锥齿轮传动

② 圆锥齿轮传动如图 1.2-8（f）所示，常用于两轴相交的传动。

2）根据齿轮传动的工作条件分类

① 开式齿轮传动是指齿轮暴露在箱体之外的齿轮传动，工作时易落入灰尘杂质，不能保证良好的润滑，轮齿容易磨损。多用于低速或不太重要的场合。

② 闭式齿轮传动是指齿轮安装在封闭的箱体内的齿轮传动，

润滑和维护条件良好，安装精确。重要的齿轮传动都采用闭式齿轮传动。

（5）直齿圆柱齿轮传动各部分名称及基本参数

1）直齿圆柱齿轮传动各部分名称

渐开线直齿圆柱齿轮传动各部分名称如图 1.2-9 所示。

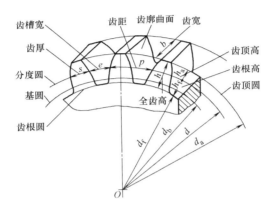

图 1.2-9　齿轮各部分名称

① 齿顶圆：齿顶所在的圆称为齿顶圆，其直径用 d_a 表示。

② 齿根圆：齿根所在的圆称为齿根圆，其直径用 d_f 表示。

③ 分度圆齿轮上作为测量和计算齿轮尺寸的基准的圆称为基准圆，它位于齿顶圆与齿根圆之间，其直径用 d 表示。

④ 齿厚轮齿两侧齿廓间在某圆周上的弧长称为该圆上的齿厚，在分度圆上的齿厚用 s 表示。

⑤ 齿槽宽相邻两齿廓之间在某圆周上的弧长称为该圆上的齿槽宽，在分度圆上的齿槽宽用 e 表示。对于标准齿轮，分度圆上的齿厚与齿槽宽相等。

⑥ 齿距相邻两齿同侧齿廓之间在某圆周上的弧长称为该圆上的齿距，在分度圆上的齿距用 p 表示，$p＝s＋e$。

⑦ 齿顶高：齿顶圆到分度圆间的径向距离称为齿顶高，用 h_a 表示。

⑧ 齿根高：齿根圆到分度圆间的径向距离称为齿根高，用 h_f 表示。

⑨ 全齿高：齿顶圆到齿根圆间的径向距离称为全齿高，用 h 表示。

⑩ 齿宽在轴线方向上轮齿的宽度称为齿宽，用 b 表示。

2）标准直齿圆柱齿轮的基本参数

标准直齿圆柱齿轮有五个基本参数：齿数 z、模数 m、压力角 α、齿顶高系数 h_a；和径向间隙系数 c，它们决定了齿轮的几何尺寸。

① 齿数：齿轮圆周上的轮齿的总数。

② 模数齿轮的分度圆直径 d 与齿数 z、齿距 p 之间的关系为

$$\pi d = zp \qquad 或 \qquad d = \frac{zp}{\pi}$$

由于 π 为无理数，为了不使分度圆直径 d 为无理数，以便于计算、制造和检验，人为规定（p/π）为标准值，称为模数，用 m 表示，单位为 mm。故有：

$$d = mz$$
$$P = \pi m$$

由此可知，模数的大小反映了齿距的大小，模数越大，轮齿的各部分尺寸越大，因而承受载荷也越大。

表 1.2-1 所列为国标《通用机械和重型机械用圆柱齿轮模数》GB/T 1357—2008 规定的标准模数系列。

标准模数系列（mm） 表 1.2-1

第一系列	1 1.25 1.5 2 2.5 3 4 5 6 8 10 12 16 20 25 32 40 50
第二系列	1.75 2.25 2.75 （3.25） 3.5 （3.75） 4.5 5.5 （6.5） 7 9 （11） 14 18 22 28 （30） 36 45

注：优先采用第一系列，括号内的模数尽可能不用。

③ 压力角：渐开线齿轮啮合时，啮合点的速度方向与啮合

点的受力方向之间所夹的锐角，称为渐开线在该点的压力角。通常所说的压力角是指分度圆上的压力角，用 α 表示，国标规定 $\alpha=20°$。

一对渐开线直齿圆柱齿轮正确啮合的条件是：两齿轮的模数和压力角分别相等。

④ 齿顶高系数和径向间隙系数为了使齿形匀称，规定齿的高度与模数成正比，即

齿根高 $h_f=(h_a+c)m$

式中　h_a——齿顶高系数，对于正常齿 $h_a=1$，短齿 $h_a=0.8$；

　　　　c——径向间隙系数，对于正常齿 $c=0.25$，短齿 $c=0.3$。

（6）标准直齿圆柱齿轮传动的主要几何尺寸

渐开线标准直齿圆柱齿轮外齿轮的主要几何尺寸的计算公式见表1.2-2。

渐开线标准直齿圆柱齿轮外齿轮的主要几何尺寸的计算公式

表 1.2-2

名　称	符号	公　式
齿顶高	h_a	$h_a=m$（对于短齿 $h_a=0.8m$）
齿根高	h_f	$h_f=1.25m$（对于短齿 $h_f=1.1m$）
全齿高	h	$h=2.25m$（对于短齿 $h=1.9m$）
分度圆直径	d	$d=mz$
齿顶圆直径	d_a	$d_a=mz+2h_a$
齿根圆直径	d_f	$d_f=mz-2h_f$
齿距	p	$p=\pi m$
齿厚	s	$s=\dfrac{p}{2}=\dfrac{\pi m}{2}$
齿槽宽	e	$e=\dfrac{p}{2}=\dfrac{\pi m}{2}$
中心距	a	$a=\dfrac{m}{2}(z_1+z_2)$

4. 螺旋传动

（1）螺旋传动的组成

螺旋传动主要由螺杆、螺母及机架组成，通过螺杆与螺母之间的相对运动，将旋转运动变成直线运动，从而传递运动和动力。

（2）螺旋传动的特点

螺旋传动结构简单，工作连续，传动平稳、无噪声，承载能力大，传动精度高，易于自锁，在较低的运动速度下能传递巨大的力，故广泛应用于机械中。但摩擦损失大，传动效率低，因而一般不用于大功率的传递。随着滚动螺旋传动的应用，使螺旋传动的效率和传动精度得到了很大的改善。

（3）螺旋传动的类型及应用

1）按塔、杆与螺母的相对运动关系分类

① 螺母固定，螺杆旋转并轴向移动如图 1.2-10（a）所示，其结构简单，占据空间大，多用于螺旋起重器、螺旋压力机或千分尺等。

② 螺杆固定，螺母旋转并轴向移动如图 1.2-10（b）所示，螺杆两端结构较简单，有的钻床工作台采用这种结构。

③ 螺母原位转动，螺杆作轴向移动如图 1.2-10（c）所示，该结构较复杂，占据空间大，应用较少。

④ 螺杆原位转动，螺母作轴向运动如图 1.2-10（d）所示，多用于机床进给机构。

螺杆或螺母的移动方向用左、右手螺旋法则来判断：左旋螺杆用左手，右旋螺杆用右手，四指弯曲方向表示螺杆（螺母）回转方向，则拇指所指方向为螺杆（螺母）的移动方向。若螺杆原位转动而螺母轴向移动时，则螺母移动方向与拇指所指方向相反。

2）按螺旋传动的用途分类

① 传力螺旋主要用于传递动力，要求以较小的转矩能产生较大的轴向力，广泛用于各种起重或加压装置中，如螺旋千斤顶或螺旋压力机（图 1.2-11）。

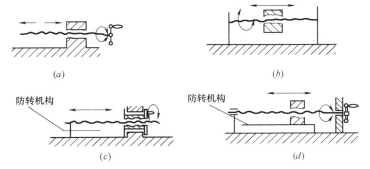

图 1.2-10　螺旋传动的运动形式

（a）螺母固定；（b）螺杆固定；（c）螺母原位转动；（d）螺杆原位转动

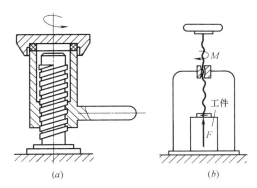

图 1.2-11　传力螺旋

（a）螺旋千斤顶；（b）螺旋压力机

② 传动螺旋主要用于传递运动，要求具有较高的传动精度，如机床刀架进给机构（图 1.2-12）等。

③ 调整螺旋主要用于调整并固定零件的相对位置，如机床、仪器及测量装置中微调机构的螺旋（图 1.2-13）。

3）按螺旋副间的摩擦状态分类

① 滑动螺旋上述各种螺旋都是滑动螺旋，其螺杆与螺母之间为滑动摩擦。滑动螺旋结构简单、制造方便、易于自锁、应用广泛，但摩擦大、易于磨损、效率低。

② 滚动螺旋如图 1.2-14 所示，在螺杆与螺母之间的封闭螺

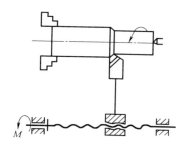

图 1.2-12　机床刀架进给机构

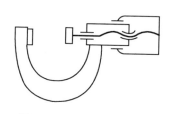

图 1.2-13　量具测量螺旋

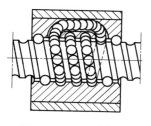

图 1.2-14　滚动螺旋

纹滚道中有滚珠，当螺杆与螺母相对转动时，滚珠沿滚道滚动，其间为滚动摩擦。滚动螺旋的摩擦阻力较小、不易磨损、效率高、启动力矩小、传动灵敏平稳，但结构复杂、制造困难、成本高、不能自锁。多用于车辆转向机构和对传动精度要求较高的场合。

5. 液压传动

（1）液压传动的工作原理

液压传动是利用液体压力能来传递动力和运动的一种传动方式。

图 1.2-15 是常见的液压千斤顶的工作原理图，它由大小两个液压缸和必要的辅助设备组成。两个液压缸 3 和 8 分别装有活塞 4 和 7，由于配合良好，两个活塞不仅能在缸内滑动，而且能实现可靠的密封。当用力向上提杠杆手柄 6 时，小活塞 7 被带动向上移动，于是小液压缸下腔的密封容积就增大，形成部分真空，此时在大气压力作用下，单向阀 9 被打开，油箱 1 中的油液沿吸油管经单向阀 9 进入小液压缸的下腔，完成一次吸油动作。当用力向下压杠杆手柄时，小活塞下移，小液压缸下腔容积就减小，压力增大，迫使单向阀 9 关闭，单向阀 5 打开，油液便经两

缸之间的连通管道进入大液压缸 3 的下腔，迫使其密封容积增大，从而驱动大活塞 4 上升，使重物 G 向上顶起一段距离，完成一次压油动作。再次提起杠杆子柄时，大液压缸下腔内的压力油试图倒流进小液压缸，但在压力差作用下单向阀 5 自动关闭，使油液不能倒流，故保证了重物不会自行下落。反复提压杠杆手柄，油液就不断被压入大液压缸，使大活塞与重物不断上升。

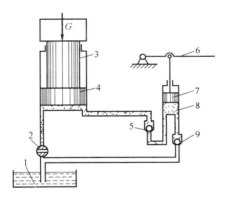

图 1.2-15　液压千斤顶的工作原理

1—油箱；2—放油阀；3—大液压缸；4—大活塞；5,9—单向阀；

6—杠杆手柄；7—小活塞；8—小液压缸

　　工作完毕，拧开放油阀 2，大液压缸的油液就经过管道流回油箱，在外力和自重作用下大活塞下移而脱离重物，便可取出千斤顶。

　　通过对液压千斤顶工作过程的分析可看出，液压传动的工作原理是以油液作为工作介质，依靠密封容积的变化来传递运动，依靠油液内部的压力来传递动力。液压传动装置实质上是一种能量转换装置，它先将机械能转换为便于输送的液压能，然后再将液压能转换为机械能。

　　（2）液压传动系统的组成

　　液压传动系统由 4 部分组成。

　　1）动力元件：液压泵

其作用是将电动机输出的机械能转换为液压能，推动整个系统工作。

2）执行元件：液压缸、液压马达

其作用是将液压泵输入的液压能转换为工作部件运动的机械能，并分别输出直线运动或回转运动。

3）控制元件：各种阀

其作用是调节和控制液体的压力、流量和流动方向。

4）辅助元件：油箱、油管、压力表、过滤器等

其作用是创造必要条件，保证系统正常工作。

（3）液压传动的特点及应用

1）液压传动的特点

与机械传动相比，液压传动有如下特点。

① 易于在较大范围内实现无级调速。

② 在传递相同功率的情况下，液压传动装置的体积小、质量轻、结构紧凑。

③ 运动比较平稳，反应快，惯性小，冲击小，能快速启动、制动和频繁换向。

④ 易于实现过载保护，元件的自润滑性好，使用寿命长。

⑤ 调整控制方便，易于自动化。

⑥ 液压元件易于实现系列化、标准化和通用化。

⑦ 对温度的变化比较敏感，不宜在高温和低温下工作。

⑧ 由于存在液体的泄漏和可压缩性等，使得传动比不准确，效率低。

⑨ 液压元件制造精度高，系统安装、调整和维护要求较高，出现故障时，不易查找原因。

2）液压传动的应用

由于液压传动具有许多独特的特点，因此在机械设备中应用非常广泛。有的设备利用了它操纵控制方便的优点，如起重机械、轻工机械、金属切削机械等；有的利用了它能传递大动力的优点，如冶金机械、矿山机械、工程机械等。

2 技 术 设 备

2.1 微机连锁系统

1. 微机连锁设备简介

计算机连锁系统（以下简称微机连锁）是一种新型的站场自动控制设备，在保证安全的前提下，以最经济、合理的技术措施提高运输效率，改善劳动条件，设备可靠，维修方便，便于联网。

计算机连锁与继电连锁相比，保留了电气集中的室外设备、电源屏；室内保留了分线盘、道岔启动电路、信号点灯电路、轨道电路，连锁网络、选岔网络均由计算机连锁取代。计算机直接采集 DGJ、DBJ、FBJ、DJ 等表示继电器的接点，直接控制 DCJ、FCJ、SFJ（锁闭防护继电器，用于道岔控制双断）、DXJ、LXJ 等控制信号开放/关闭、道岔操作的继电器。连锁逻辑完全由计算机完成，只在执行环节保留了部分继电器。对操作有丰富的汉字提示，操作方法也多样化。其优越性有以下几方面：

（1）体积小、可靠性高，可实现无维修，为铁路信号技术结构的改革创造了条件。

（2）微机连锁系统功能更加完善。

（3）微机连锁系统的信息量大为丰富，利用当前的各种网络手段，可与其他行车调度指挥系统、列车控制系统联网，提供及交换各种信息，以使协调工作。

（4）微机连锁系统易于实现系统自身化管理，利用自诊断，自检测功能及远距离联网，实现远距离诊断。

（5）随着大规模集成电路的发展，微机连锁系统的投资将越来越低，与继电连锁相比将更占优势。

（6）计算机连锁双机热备系统任何一点故障均不会影响行车。维修更加方便，出现故障后，将故障的一系脱离系统，将故障的电路板更换，就可排除故障。

计算机连锁根据作业情况可办理列车、调车作业，单独操作道岔和单独锁闭道岔，引导接车或引导总锁闭接车等，有的站还可办理单钩、连续溜放作业，储存溜放进路，具有检查、修改、增钩、减钩的功能。操作方式可采用数字化仪控制台、鼠标或单元控制台，所有作业均在数字化仪上通过点压按钮、用鼠标在屏幕上按压"按钮"或单元控制台上按压按钮进行操作。通过 21 英寸的彩色监视器（简称 CRT）显示操作的控制命令和现场的控制状态。

采用数字化仪＋鼠标＋21 英寸彩色监视器代替传统的控制表示合一的控制台，具有体积小、整洁、使用方便、可靠等特点。屏幕上有各种汉字提示，并通过语音代替电铃报警。若办理进路的操作有误时，在屏幕上将显示办理有误的提示。

计算机连锁系统是双机热备，在同步状态下，故障时可自动切换，切换时不影响进路的办理。亦可进行人工切换，非同步时人工切换必须由电务和车务人员共同确认全场没有办理任何进路时才能进行，并记录切换的原因。人工切换后全场锁闭，由电务和车务人员共同确认机车车列完全停止行走时，通过"上电解锁"按钮进行全场解锁。同步状态下进行人工切换不锁闭进路。

2. 微机连锁系统的构成

系统结构。

TYJL 双机热备型计算机连锁为分布式多计算机系统，它主要由以下 5 部分组成：控制台、监控机、连锁机、执表机和电务维修终端。其系统结构如图 2.1-1 所示。控制台和维修终端是单套配置；监控机、连锁机、执表机为主、备双套。连锁机、执表机双机热备具有自动切换功能，监控机是双机工作、人工切换。

各备用计算机构成备用子系统，与工作子系统同步工作，也可脱离工作子系独立工作（备用子系统对继电部分永远无控制权），故备用子系统还可作为软件修改时模拟连锁试验用。

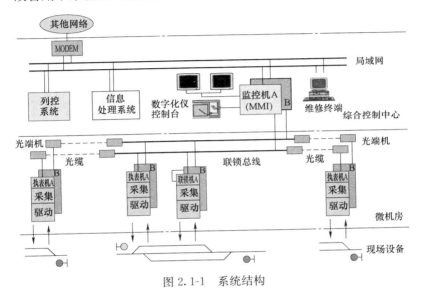

图 2.1-1　系统结构

（1）控制台的功能

显示站场状态，接受操作命令。也称 MMI，将站场表示、进路状态、操作结果用彩色监视器或单元表示盘的光带显示给操作人员、将操作人员的操作命令传输给监控机。

控制台的操作方式有：数字化仪操作盘、鼠标操作、单元按钮控制台三种；表示有两种，即彩色监视器和单元表示盘。当前计算机连锁制作控制台，均采用多种操作并用，以防操作设备故障造成系统瘫痪。其结构有下列几种：

1）数字化仪＋数字化仪＋显示器。

2）数字化仪＋鼠标＋显示器。

3）鼠标＋鼠标＋显示器。

4）数字化仪＋显示器＋单元块表示盘。

5）按钮＋单元块表示盘＋提示窗（若有必要，还可＋鼠标＋显示器）。

本系统采用单元表示盘＋鼠标＋显示器。

（2）监控机的功能

监控机（又称上位机）实现与连锁机的通信功能，接收连锁机的表示信息，将站场的状态、进路的状态、操作提示送给彩色监视器；同时，将控制台的操作命令处理后发送给连锁机。显示站场形状。监控机的主机主要由主板、串行通信口、并行通信口、PC-01 网卡、以太网卡、多屏卡、硬盘等组成。

监控机为冷备切换，故障时需要人工切换，监控机的切换按钮设在连锁 A 机第一层小面板上。监控机切换时，与之相接的控制台和 21 英寸监视器可同时切换到由工作机控制。

（3）连锁机的功能

连锁机主要由 CPU 板、报警板、STD-01 通信板、1604 I/O 板等组成。其主要功能是：

1）实现与上位机的通信调度。采用循环呼叫应答方式，如通信不通，则超时报警及退出，接着呼叫下一个设备。连锁机备机（在联机状态），定时呼叫主机进行信息交换和信息比较。

2）实现信号设备的连锁逻辑处理功能，完成进路的确选、锁闭，发出开放信号和动作道岔的控制命令。

3）采集现场信号设备状态，如轨道状态，道岔表示状态，信号机状态等。

4）输出动态控制命令，通过动态板驱动偏极继电器，控制动作现场设备。

（4）微机连锁系统的主要功能

1）微机连锁系统利用微机的逻辑运算和逻辑控制功能，实现进路、道岔、信号的互相连锁。

2）向被占用的进路上排列进路时，信号机不能开放。

3）具备列车和调车作业进路的侧向防护功能。

4）在控制台上能监督线路和道岔区段是否被占用，监视进路的开通及锁闭，复示相关信号机的显示。

5）能监督是否挤岔，并于挤岔的同时，自动关闭防护该进路的信号机。被挤道岔未恢复正常前，相关信号机不能开放。

6）当道岔第一连接杆处的尖轨与基本轨间的间隙达到4mm及其以上时，不能锁闭道岔及开放相关信号机。

3. 微机连锁系统与其他设备的接口

（1）与ATS的接口：

通过标准串行接口RS422与ATS的PCU连接，并提供下列信息：

1）信号机状态信息：开放或关闭。

2）道岔位置信息：定位、反位或挤岔。

3）轨道电路状态信息：占用或空闲。

（2）与试车线的接口：

列车按调车方式进入试车线某某信号机前停妥后，试车线控制人员按压"试车请求"按钮，信号楼控制屏"试车请求"表示灯亮，信号楼值班员分别按压"非进路锁闭"、"允许试车"按钮排列好非进路试车进路，试车线控制室按压"试车"按钮后开始试车，信号楼控制屏"试车"表示灯亮后，信号楼将不能再操纵试车线的信号设备。试车结束后由试车线控制人员按压"试车"按钮，信号值班员确认"试车"表示灯熄灭后，取消试车进路，试验列车按调车方式返回库内。

（3）与正线连锁的接口：

1）车辆段/停车场与正线进出厂信号机不能同时开放。

2）信号机的状态将复式给对方连锁，在对方连锁工作站上显示其状态。

3）车辆段/停车场入段入口的防护信号机，改信号机常态显示红灯。

4）车辆段/停车场的调车进路和正线上的入库进路敌对。

5）出库列车进路需要检查转换轨区段的空闲状态。

（4）与洗车线的接口：

需洗车时，信号楼值班员按压"洗车请求"按钮，洗车库按钮盘上"请求洗车"表示灯亮，洗车库值班员按压同意按钮盘上的"同意洗车"按钮，信号楼操作屏"洗车请求"表示灯灭灯，"同意洗车"表示灯亮灯，列车进入洗车台位后，信号机自动关闭。

（5）车辆段信号楼与试车线控制室之间的联系

当要进行试车作业时，试车控制人员与信号楼值班员通过专用电话联系，试车控制人员按压"试车请求"，信号楼控制屏上"试车请求"表示灯亮，同时发出语音提示。信号值班员确认HMI"允许试车"表示灯闪白灯，点压"功能按钮"和"非进路"，建立试车线非进路锁闭，试车线信号机亮白灯，相关道岔锁闭（号码红色），点压"功能按钮"和"允许试车"。

（6）信号楼与洗车库之间的联系

信号楼值班员与洗车库值班员通过800M联系，并按下请求洗车按钮；

洗车库洗车请求灯亮，洗车库值班员按压同意洗车按钮，信号楼控制屏上"同意洗车"表示灯亮灯；

信号楼值班员按下某某信号机至列检库终端按钮，办理某某信号机向列检库的洗车进路。

列车通过洗车进路后，信号楼控制屏上"同意洗车"和洗车库的同意洗车灯熄灭。

列车进洗车库进行洗车作业还需由洗车库值班员人为确认洗车库空闲；同意洗车后，洗车库值班员无权取消同意，只有信号楼值班员可以通过取消洗车进路、取消洗车请求来关闭洗车同意。洗车作业完成后，按正常办理进路的方式离开洗车线。

4．HMI操作说明

（1）屏幕显示

屏幕显示按站场图形布置，平时显示的青色光带为基本的轨道图形。为调车作业设置的绝缘用白色短竖线（交叉渡线处的以短横线）表示，侵限绝缘以红圆圈中的红色竖线表示。

屏幕图形显示各种颜色的含义如下：

1）轨道区段

① 区段空闲时，轨道电路显示蓝色光带；

② 当区段占用时，区段显示粉色光带；

③ 当区段锁闭时，区段显示白色光带，表示该区段锁闭并且不能用区段解锁解；

④ 当区段故障锁闭时，区段显示绿光带，表示该区段锁闭并且可用区段解锁解掉。

2）信号机

① 红色：信号关闭；

② 绿色：信号开放；

③ 红色、白色同时显示：引导信号开放；

④ 红色闪光：灯丝断丝并伴有语音提示；

⑤ 粉红色闪光（信号机编号红色）：表明信号处于封闭状态，按钮失效。

3）调车信号

① 蓝色：调车信号机关闭；

② 红色：起阻挡作用的调车信号机关闭；

③ 白色：调车信号机开放；

④ 白色闪光：溜放进路及退路信号开放；

⑤ 红色闪光：表示灯丝断丝。

⑥ 粉红色闪光（信号机编号红色）：表明信号处于封闭状态，按钮失效。

4）道岔

道岔岔尖处用缺口表示道岔位置，无缺口的一侧表示道岔开通位置。当道岔无表示、挤岔时，道岔岔尖处闪红色光，同时系统挤岔报警并发出语音报警。

道岔名称有以下含义：

① 黄色：道岔为反位；

② 红色：道岔单锁或引导总锁时道岔锁闭；

③ 白色：道岔锁闭；

④ 绿色：道岔为定位；

⑤ 红闪：道岔为四开位、挤岔或道岔封锁。

道岔单独锁闭的含义是指可通过该道岔锁定位置排进路，但不能操纵；道岔封闭是指不能通过该道岔排进路，但道岔可以单独操纵。道岔封闭是专为电务人员维修道岔而设。

5）试车作业显示

① 办理非进路：显示"非进路锁闭"；

② 办理试车线试车请求：显示"试车请求"；

③ 试车线试车：显示"试车"。

6）洗车作业显示

洗车库同意车辆段洗车请求：白灯。

（2）按钮设置

1）列车按钮

列车按钮为方形绿色按钮。排列进路时，按下列车进路的始端按钮，如按钮有效，此按钮显示蓝色，所有有可能成为进路终端（或变更）的按钮黄闪，按下所排进路的终端按钮，如此终端有效，则始端、终端按钮都显示蓝色，其余终端按钮恢复常态，用鼠标左键单击【命令下达】图标（或鼠标右键单击始端或终端按钮选择"命令"菜单），所选进路显示绿色光带。进路锁闭后，始终端按钮都恢复常态。如信号开放条件满足，信号开放。

（列车按钮 □ **XA**）

2）调车按钮

调车按钮为圆形灰色按钮。排列进路时，按下调车进路的始端按钮，如按钮有效，此按钮显示蓝色，所有有可能成为进路终端的按钮黄闪，按下所排进路的终端按钮，如此终端有效，则始端、终端按钮都显示蓝色，其余终端按钮恢复常态，用鼠标左键单击【命令下达】图标（或鼠标右键单击始端或终端按钮选择"命令"菜单），所选进路显示绿色光带。进路锁闭后，始终端按钮都恢复常态。如信号开放条件满足，信号开放。

（调车按钮🔘）

3）其他表示及隐藏按钮

报警类表示灯：

①"熔丝报警"表示灯：常态隐藏。站内熔丝断丝时，熔丝报警灯亮红灯，并有语音提示。故障修复后，表示灯恢复常态。

②"灯丝报警"表示灯：常态隐藏。站内灯丝断丝时，表示灯点红灯，并有语音提示。故障修复后，表示灯恢复常态。

③"主灯丝报警"表示灯：常态隐藏。站内主灯丝断丝时，表示灯点红灯，并有语音提示。故障修复后，表示灯恢复常态。

④"挤岔"表示灯：常态隐藏。当道岔挤岔或断表示时，挤岔表示灯点红灯，并有语音提示；道岔修复后，挤岔表示灯恢复常态。

⑤"同步报警"表示灯：常态隐藏。当主备连锁机不同步时，"同步"表示灯亮红灯并有语音提示。故障修复后，表示灯恢复常态。

⑥"轨道停电"表示灯：常态隐藏。当轨道电源停电时，"轨道停电"表示灯点红灯，并有语音提示；轨道电源恢复供电后，"轨道停电"表示灯恢复常态各类设备状态表示灯：

⑦ 主副电源表示灯：常态隐藏。主电源工作时，表示灯亮绿灯；副电源工作时，表示灯亮黄灯。

⑧ 延时解锁窗口：常态隐藏。接近区段占用人工解锁各种进路时显示，并有倒计时时间提示。

⑨ 道岔电流窗口：在办理单操道岔或排列进路时显示道岔实际动作电流。

⑩ 30秒表示灯、3分钟表示灯：常态隐藏。在各种故障情况下需延时解锁、取消非进路调车、坡道延时解锁、中岔延时解锁等情况下，显示红灯，并倒计时时间提示。

⑪ 排列表示灯：常态亮灰色。当排列进路时，排列表示灯红闪，进路建立后排列表示灯恢复常态。

⑫ "连锁机A机/连锁机B机"表示灯：当连锁机A机为主

机时，"连锁机 A 机"表示灯点绿灯；当连锁机 B 机为主机时，"连锁机 B 机"表示灯点绿灯。

4）常用按钮

①"引导"按钮

对于每个接车口，都设有一个引导按钮，常态为灰色。办理引导接车时，对应按钮显示黄闪灯，并有语音提示；当引导信号关闭后，表示灯恢复常态。

②"引导总锁"按钮

常态为灰色。办理引导总锁时，引导总锁灯点红灯，并有语音提示；当取消引导总锁后，表示灯恢复常态。特别注意：引导总锁时不能办理任何操作（除了全站封锁），必须解除引导总锁后方可进行其他操作。

③"全站封锁"按钮

在系统开机或不同步状态下连锁机切换，全站封锁按钮灯亮红灯。特别注意：全站封锁时不能办理任何操作（除了引导总锁和总取消按钮），必须解除全站封锁才可进行其他操作。

④"上电解锁"按钮

在两个连锁机同时开机时"上电解锁"按钮会亮红灯，按压此按钮后可解除全站的绿光带。

⑤"非进路调车"按钮

此按钮为非自复式按钮，第一次按压为办理非进路调车，第二次按压为取消非进路调车。

⑥"非进路故障"按钮

此按钮为自复式按钮。当办理非进路调车后，试车线上的道岔挤岔或信号机灯丝故障时，按钮显示红灯，待故障恢复后，按压"非进路故障"按钮后非进路调车重新开放，若直接按压"非进路调车"按钮为取消非进路调车。

5）洗车请求按钮和取消按钮

点压洗车请求按钮，通知洗车库请求洗车，在洗车库办理了同意洗车后，可排列洗车进路，点压取消按钮并确认，可取消洗车请求。

6）进路的办理与操作

进路的办理方法如下：

点压始端--终端：开通基本进路。

开通变更进路时需分段排列。

① 进路建立

在一般情况下，HMI 缺省状态为排列进路状态。用鼠标操作时，只要将鼠标的光标移至列、调车按钮上，单击鼠标左键即可。先用鼠标左键单击【进路建立】图标，此时【进路建立】图标显示灰色。在站场图上用鼠标左键单击所排进路的始端按钮，如操作有效，所有相对于此按钮的有效的终端按钮均黄闪，用鼠标左键单击一下进路的终端按钮，如操作有效，其余黄闪按钮恢复常态。再用鼠标左键单击【命令下达】图标（或鼠标右键单击始端或终端按钮选择"命令"菜单），此时排列表示灯红闪，进路上道岔自动选排，转至规定位置上。当连锁机检查并确认了进路选排一致、无敌对信号等条件后，进路锁闭，此时进路显示一条白光带，进路始端的信号开放，选排进路工作完成。

如果排列的是变更进路，则按压按钮的顺序是：始端按钮，变更按钮，最后是终端按钮。

办理长调车进路时，先在站场图上单击所排进路的始端，再单击此长调车进路的最后一个终端按钮。（与 6502 一致）。

② 取消进路

当需要取消进路时，具体操作如下：

先用鼠标左键单击【取消进路】图标，此时【取消进路】图标显示灰色。然后用鼠标左键单击所取消进路的始端按钮，再用鼠标左键单击【命令下达】图标（或鼠标右键单击始端按钮选择"命令"菜单）即可。如操作有效，则发出一声声响同时【取消进路】图标恢复原色，【进路建立】图标显示灰色。

| 进路建立 | 总取消 | 信号重开 | 总人解 | 引导按钮 | 引导总锁 | 道岔总定 | 道岔总反 | 道岔单锁 | 道岔解锁 | 功能按钮 | 封锁按钮 | 区故解 | 命令清除 | 命令下达 |

③ 重开信号

当信号开放后由于轨道电路瞬时分路或其他原因而关闭，故障恢复后，开放信号的条件又满足，此时若需要重开信号，则用鼠标左键单击【信号重开】图标，此时【信号重开】图标显示灰色。然后用鼠标左键单击所需重开的信号机按钮后点击【命令下达】图标（或鼠标右键单击始端按钮选择"命令"菜单），如操作有效，则发出一声声响，信号重新开放。同时【信号重开】图标恢复原色，【进路建立】图标显示灰色。在延时解锁期间，不能重复开放信号。

④ 引导按钮

当进站信号机（或接车进路信号机）因轨道电路故障不能正常开放，可采用引导锁闭进路方式开放引导信号。办理引导进路时有语音提示。办理办法如下：

先单独操纵道岔，把进路开通好；若因轨道电路故障，则应由车站值班员再次确认故障区段空闲；并进行登记，然后用鼠标单击按下【引导按钮】图标后，鼠标左键单击所要办理引导进路相应的引导按钮如"XA引导"，此时【引导按钮】图标显示灰色，所要办理引导进路相应的引导按钮为按下状态，然后再用鼠标左键单击【命令下达】图标（或鼠标右键单击始端按钮选择"命令"菜单）即可，则发出一声声响，同时【引导按钮】图标恢复原色，当【进路建立】图标显示灰色时，相应的引导信号开放，此时引导按钮亮黄闪。

如果进路上有道岔失去表示，敌对信号未关闭，敌对进路未解锁，对应列车信号在延时解锁，股道敌对照查不满足等条件，即使引导按钮按下，WS拒绝办理。

若进站信号机内方第一区段轨道电路良好，当列车压入信号机内方第一区段时，引导信号自动关闭。若进站信号机内方第一区段轨道电路故障，则在列车完全进入信号机内方第一区段之前，必须每30秒内重新办理一次引导操作使引导信号保持开放（如同6502控制台值班员要一按下引导按钮，在确认列车进入信号机内方后才可松开引导按钮）。在值班员确认列车完全进入股道后，可用人工解锁的方法解锁引导进路，具体方法可参看【总人解】。

在引导信号开放后，若要取消引导进路，可用【总人解】办理，使用【取消进路】办理仅关闭引导信号，不能解锁进路。

⑤ 引导总锁

当道岔失去表示或向非接车进路引导接车时，用引导进路锁闭方式不能开放引导信号，此时必须采用引导总锁闭办理引导接车。办理引导总锁有语音提示。办理方法如下：

在确认道岔位置正确（无表示的道岔应由车务人员在现场确认）、进路空闲、未建立敌对进路时，用单独操纵道岔方式预选进路，并办理登记手续。然后用鼠标单击按下【引导总锁】图标，此时【引导总锁】图标显示灰色。用鼠标左键单击引导总锁按钮，引导总锁按钮为按下状态，然后再用鼠标左键单击【命令下达】图标（或鼠标右键单击始端按钮选择"命令"菜单），如操作有效，则发出一声声响，同时【引导总锁】图标恢复原色，弹出二次确认对话框，重新选择操作为"引导总锁"，确认。如果已设置引导总锁，则再操作一次为取消引导总锁。当【进路建立】图标显示白色时，引导总锁按钮亮红灯，本接车咽喉内的连锁道岔均锁在原来位置。然后办理引导接车（方法同引导办理），引导信号开放，但无白光带显示。在引导信号开放后，若要关闭引导信号，可用办理解锁引导总锁闭的方法（即再办理一次引导总锁的全过程），不可用【总取消】和【总人解】来办理。

⑥ 总人解

当需取消已处于接近锁闭状态（接近区段有车、信号开放、进路空闲）的进路时，使用【总人解】；在办理取消引导接车进路时，使用【总人解】。另外在取消进路时，可使用【总取消】，也可使用【总人解】。

办理的方法是：用鼠标左键单击按下【总人解】图标，用鼠标左键单击接近锁闭进路的始端按钮，再用鼠标左键单击【命令下达】图标（或鼠标右键单击终端按钮选择"命令"菜单）。弹出 HILC 对话框，第一步输入框内已显示操作内容，点击第一步输入框内的确认按钮。使能第二步输入框内的操作内容选择界面，操作选择同样的信号机，然后点击第二步输入框内的确认按钮。如操作有效，则发出一声声响，同时【总人解】图标恢复原色，【进路建立】图标显示灰色后，此时信号关闭，出现延时解锁，待延时解锁结束进路白光带消失。在办理取消引导接车进路时，操作方法相同。

⑦ 区故解

由于故障区段未能正常解锁或需要通过区段解锁关闭信号时，使用【区故解】。进路中的某一区段如果不是依次顺序占用、出清，则该区段及后续区段均不能正常解锁，HMI 界面上对应区段用绿光带显示。

点击最下面功能按钮中的【区故解】，然后点站场图内对应的区段。选择操作"区故解"。弹出 HILC 对话框，第一步输入框内已显示操作内容，点击第一步输入框内的确认按钮。使能第二步输入框内的操作内容选择界面，操作选择同样的区段，然后点击第二步输入框内的确认按钮。

⑧ 道岔定操

在道岔未被进路锁闭、没有咽喉引导总锁和道岔没有单锁的条件下，可进行道岔单操。

提供两种操作方式：

a. 点击最下面功能按钮中的【道岔总定】，然后点击站场图上对应道岔的名字。

b. 点击道岔图形右键菜单，选择"单操定位"，弹出对话框显示操作内容，点击对话框按钮确认。

⑨ 道岔反操

办理方法同【道岔定操】，道岔由定位转向反位。

⑩ 道岔单锁

道岔处于解锁状态，道岔名称显示为黄色或绿色，当此时该道岔号显示红色，表示该道岔单锁已完成。

点击最下面功能按钮中的【道岔单锁】，然后点击站场图上对应道岔的名字。

⑪ 道岔解锁

当道岔号显示为红色，表示该道岔单锁。当该道岔号恢复原色时，表示该道岔已解锁。

用鼠标单击按下【道岔解锁】图标，点击站场图上对应道岔的名字，然后再用鼠标左键单击【命令下达】图标（或鼠标右键单击终端按钮选择"命令"菜单）。弹出 HILC 对话框，第一步输入框内已显示操作内容，点击第一步输入框内的确认按钮。使能第二步输入框内的操作内容选择界面，操作选择同样的命令，然后点击第二步输入框内的确认按钮。

⑫ 封锁

由于现场施工或故障等原因需要封锁（停用）区间、股道、信号、道岔，此时便可进行封锁操作。用鼠标单击按下【封锁按钮】图标，此时【封锁按钮】图标显示灰色。再用鼠标左键单击需要封锁的区间、股道、信号、道岔的名称，则发出一声声响，同时图标恢复原色，在【进路建立】图标显示灰色时便可松开破铅封按钮。此时被封锁的对象粉红色闪光。取消封锁时重复以上操作即可，封锁后不能使用该设备。取消已设置封锁设备，只需要再次用鼠标单击按下【封锁按钮】图标，选择已封锁设备，弹出 HILC 对话框，第一步输入框内已显示操作内容，点击第一步输入框内的确认按钮。使能第二步输入框内的操作内容选择界面，操作选择同样的信号机，然后点击第二步输入框内的确认按钮。

⑬ 功能按钮

功能按钮主要用于以下几种按钮：

a. "全站封锁"按钮

"全站封锁"按钮常态不显示，当连锁机在开机或不同步的状态下切换，全站封锁按钮出现并亮红灯。此时全站处于封锁状态，不能对室外的设备进行任何操作。此时必须取消"全站封锁"。

操作方法：

用鼠标左键单击【功能按钮】图标，再用鼠标左键单击"全站封锁"按钮表示灯，屏幕上弹出密码窗，值班员输入相应的密码，确认密码正确后，再用鼠标左键单击【命令下达】图标（或鼠标右键单击始端按钮选择"命令"菜单），操作成功后"全站封锁"按钮变为隐藏状态，系统可继续操作。

b."上电解锁"按钮

上电解锁常态不显示。在两台连锁机都关机重启运行后，"上电解锁"按钮出现并亮红灯，整个站场处于锁闭状态。

操作方法：当取消全站封锁、取消引导总锁后，可用鼠标左键单击【功能按钮】图标，再用鼠标左键单击"上电解锁"按钮表示灯，屏幕上弹出密码窗，值班员输入相应的密码，确认密码正确后，再用鼠标左键单击【命令下达】图标（或鼠标右键单击始端按钮选择"命令"菜单），操作成功后"上电解锁"表示灯灭，此时全站绿光带解锁，系统恢复正常操作。

c."非进路"按钮、"非进路故障"按钮

在试车线值班员办理试车请求的时候，需首先按下"非进路"按钮，才可以再按下"允许试车"按钮同意试车线的试车请求。"非进路"按钮按下后，试车线道岔锁闭，信号机开放白灯。

操作方法：鼠标左键单击【功能按钮】，再用鼠标左键单击"非进路"按钮，按钮处理按下状态，再用鼠标左键单击【命令下达】图标（或鼠标右键单击始端按钮选择"命令"菜单）。

在办理了"非进路"操作后，当试车线有道岔失去表示或者灯丝断丝，"非进路故障"按钮的表示灯亮红色。当道岔失去表示或者灯丝断丝恢复后，操作"非进路故障"按钮后，"非进路故障"按钮的表示灯红色消失。

操作方法：鼠标左键单击【功能按钮】，再用鼠标左键单击"非进路故障"按钮，按钮处理按下状态，再用鼠标左键单击

【命令下达】图标（或鼠标右键单击始端按钮选择"命令"菜单）。

d. "允许试车"按钮

平时按压"允许试车"按钮无效。在试车线值班员按压"请求试车"按钮30s内，车辆段值班员同意试车请求，并按压"非进路"按钮后，"允许试车"按钮才可以按压。

操作方法：鼠标左键单击【功能按钮】，再用鼠标左键单击"允许试车"按钮，按钮处理按下状态，再用鼠标左键单击【命令下达】图标（或鼠标右键单击始端按钮选择"命令"菜单）。

e. "洗车请求"按钮、"取消洗车请求"按钮：信号楼向洗车库办理洗车作业时，必须取得洗车库的同意，才能办理进入洗车库进路开放调车信号。并可通过"取消洗车请求"操作取消已办理的洗车进路。

操作方法：鼠标左键单击【功能按钮】，再用鼠标左键单击"洗车请求"按钮，按钮处理按下状态，再用鼠标左键单击【命令下达】图标（或鼠标右键单击始端按钮选择"命令"菜单），"洗车请求"表示灯亮绿灯，30s时间内，洗车库"同意洗车"按钮按下，然后"同意洗车"表示灯亮白灯，可排列进入洗车库进路。

在洗车请求过程中洗车库未同意前，"洗车请求"表示灯亮绿灯，可通过鼠标左键单击【功能按钮】，再用鼠标左键单击"取消洗车请求"按钮，按钮处理按下状态，再用鼠标左键单击【命令下达】图标（或鼠标右键单击始端按钮选择"命令"菜单），"取消洗车请求"表示灯亮黄灯，"洗车请求"表示灯灭灯，30s时间后"取消洗车请求"表示灯灭灯，取消洗车操作完毕。

f. "调车请求"按钮、"取消调车请求"按钮：在进行化学洗涤剂洗刷列车过程中，列车表面一般残留化学洗涤剂，所以需要再进行清水清洗列车，必须将列车调回至准备洗车时股道，信号楼需向洗车库办理调车作业，必须取得洗车库的同意，才能办理进入洗车库进路开放调车信号。并可通过"取消调车请求"操作取消已办理的调车进路。

操作方法：鼠标左键单击【功能按钮】，再用鼠标左键单击"调车请求"按钮，按钮处理按下状态，再用鼠标左键单击【命令下达】图标（或鼠标右键单击始端按钮选择"命令"菜单），"调车请求"表示灯亮绿灯，30s 时间内，洗车库"同意调车"按钮按下，然后"同意调车"表示灯亮白灯，可排列进入洗车库进路。

在调车请求过程中洗车库未同意前，"调车请求"表示灯亮绿灯，可通过鼠标左键单击【功能按钮】，再用鼠标左键单击"取消调车请求"按钮，按钮处理按下状态，再用鼠标左键单击【命令下达】图标（或鼠标右键单击始端按钮选择"命令"菜单），"取消调车请求"表示灯亮黄灯，"调车请求"表示灯灭灯，30s 时间后"取消调车请求"表示灯灭灯，取消调车操作完毕。

2.2 线路知识

1. 概述

世界上第一条铁路诞生于 19 世纪初的 1825 年，英国在达林顿（Darlington）和斯托克顿（Stockton）间修建了 21km 的线路。1863 年 1 月，用明挖法施工的世界上第一条地铁线路在伦敦建成通车——它还是蒸汽机车牵引的。截至 2010 年，世界上已经有超过 150 个城市建成了地铁，线路总长将超过 20000km。

2. 地铁线路的设计原则

（1）地铁的线路敷设方式，应根据城市总体规划和地理环境条件因地制宜地选择，一般在城市中心地区宜采用地下线，其他地区条件许可时宜采用高架线或地面线。

（2）地铁的线路宜按独立运行进行设计，根据客流需要并通过论证，线路可按共线运行设计，但其出岔站汇入方向的线路应设平行进路。

（3）地铁的线路设计原则还有：

1）正线一般为双线；

2）列车单向右侧行车；

3）轨距与铁路标准相同，为 1435mm，便于过轨运输；

4）地铁正线间以及与其他交通线间交叉采用立体交叉，以保证高效、安全运输；

5）根据运营的需要，设置适当的渡线、折返线及联络线。

（4）地铁车站间线路的长度应根据现状及规划的城市道路布局和客流实际需要确定，一般在城市中心区和居民稠密地区宜为 1km 左右，在城市外围区应根据具体情况适当加大车站间的距离。

3. 地铁线路的分类

地铁线路按其在运营中的作用，分为正线、辅助线和车场线。辅助线包括折返线、渡线、联络线、存（停）车线、出入线、安全线等（表 2.2-1）。

地铁线路的分类　　　　　　　　　　表 2.2-1

主分类	定义或特点	细分类	定义或特点
正线	贯穿或直股深入车站，为载客运营的线路	无	行车速度高、密度大，线路标准要求高。要求以 50kg/m 以上类型钢轨铺设
车场线	是车场场区作业、停放列车的线路	有检修线、试车线、洗车线、牵出线等	
辅助线	为保证正线正常运营，合理调度列车而配置的线路，其最高运行速度一般限制在 35km/h 以下	渡线	用道岔将上行线、下行线及折返线连接起来的线路，又分为单渡线和交叉渡线
		折返线	为供运营列车往返运行时调头转线及夜间存车而设置的线路
		存（停）车线	为了故障列车能尽快退出正线运营，每隔 3～5 个车站应设置存车线，供故障列车临时存放或检修
		联络线	为沟通两条单独运营线路而设置的连接线，为两线车辆过线服务

主分类	定义或特点	细分类	定义或特点
辅助线	为保证正线正常运营,合理调度列车而配置的线路,其最高运行速度一般限制在35km/h以下	车辆段或车场出入线	连接正线与车场或车辆段,列车出入使用
		安全线	在两种线路转换处设置的起行车进路隔开作用的线路

4. 地铁线路的平、纵断面

地铁线路的空间位置是由线路平面和线路纵断面决定的。

① 线路平面是线路中心线在水平面上的投影。

② 线路纵断面是沿线路中心线展直后的路肩标高在铅垂面上的投影线。

(1) 地铁线路平面

地铁线路平面由直线与曲线组成。

1) 线路曲线对列车运行具有阻力,小半径曲线需限速运行,我国地铁设计规范规定(采用 A 型车且最高运行速度在 80km/h 以下时):

① 正线上曲线半径一般不小于 350m,困难地段不得小于 300m。

② 辅助线上曲线半径一般不小于 250m,困难地段不得小于 150m。

③ 车场线上曲线半径一般不小于 150m,困难地段不得小于 110m。

2) 线路平面圆曲线与直线之间应根据曲线半径、超高设置及设计速度等因素设置缓和曲线。

3) 车站站台应设在直线上,在困难地段可设在曲线上,其半径不应小于 800m。

(2) 地铁线路纵断面

地铁线路纵断面简单地说是线路在垂直面上的投影,敷设地铁线路时,为了适应地面的起伏,线路上除了平道以外,还修成上坡道和下坡道。

1）地铁线路纵断面受车站埋深支配，其中主要是受防护要求等级（覆土层厚度）技术条件、地质条件等影响。此外，还可能受地下管线及地下结构物的影响。

2）由于坡道的存在给列车运行带来阻力（图 2.2-1），线路坡度尽可能采用较平缓的坡度，最大坡度的确定必须考虑载客重车位于曲线最大坡度处停车能加速启动及必要的安全系数。《地铁设计规范》规定了地铁正线的最大坡度不宜大于 30‰，困难地段可采用 35‰，联络线、出入线的最大坡度不宜大于 40‰（均不考虑各种坡度折减值）。

3）地铁隧道线路因排水需要，一般不设平坡，《地铁设计规范》规定隧道内和路堑地段的正线最小坡度不宜小于 3‰，困难地段在确保排水的条件下，可采用小于 3‰的坡度；地面和高架桥上正线最小坡度在采取了排水措施后不受限制。

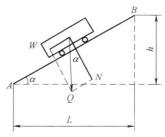

图 2.2-1　坡度与坡道

4）为减少列车运行过程中的电耗和散热量，区间应尽量设计为合理的加减速坡道，其纵断面设计为图 2.2-2。

图 2.2-2　隧道加减速

5）地下车站站台计算长度段线路坡度宜采用 2‰，在困难条件下，可设在不大于 3‰的坡道上。

6）车场线宜设在平坡道上，条件困难时，库外线可设在不大于 1.5‰的坡道上。

7）道岔宜设在不大于 5‰ 的坡道上，在困难地段可设在不大于 10‰ 的坡道上。

5. 地铁限界

地铁区间隧道是地铁列车高速运行地段，列车在线路上运行时，车辆与沿线建筑物之间必须要有一定的空间间隔，以保证行车安全。限界的确定既要保证安全又要使投资最低，限界一经确定设计人员必须严格执行，施工人员必须遵守，运营人员必须定期检查。

地铁限界分类：

地铁限界分为车辆限界、设备限界、建筑限界。受电弓限界或受流器限界是车辆限界的组成部分，接触轨限界属于设备限界的辅助限界。

地铁限界应根据车辆轮廓线和车辆有关技术参数，结合轨道和接触网或接触轨的相关条件，并计及设备和安装误差。

（1）车辆限界是车辆在正常运行状态下形成的最大动态包络线。直线地段车辆限界分为隧道内车辆限界和高架或地面线车辆限界，高架或地面线车辆限界应在隧道内车辆限界基础上，另加当地最大风荷载引起的横向和竖向偏移量。

（2）设备限界是用以限制设备安装的控制线。

（3）建筑限界分为矩形隧道建筑限界、马蹄形隧道建筑限界、圆形隧道建筑限界、高架线及地面线建筑限界、车辆段车场线建筑限界。

（4）各种断面隧道限界示意图见图 2.2-3～图 2.2-5。

6. 地铁线路标志

（1）地铁线路周边应设下列标志：

1）地铁的线路标志是用来表示状态和位置的一种标志，它包括百米标、坡度标、曲线要素标、曲线始终点标、道岔编号标、水准基点标、桥号标、涵洞标、水位标等。

2）地铁的信号标志是对列车操作人员起指导作用的标志，它包括限速标、停车位置标、警冲标等。

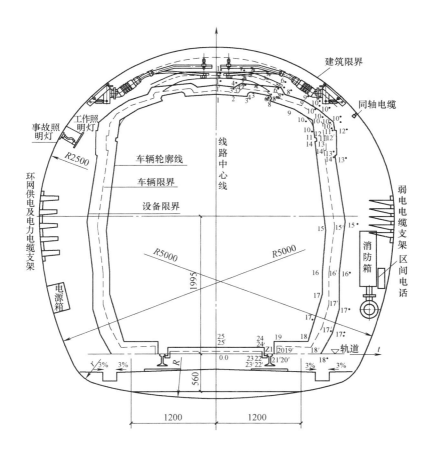

图 2.2-3　直线区段马蹄形
单洞隧道建筑限界

（2）百米标、坡度标、限速标、停车位置标、警冲标等标志，宜采用反光材料制作。警冲标设在两设备限界相交处的适当位置（警冲标处的线间距按两设备限界之和确定），其余标志安装在行车方向右侧司机易见的位置上。

（3）部分线路和信号标志示意图见图 2.2-6、图 2.2-7。

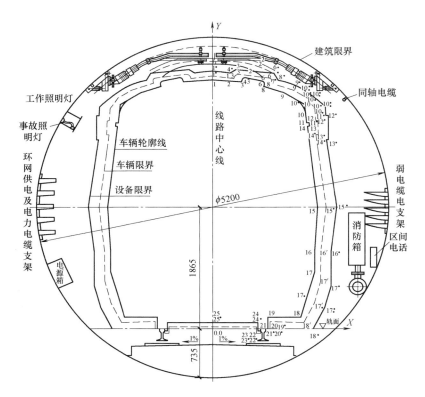

图 2.2-4　直线区段圆形单洞隧道建筑限界

（4）线路标志及信号表示器介绍

1）停车位置标，设于各车站端部列车运行方向的右侧；列车站内停车时，列车司机室侧门中线必须和停车标对齐（＋50cm）。

2）300m 预告标、200m 预告标，在接近车站 300m、200m 分别设置有预告标。在车厂试车线东西两侧设有 200m 预告标、100m 预告标，是指距离停车信号机 200m、100m，它设于试车线列车运行方向的右侧。

3）站名标，距车站端墙 100m 处设有黄底黑字站名标。

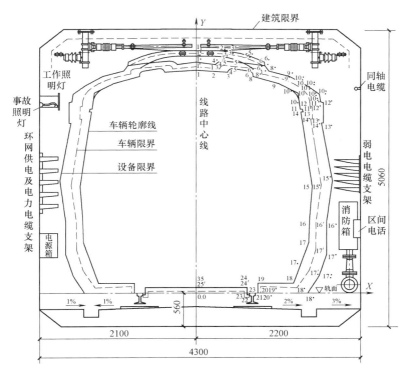

图 2.2-5 直线区段矩形单洞隧道建筑限界

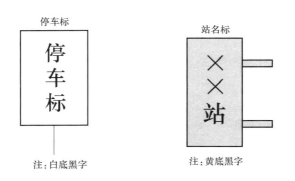

图 2.2-6 信号标志（一）

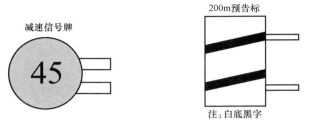

减速信号牌

200m预告标

注：白底黑字

图 2.2-7　信号标志（二）

4）车挡表示器，设立于安全线、试车线或牵出线的尽头。

5）百米标，表示正线的里程，个位数字以百米为单位，十位及以上以千米为单位。

6）接触网终点标，设在尽头线接触网边界。

7）限速标，设在列车运行方向的右侧限速点前 30m 处，指示列车在该位置的线路限制速度。

8）解除限速标，设在列车运行方向的右侧解除限速点后 140m 处，指示列车在该线路对应的位置取消限速。

9）警冲标，设在两会合线路线间距离为 4m 的中间。线间距离不足 4m 时，设在两线路中心线最大间距的起点处。

10）一度停车标，设立于库门、平交道口和出厂信号机前列车运行方向的右侧，列车运行至此，停车确认进路或信号安全后再动车。

11）制动标，设在试车线距车挡 400m 列车运行的右侧，进行 60km/h 以上试验时，施加 100％制动的最晚地点。

12）降弓标，设在车厂 13、17、18、19 道前的一度停车标的上方，列车进入车库上述 4 股道时，必须降下受电弓。

13）无电标，设在车厂运用库停车股道的接触网立柱上，表示上述股道隔离开关在断开位，接触网无电，列车必须断高速断路器才能进入停车股道。

7. 地铁轨道

地铁轨道是列车运行的基础，轨道结构应具有足够的强度、稳定性、耐久性和适量弹性，要求能保证列车安全行驶、平稳可靠和乘客舒适，且便于养护。

（1）轨道的组成

轨道是一个整体性工程结构，由道床、轨枕、钢轨、连结零件，防爬设备和道岔组成，如图 2.2-8 所示。

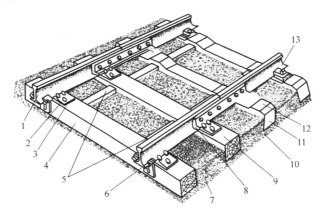

图 2.2-8　轨道的组成

1—钢轨；2—普通道钉；3—垫板；4、9—轨枕；5—防爬撑；6—防爬器；

7—道床；8—鱼尾板；10—螺栓；11—钢筋混凝土轨枕；

12—扣板式中间连结零件；13—弹片式中间连结零件

注：图中画了多种类型扣件是为示例之用，不是现场线路中的实际情况。

（2）钢轨

1）钢轨的作用：钢轨是轨道的重要组成部分，作用如下：

①承载车轮压力并传递到轨枕上；

②引导车轮的运行方向；

③为供电、信号电路提供回路的作用，因而它应当具备足够的强度、稳定性和耐磨性。

2）地铁一般采用稳定性良好的宽底式钢轨，它的断面很像"工字"（图 2.2-9）。钢轨类型以每米钢轨的重量（kg/m）表示，正线一般采用 60kg/m 钢轨，车场线一般采用 50kg/m 钢轨。

3）普通线路是把标准长度（有12.5m和25m两种）的钢轨用夹板联接铺在轨枕上，钢轨接头处留有轨缝，温度升降时钢轨能自由伸缩。无缝线路是把25m轨端无螺栓孔的钢轨焊成1km及以上长的轨条铺设在轨枕上，接缝大大减少，消灭了列车通过接头区的冲击力，从而减小了振动和噪声。由于在1km长的钢轨内不存轨缝，因此当温度升高或降低时钢轨内部就产生了巨大的温度压力或拉力，这是无缝线路的一个显著特点。隧道内的气温变化幅度比地面上小，从这一点上说隧道内铺设无缝线路是十分有利的。

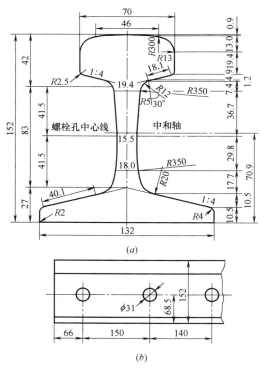

(a)

(b)

图 2.2-9 50kg/m 级钢轨

（a）横断面图；（b）侧面图

（3）轨枕

轨枕是钢轨的支座，它除承受钢轨传来的压力并将其转给道床以外，还起着保持钢轨位置和轨距的作用。

轨枕按照制作材料主要分钢筋混凝土枕和木枕两种。

1）木枕具有弹性好、形状简单、加工容易、重量轻、铺设/更换方便等优点。它的主要缺点是要消耗大量的木材，而且使用寿命较短。经过防腐处理的木枕，一般可用 15 年左右。在地铁木枕一般多用于车辆段线路的道岔段。

2）钢筋混凝土轨枕使用寿命长、稳定性高和养护工作量小，加上材料来源较广，所以在我国得到广泛地采用。这样不仅可以节省大量木材，而且还有利于提高轨道的强度和稳定性。

（4）连结零件

钢轨必须通过联结零件才能固定在轨枕上，此外钢轨间也需用连接零件连成整体。连结零件要求结构简单，坚固耐用、安装方便，常用的连结零件为夹板（鱼尾板）、螺栓、道钉、扣件等。

（5）道床

地铁隧道内普遍采用整体道床，这就无需补充石碴或更换轨枕。整体道床的优点是整体性强、稳定性好，轨道几何尺寸易于保持，减少养护维修工作量。不足是工程造价高、施工难度大，一旦成形无法纠偏，出现病害难以整治，道床弹性差。高架线路可采用新型轨下基础，地面线路宜采用碎石道碴以降低投资。

（6）防爬设备

1）因列车运行时纵向力的作用，使钢轨产生纵向移动，有时甚至带动轨枕一起移动，这种现象叫做爬行。

2）线路爬行往往引起轨缝不匀、轨枕歪斜等病害，对轨道的破坏性极大，严重时甚至危及行车安全。因此必须采取有效措施加以防止。通常的做法是：一方面加强钢轨和轨枕间的扣压力与道床阻力；另一方面设置防爬器和防爬撑。

（7）轨距

轨距是钢轨头部顶面下 16mm 范围内两股钢轨作用边之间的最小距离（图 2.2-10）。我国铁路和轨道交通主要采用 1435mm 的标准轨距。

（8）外轨超高

机车车辆在曲线上运行时，由于离心惯性力的作用使曲线外轨承受了较大的压力，因而造成两股钢轨磨耗不均匀现象，并使旅客感到不舒适，严重时还可能造成翻车事故。因此通常要将曲线上的外轨抬高，使机车车辆内倾，以平衡离心力的作用（如图2.2-11），外轨比内轨高出的部分称为超高。

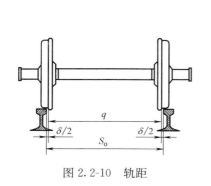

图 2.2-10　轨距　　　　　图 2.2-11　外轨超高示意图

8. 地铁道岔

道岔是线路连接设备的一种，用来使列车/车辆从一股道转入另一股道。

（1）道岔按用途和平面形状分以下几种类型（图 2.2-12）

1）单开道岔；

2）单式对称道岔；

3）三开道岔；

4）交叉渡线；

5）交分道岔。

（2）地铁道岔的铺设，常用的为普通单开道岔。

1）地铁道岔设置的原则：

① 道岔应设在直线地段。

② 道岔宜靠近车站设置。

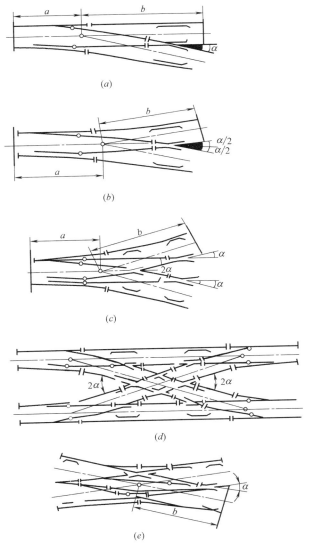

图 2.2-12 道岔类型示意图

(a) 普通单开道岔；(b) 单式对称道岔；(c) 三开道岔；(d) 交叉渡线；(e) 交分道岔

a—道岔前长；b—道岔后长；a+b—道岔全长；α—辙叉角

③ 道岔的钢轨类型不得低于线路上的钢轨类型。

④ 正线和辅助线上采用的道岔不得小于 9 号。

⑤ 车场线采用的道岔一般采用 7 号道岔。车厂道岔的号码较小，是由于车厂作业区车速低，同时可以少占地，节约投资。

2）道岔号数（N）是代表道岔各部分主要尺寸的，我们习惯上用辙叉角（α）的余切表示，如图 2.2-13 所示。

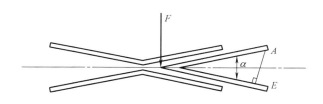

图 2.2-13　道岔

道岔号数计算示意图 $N = \cot\alpha = FE/AE$。

由此可见，道岔号数与辙叉角成反比关系。α 角越小，N 越大，导曲线半径也越大，机车车辆通过道岔时越平稳，允许的过岔速度也就越高。所以，采用大号码道岔对于列车运行是有利的。

（3）单开道岔构造

1）单开道岔由转辙器、连接部分和辙叉及护轨组成：

① 单开道岔转辙器是引导机车车辆行驶的线路设备，由两根基本轨、两根尖轨及连结零件和转换设备组成；

② 通过转换设备可使尖轨开向直股或侧股从而实现车辆转线；

③ 尖轨断面变化大，又经常要扳动，是道岔的薄弱部分。

2）单开道岔构造示意图见图 2.2-14。

3）辙叉由辙叉心、翼轨和联结零件组成。在叉心尖端轨线中断、存在一有害空间。

（4）其他类型道岔

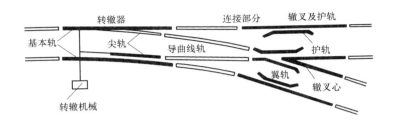

图 2.2-14 单开道岔构造

1）单式对称道岔的特点是与道岔相衔接的两条线路各自向两侧分岔，结构与单开道岔相仿。

2）三开道岔的特点是可以同时衔接三条线路，所以具有两套尖轨分别用两组转辙机械操纵。

3）交叉渡线相当于四组单开道岔或者说两条相互交叉的渡线的结合体。

4）复式交分道岔相当于四组单式对称道岔和一副菱形交叉设备的结合体，但它需要占用的地面却小得多。

（5）道岔通过速度

车辆/列车沿道岔直向运行，行车速度在 100km/h 以下，一般不需限速。而通往侧向时则需限速，限速根据道岔号码大小而定。

1）道岔侧向构造速度见表 2.2-2。

道岔侧向构造速度　　　　　表 2.2-2

辙叉号	7	9	12
速度（km/h）	30	35	50

2）道岔侧向允许通过速度见表 2.2-3。

道岔侧向允许通过速度　　　　　表 2.2-3

辙叉号	7	9	12
速度（km/h）	25	30	50

2.3 洗车机

1. 概述

图 2.3-1 洗车库全景

列车外部自动清洗机（简称洗车机）主要用于地铁列车的车体外表面的清洗。该洗车机采用列车自行牵引，在洗车线上通过各个刷组自动对列车两侧（包括车门和窗玻璃）、车头及车尾进行洗刷的作业方式，清除由于地铁运用和检修造成的车辆外部表面的灰尘、油污和其他污垢，图 2.3-1 为洗车库全景。

2. 设备主要功能

（1）具有洗车模式选择功能：可选择是否要端洗、是否要加洗涤剂清洗或只用水清洗的几种模式。

（2）对被清洗列车的车号、洗车次数及洗车日期，以及洗车机故障情况等数据的记录和打印功能，能显示每列车洗车记录，联网传输功能。

（3）手动控制和自动控制相结合的清洗功能：可任意切换，方便灵活。

（4）丰富和可靠的洗车流程工况实时动态显示及故障显示功能：对系统的状态进行全面的、实时的监控和显示报警，并对故障部位和故障类型做出正确判断。

（5）具有完备的保护功能：有完善的连锁保护，发生故障时，能紧急停车、声光报警、设备退回原位。

（6）具有自动防止失水和手动排水功能：水泵有自吸补水功能，并有手动排水功能。

（7）清洗列车的用水全部回收，经过水处理系统处理后循环

使用，循环水的利用率大于80％

（8）端洗仿形刷组设有安全锁，洗车机在休班时可以停机，实现设备无人值班。

3. 设备构成

洗车机主要由下列部分组成：洗车行车信号指示系统、光电信号系统、洗刷系统、供水系统、水循环处理系统、供气系统、电气控制及监视系统。

（1）洗车行车信号指示系统：包括库前停车指示牌、清洗结束指示牌、前端洗停车指示牌、停车指示灯、后端洗停车指示牌。

（2）光电信号系统：包括进库和出库测速装置、控制清洗开始和结束的光电传感器、控制前端洗和后端洗停车位光电传感器。

（3）洗刷系统：包括刷组和喷水管。其中刷组包括侧刷组、侧顶弧刷组、端洗仿形刷组；

喷水管包括预湿调温喷管、洗涤液喷管、回用水冲洗喷管及各刷组上的喷管。

（4）供水系统：包括供水泵组、加药泵站、供水管路。

（5）水循环处理系统：包括生化系统、过滤系统、液位计系统、潜水泵系统。

（6）供气系统：包括空压机、储气罐及供气管路。

（7）电气控制及监视系统：控制柜、配电柜、SCADA 系统、手动操作台、电线电缆、监视系统、桥架等。

4. 洗车流程（图 2.3-2）

5. 主要工艺参数

（1）洗车能力：4 列/h；

（2）洗车运行速度：3.0km/h；

（3）自来水耗用量：0.4m³/列；

（4）洗涤剂用量：0～8L/列；

（5）系统工作气压：0.4～0.6MPa；

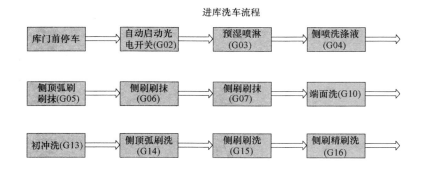

图 2.3-2　列车外部自动清洗机洗车流程图

（6）总功率：80kW；

（7）电源要求：AC380V±10％，50Hz，五线制；

（8）洗车库环境温度：≥5℃；

（9）洗车库主跨（$L \times B \times H$）：42000mm×9000mm×7600mm

（10）洗车库辅跨一层（$L \times B \times H$）：21000mm×6000mm×4800mm。

6. 洗车机性能说明

洗车模式选择：在进库前7.5m处停车，由司机与控制室用呼唤应答确定是否要端洗、酸洗、中性洗、水洗，或呼唤应答由控制室确认无误后，给绿灯信号方可进库洗车。

（1）测速装置：列车自运行速度可以测量、显示、打印、记录，在库前和库后各设一组测速装置，当司机超速行驶时，控制室内给出超速信号，有操作人员提醒司机按规定速度行驶。

（2）自动洗车启停光电传感器：洗刷设备启动和停止，靠光电传感器来控制。在洗车库内共设置四组光电开关，进、出库各一组，端洗位置设置两组。车头进库自动洗车启动，车尾出库自动洗车结束。列车在洗车过程中，洗车设备根据光电开关的遮挡和透光，顺序启动或洗毕后可顺序停止，这样可节水节能。端洗位置的光电开关，控制列车在端洗位置停车，并且判断列车是否停位准确。

（3）预湿喷淋调温水管：在南方，列车外皮夏季温度高，冬季温度低，温度过高会使喷上的洗涤液干结，温度过低喷上的洗涤液反应太慢，影响洗车效果，为此在洗车前，夏季喷淋凉水用于车体降温；冬季喷淋热水用于给车体升温。

（4）洗涤液喷水管：列车清洗是用化学清洗和机械清洗两者结合的作用才有较好的清洗效果，洗涤液喷水管是用泵喷射回用水，另有一定量泵，按设定的比例向水管内注入洗涤剂，喷出来的洗涤液是按要求配好比例的洗涤液，这样使用灵活，可根据需要选择是否加入洗涤剂。

（5）洗涤剂刷抹刷组：端洗前侧的侧刷组、侧顶弧刷组都是为洗涤剂揉抹刷组，列车外皮喷上洗涤液之后，用刷组刷抹，目的是将洗涤液刷抹均匀，强化洗涤液与污物的反应时间，同时也不至使洗涤液流失。

（6）端面洗刷：可刷洗列车的前后端面，洗刷前后端面时要停车洗刷，而且一台端刷可以完成前、后端面洗刷。

（7）冲洗喷管：用回用水喷管，强力冲洗去掉洗涤液和污物。

（8）侧刷洗：用侧刷的机械力和喷水管的水冲洗力将污物冲刷去掉。

（9）清水漂洗喷管：用清水进行冲洗，可以使车体更加干净。

7. 洗车设备主要结构、功能、参数

（1）测速装置（两台）。

1）结构：有两个相距 1000mm 的光电传感器，安装在立柱上，当车轮经过两个传感器的时间可换算成运行速度，再变为数字显示，在进库和出库各设有一套测速装置（图 2.3-3）。

2）功能：实时监控列车自运行的速度，当列车超速行驶时，洗车机操作人员通知司机按规定速度运行，以达到良好的洗车

图 2.3-3 测速装置

效果。

3）光电传感器（四组）。

① 结构：立柱是 100mm×100mm×2050mm 方形型钢，共两个立柱，一侧安装光电开关的发射器，另一侧安装接收器。

② 功能：进出库各一组用来控制洗刷设备的启动和停止，端洗位置的两组用来控制列车在端洗位置停车，并且判断列车是否停位准确。

③ 参数：光电开关型号：E3Z-T61 透过型一套，测距 15m，IP-67。

（2）预湿喷淋调温管（一对）。

1）结构：在一立柱上装有两根不锈钢喷水管，喷回用水，在每根喷水管上装有四个扇形扁平喷嘴（图 2.3-4）。

2）功能：喷水预湿和调温。

3）参数：立柱为 220mm×220mm×4310mm 方形型钢，热镀锌喷塑。喷水管为 1/2″不锈钢管、喷嘴为不锈钢喷嘴。

（3）洗涤液喷淋管（一对）。

1）结构：同预湿喷淋调温管（图 2.3-5）。

图 2.3-4 预湿喷淋调温管 　　　 图 2.3-5 洗涤液喷淋管

2）功能：喷回用水，在主管内注入洗涤剂（酸、中性），均匀地喷在车体表面上。

3）参数：立柱为220mm×220mm×4310mm方形型钢，热镀锌喷塑。喷水管为1/2″不锈钢管、喷嘴为不锈钢喷嘴。

（4）侧面刷洗设备：侧刷组（五对）和侧顶弧刷组（二对）。

1）结构：刷滚装在一个可摆动的刷架上，驱动装置安装在刷滚下端，便于检修和维护；刷架转轴上端装有一气动摆动马达，可带动刷滚摆动90°。中间有固定限位块和传感器，确

图 2.3-6　侧刷组

保运行安全；在刷柱上有一根喷水管（图2.3-6）。

2）功能：洗刷外皮侧面，由摆动马达推动刷架可适应不同型号的车宽洗刷，在保证吃毛量不变的情况下，可适应各种车型的宽度。

3）参数：刷毛展开直径：ϕ1220mm（侧刷组），ϕ1220～ϕ1620（侧顶弧刷组）

刷组长度：3420mm；

刷轴转速：140转/min；

减速电机功率：2.2kW；RV75；10-2.2；

摆动马达：MB-90×160T1；

刷毛直径：1.0mm；

吃毛量：100～200mm；

立柱：250mm×250mm×4310mm方钢管，热镀锌、喷塑；

喷水管：1/2″不锈钢管。

（5）端洗仿形刷组（一对）。

1）结构：如图2.3-7，有一沿纵向可移动的两轮单轨小车，上部有一天轨，通过四个方钢管固定架上下相连，小车有一变频

图 2.3-7　端面刷组

减速电机驱动运行。端刷安装在一个可旋转180°的转动架上，是由摆动马达实现旋转，端刷后端连接减速电机驱动刷轴旋转，在转动架上部有一减速电机驱动链轮，可使端刷沿导轨上下移动。在转动架上装两根喷水管，管上装有 3 个喷嘴。并装有控制位置的接近开关。为移动车上提供水管、气管、电线、控制线，是通过固定支架上方，由拖链将管线引到小车上。

2）功能：可自动仿形洗刷各种车型的头尾端曲面，由电流模块控制横刷组的水平运动和垂直运动来实现的。停车洗刷端面，可自动寻找停车位置。通过摆动马达使转架旋转 90°带动横刷转出或收回，如有意外阻力，自动将刷组推回，可保护设备和车辆不受损伤。通过调整控制电流大小了、阻力大小、气压以及特有的刷毛技术等条件，洗刷时不会使车上的雨刷器损坏。防止端洗刷毛卷起列车雨刮器的措施，无须人工干预。如图 2.3-8 所示。

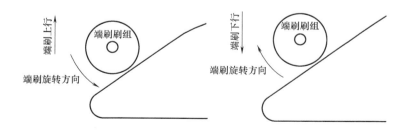

图 2.3-8　功能

3）参数：

① 行走小车：

行走电机：0.55kW；

减速机：RV75 60-0.55。

② 端刷机构

刷毛展开尺寸：$\phi920\sim\phi1320\times1800mm$；

刷轴转数：100 转/min；

刷毛直径：1.0mm，断面为四棱形西班牙进口；

吃毛量：100～200mm；

喷水管：1/2″不锈钢管，2 根；

电机：1.5kW，ABB；

减速机：RV75，15-1.5；

摆动马达：MB200-270。

③ 提升机构

提升高度范围：900～4800mm；

电机：0.75kW，ABB；

减速机：RV75，50-0.75。

（6）清水喷水管（两组）。

1）结构：同洗涤液喷水管（图 2.3-9）。

2）功能：喷出清水。

8. 水循环及水处理系统、供气系统

（1）水循环及水处理系统主要功能（图 2.3-10）

1）洗车污水全部回收，处理后循环使用。

图 2.3-9 清水喷水管

2）清水作为补充用水水源。

（2）水循环及水处理主要设备结构、功能、参数

1）集水坑：一个。

① 结构：混凝土池，内壁做防水、防腐处理，池内设置一个污水泵。

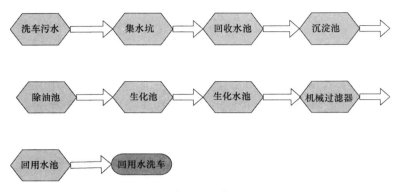

图 2.3-10 水循环及水处理流程图

② 功能：用于收集洗车后的污水。

③ 参数：污水泵：型号 50WQ20-15-2.2，$Q=20\mathrm{m}^3/\mathrm{h}$，$H=15\mathrm{m}$，$P=2.2\mathrm{kW}$。

水池尺寸：3000mm（长）×1000mm（宽）×1800mm（深）。

2) 回收池：一个。

① 结构：混凝土池，池内有一污水泵。

② 功能：将洗车水收集于回收池内，再用泵定量送至沉淀池，水泵自动启停。

③ 参数：污水泵：型号 50WQ20-15-2.2，$Q=20\mathrm{m}^3/\mathrm{h}$ $H=15\mathrm{m}$，$P=2.2\mathrm{kW}$。

水池尺寸：3830mm（长）×1600mm（宽）×1800mm（深）。

3) 沉淀池：一个。

① 结构：混凝土，由 3 个隔断组成，内壁做防水、防腐处理；开有溢流孔，以便排除多余的回用水。

② 功能：将洗车水按设定量加入沉淀池内，将杂质进行沉淀，上清液流入除油池。

③ 参数：污水泵：型号 QW50-20-15，$Q=20\mathrm{m}^3/\mathrm{h}$，$H=15\mathrm{m}$，$P=2.2\mathrm{kW}$。

水池尺寸：3830mm（长）×7000mm（宽）×1800mm（深）。

4）除油池：一个

① 结构：混凝土池，内壁做防水、防腐处理，池内设置一个污水泵，隔壁下部开有过流孔。

② 功能：经过沉淀池沉淀后的洗车水流入除油池内，将油隔留在池内，除油后的水从隔墙下孔流入生化池。

③ 参数：污水泵：型号 50QW20-15-2.2，$Q＝20m^3/h$，$H＝15m$，$P＝2.2kW$。

水池尺寸：3830mm（长）×1600mm（宽）×1800mm（深）。

5）生化池：一个。

① 结构：混凝土池，内壁做防水、防腐处理，隔壁上部开有溢流孔，最底层装有 24 个曝气头，距底 200mm 高有一格筛，上面一层填充塑料球。另有一风机向曝气头鼓风。

② 功能：将除油后的水进行生化处理，除去有机物等杂质，清水从隔壁上孔溢流进生化水池。

塑料球：$\phi80mm$。

曝气头：$\phi215mm$，24 个。

鼓风机：一台。

③ 参数：污水泵：

型号 25QW8-22-1.1，$Q＝8m^3/h$，$H＝22m$，$P＝1.1kW$。

水池尺寸

3830mm（长）×4000mm（宽）×1800mm（深）。

6）生化水池：一个

① 结构：混凝土池，由一个隔墙分为两部分，内壁做防水、防腐处理。

② 功能：贮存生化水用，供机械过滤用。

③ 参数：水池尺寸　3830mm（长）×1600mm（宽）×1800mm（深）。

7）机械过滤器：（包括过滤泵两台）两台（图 2.3-11）

① 结构：两台全自动机械过滤器（多路阀采用美国进口），一台内填石英砂，一台内填活性炭。

图 2.3-11 机械过滤器

② 功能：两台串联，除去悬浮物和杂质等。

③ 参数：全自动机械过滤器 $\phi 1200mm$，处理能力 15t/h。

注：详细介绍见机械过滤器使用说明书。

8）回用水池：一个

① 结构：混凝土池，内壁做防水、防腐处理。

② 功能：机械过滤后的水存贮，供洗车回用中水。

③ 参数：水池尺寸 4700mm（长）×2300mm（宽）×2400mm（深）。

9）洗车泵：10 台

① 结构：洗车用泵共 10 台不锈钢立式离心泵。

② 功能：供洗车喷水用，可分别调压调流量。

③ 参数：型号 JGGC4，$Q=8m^3/h$，$H=56m$，$P=2.2kW$。不锈钢泵。10 台。

10）加药定量泵：4 台（图 2.3-12）

图 2.3-12 加药定量泵

① 结构：加药定量泵，由隔膜泵、电接点压力表及药液管

组成（图 2.3-12）。

② 功能：为洗车提供洗涤剂。

③ 参数：定量泵型号：JXM-A170/0.7。流量：170L/h；压力：0.7MPa。

11）洗车用供水管路：

① 结构：全部用 U-PVC 管，明沟布管。

② 功能：便于安装和连接，每台泵用一条水管，用三通分别通向左右两侧的喷水管上。

③ 参数：U-PVC 管，管内径 $\phi25$mm，承载压力 1.6MPa。

12）供气系统主要设备及参数：一套。

① 空压机：1 台

参数：单螺杆空压机 OG08K，排量 1.1m³/min，压力 0.85MPa。

② 储气罐：1 台。

参数：型号 JS-A，外形尺寸 $\phi800\times2407$mm，工作压力 1MPa，容积 1m³。

③ 二位五通电磁阀：14 个。

参数：型号 4V210-08，保护等级 IP65，使用压力 0.15～0.8MPa

④ 气源处理元件（二联件）：15 个。

参数：型号 AFC2000，调节压力范围 0.05～0.85MPa（空压机、储气罐）

9. 电气控制系统

一套（图 2.3-13、图 2.3-14）。

功能：

1）监控显示功能：工艺流程、设备运行状态、操作模式、报警等显示、画面调用等功能；能自动跟踪、自动监视、自动反馈、全方位监视设备各分系统组件的运行和机车的位置。

2）报警处理和报表生成功能：遇到故障能自动报警，通过监视器能准确报告故障发生部分和故障类型，以利操作人员能及时迅速处理故障，提高系统的自我维护能力。

图 2.3-13　控制柜

图 2.3-14　操作台

3）数据库存储与访问功能：通过 EXCEL 数据库自动记录和存储被洗列车车号、列车时速、开始时间，洗车时间等重要参数，并能调出历史数据库查看以前的洗车记录

4）确保运行安全：为了保证电气控制系统的可靠性，在关键元器件和系统组合上运用冗余设计和互锁、连锁原理，确保运行安全。

5）有手动和自动功能：为了便于调试和检修，系统具有手动和自动的双重控制功能。

6）精确的定位功能：伺服控制系统精确的定位控制，端部刷组与端面方向定位功能。

7）自动保存文件功能：系统加自线式 UPS 掉电自动保护系统，在停电和其他紧急情况下自动保存文件的紧急处理。

8）"紧急停车"功能：在控制室洗车库两端设有在遇到紧急情况下能停止所有设备的运行。

9）接地保护功能：系统具有防雷电设计和良好的接地保护功能。

10）智能保护功能：刷组、水泵电动有机智能保护功能。

10. 洗车机的布置

洗车机采用通过式布置，只允许单向洗车，由司机控制以

3km/h 的速度洗车；当不洗车时，可允许列车以低于 8km/h 速度通过。洗车机可以采用自动与手动的操作控制，具有清水清洗和清洁剂清洗两种功能。

11. 洗车机的信息显示

洗车机室外有三块指示司机驾驶的信息显示板从东往西依次显示

（1）Acid side wash（侧墙清洁剂清洗）

Water side wash（侧墙清水清洗）；

Acid full wash（清洁剂清洗全列车）；

Water full wash（清水清洗全列车）；

Reverse（倒退）；

Manual（手动洗车）；

No wash（不洗车）。

（2）slow 减速

stop 停车；

proceed 前进。

（3）slow（减速）

stop（停车）；

proceed（前进）。

（4）Reverse（倒退）

2.4 地铁供电系统

1. 概述

地铁的供电系统是为地铁运营提供所需电能的重要组成。供电系统由变电设备、接触网设备和远动监控设备构成。

2. 地铁的供电系统构成

（1）地铁供电电源一般取自城市电网，通过城市电网一次电力系统和地铁供电系统实现传输或变换，然后以适当的电压等级供给地铁各类用电设备。城市电网和地铁供电系统示意图如图

2.4-1 所示。

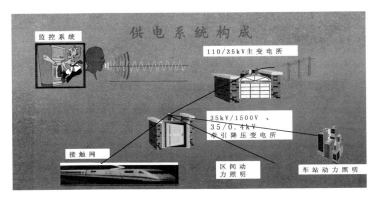

图 2.4-1　城市电网和地铁供电系统示意图

（2）地铁是一个重要的用电部门，地铁供电不同于一般工业和民用的供电，根据其重要性规定为一级负荷，一级负荷规定应由两路独立的电源供电，当任何一路电源发生故障中断供电时，另一路可以保证地铁一、二级重要负荷的全部用电需要。地铁变电所的电源进线应来自城市电网的多个区域变电所，当一路电源失电时，其他路电源可自动投入，使地铁变电所仍然能不间断地获得电源。

3. 供电系统供电方式

供电系统供电方式有三种方式：

（1）集中供电方式：城市电网对地铁的主变电所供电经主变电所的降压后，在对牵引变电所和降压变电所供电，这种供电方式称为集中供电方式。

（2）分散供电方式：不设主变电站，由城市电网的 35kV 或 10kV 电源直接向沿线设置的牵引、降压变压所供电并形成环网。采用这种方式的环境必须是城市电网比较发达、附近有符合可靠性要求的供电设施，如 110kV 变电站等。

（3）混合供电方式：一条轨道交通线路，其沿线供电条件不同，一部分采用集中供电，一部分采用分散供电，对于这条线路称为混合供电方式。

三种供电方式中，目前采用较多的是集中供电，其主要原因是受城市电网的条件所限。分散供电方式对轨道交通供电系统来说减去了主变电所，其建设费用和长期运营费用均可减少，对国家来讲利于资源的合理配置，应该是发展的方向；地铁一般采用的是集中供电方式。

4. 地铁（牵引）供电系统主要设备

除上述的主变电所外（采用集中供电方式时）地铁（牵引）供电系统主要设备还有（图 2.4-2）：

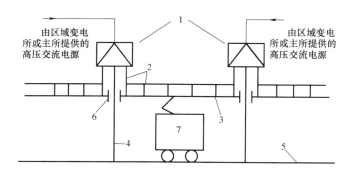

图 2.4-2　地铁牵引供电系统示意

1—牵引变电所；2—馈电线；3—接触网；4—回流线；

5—钢轨（轨道电路）；6—电分段；7—电客车

牵引变电所：供给地铁一定区域内牵引电能的变电所。

馈电线：从牵引变电所向接触网输送牵引电能的导线。

接触网：经过电动列车的受电弓向电动列车供给电能的导电网。

回流线：用以供牵引电流返回牵引变电所的导线。

轨道电路：列车行走时，利用走行轨作为牵引回流的电路。

电分段：为了便于检修和缩小事故范围，将接触网分成若干段。

（1）牵引变电站经降压整流为直流 1500V（或 750V）供沿

线架设的接触网（或第三轨），为运行中的列车供电。

（2）接触网是沿线按设计高度架设的供电线路，其下端接触线无障碍供受电弓接触滑行取流，其水平方向呈"之"字形布置，以保证受电弓磨耗均匀，且"之"字值应在受电弓水平工作范围之内并有一定的余量，以确保滑行取流的安全。接触网是地铁供电系统的重要组成部分，是一种既无备用又易损耗的供电装置，还受环境和气候条件的影响，一旦发生故障将中断牵引供电，严重影响运营服务。

（3）列车回流经车轮、钢轨流回牵引变电所，构成了完整的回路。

（4）地铁接触网在每个牵引变电所附近断开，分成两个供电分区，每个供电分区也称为一个供电臂。供电臂只从一个牵引变电所获得电能，称为单边供电；供电臂同时从相邻的两个牵引变电所获得电能，称为双边供电。双边供电时，牵引电流按比例由两边流过牵引网，牵引网电压降和电能损失相对较小。

5. 远动监控（SCADA）

是实现自动化供电调度的重要技术措施，由电调对系统运行状态进行监视和运行方式的控制，通过遥信、遥测、遥控功能提高供电系统运行的安全可靠性和提高经济性。

6. 杂散电流

在直流牵引供电系统中，牵引电流并非全部由钢轨流回牵引变电所，有一部分由钢轨泄漏流入大地，再由大地流回牵引变电所，这种杂散电流又叫地下迷流。走行钢轨的牵引电流越大或钢轨对地的绝缘程度越差，杂散电流相应较大，杂散电流会造成的电腐蚀严重影响了地铁系统设备的使用寿命。

2.5 信号 ATC 系统

1. 概述

信号系统是地铁系统的核心部分，它确保了在保证乘客安全的前提下其地铁运营的性能满足可盈利系统的要求。国内地铁多采用移动闭塞信号系统（CBTC）。

地铁车辆段采用的智能型计算机连锁系统，其信号设备由信号楼集中控制。

2. 正线采用移动闭塞信号系统（CBTC），由以下 5 个子系统组成：

ATC 列车自动控制子系统（包括 ATO 列车自动驾驶及 ATP 列车自动防护）；

CBI 计算机连锁子系统；

ATS 列车自动监控子系统；

DCS 数据传输子系统；

MSS 维护支持子系统。

（1）ATC 列车自动控制子系统（包括 ATO/ATP）

1）轨旁 ATC 设备

① 线路控制器（LC）：用于管理临时限速（TSR）和 ATC 软件版本。

② 区域控制器（ZC）：用于执行轨旁 ATP 功能。

③ 信标：为无源信标，包括列车移动初始化信标（MTIB）、重定位信标（RB）及精确停车预告信标（STIB），主要用于 CBTC 模式下列车定位、精确停车等。

2）车载 ATC 设备

包括车载控制器（CC）、司机显示单元（DMI）、编码里程计、信标天线等。

3）ATO 的基本功能

包括自动驾驶、车门管理、精确停车、列车调整功能等。

（2）CBI 计算机连锁子系统

1）连锁设备主要包括：道岔、信号机、计轴及连锁控制终端等。

2）信号机设置：

① 正线不设进站信号机，只设进路防护信号机、出站信号

机、区间信号机，车辆段/停车场出、入段线的进厂信号机前方弯道处设有进厂复示信号机；

② 正线只有进站的进路防护信号机及出入厂线的部分信号机设置了引导功能，对于其他信号机不设置引导功能

③ 在 CBTC 模式下，当 CBTC 列车接近信号机（通常前方 800m）时信号机灭灯，行车的主体信号为车载信号，CBTC 列车越过信号机后信号机又重新点亮；在非 CBTC 模式下，信号机常亮，行车的主体信号为地面信号。

3）正线信号与其他信号的接口：车辆段与正线车站信号接口均设有进路照查电路；各线路之间均预留信号接口。

4）计轴系统

① 计轴点：为了实现对轨道区域的空闲和占用检查，计轴系统在轨道上设置计轴点，计轴点安装有车轮传感器，用于探测车轮轴数及运行方向。计轴点的设置原则是：一个计轴区段内所有能够通过列车的端头都设置有计轴点（尽头线末端不设计轴点）。

② 计轴区段：相邻计轴点之间（岔区为相邻几个计轴点之间）或计轴点与轨道末端之间的轨道区域为一个计轴区段。在 CBTC 模式下，根据计轴区段长短的不同，一个计轴区段可被虚拟划分为一个或几个 ATP 区段，一个 ATP 区段的长度不少于一列客车的长度。

5）连锁终端操作设备

集中站设有 2 套本地连锁工作站（与本地 ATS 工作站合用，称为 HMI），可对管辖内车站实现监控。

（3）ATS 列车自动监控子系统

1）系统功能：ATS 与连锁、轨旁 ATC 设备、车载 ATC 设备、发车指示器（DTI）等其他信号系统一起工作，实现信号设备的集中监控，并控制列车按照预先制定的运营计划在正线自动运行。

2）系统接口：ATS 与时钟、广播、乘客资讯、无线、综合

监控等其他系统实现接口。

3）ATS 设备分布描述：设备主要分布于控制中心、设备集中站、非设备集中站和车辆段、停车场。

① 控制中心 ATS 主要包括以下设备：3 套行调工作站（称为 MMI）；1 套值班主任工作站（称为 MMI）；其他打印室、运行图编辑室、培训室、中央信号设备室的设备从略。

② 集中站 ATS 主要包括以下设备：2 套本地 ATS 工作站（与本地连锁工作站合用，称为 HMI）；若干发车指示器（DTI）。

③ 非集中站 ATS 主要设备有：若干发车指示器（DTI）等。

④ 车辆段和停车场 ATS 主要包括以下设备：2 套本地 ATS 工作站（称为 HMI）等。

（4）DCS 数据传输子系统

1）包括有线部分与无线部分，主要有骨干网、轨旁无线接入点（AP）、车载 DCS 天线、车载无线调制解调器、车载以太网等设备。

① 骨干网：覆盖整条线路，用于保证轨旁设备之间及轨旁设备与车载设备之间的所有通信。

② 轨旁无线接入点（AP）：与骨干网连接并分布在轨道沿线，用于保证与列车之间的无线通信。

③ 车载 DCS 天线：安装在列车两端 A 车的底部，用于保证与轨旁无线接入点之间的无线通信。

④ CBTC 模式下，依靠车载 DCS 天线与轨旁无线接入点之间不断进行的信息交换实现不间断的车地通信。

2）传输 CBI 信息、ATP/ATO 信息、ATS 信息的网络通道均为冗余设计，当一条通道故障时可自动切换到另一通道传输；传输 MSS 信息的网络通道为非冗余设计。

（5）各车站控制室均设有 IBP 控制盘，盘面上的上、下行线及配有站台的存车线分别设有紧急停车、紧急停车取消、扣车、扣车解除及报警取消、计轴复位等按钮。当车站发生紧急事件时，根据具体情况需要按压相应按钮。

(6) 各车站每一站台均设有 2 个紧急停车按钮（ESB），与车站控制室的 IBP 控制盘上的取消报警按钮相连通，站台上的紧急停车按钮被按压时，车站控制室的 IBP 控制盘将报警。站台紧急停车按钮（ESB）作用范围如下：

1) 在 CBTC 模式时，各站站台单个紧急停车按钮有效作用范围均为该按钮所属站台侧线路的站台计轴区域。当紧急停车按钮被按下时，区域内行驶的 CBTC 客车（客车全部或者部分在区域内时）会紧急制动，停车的 CBTC 客车（客车全部或者部分在区域内时）将收不到速度码，区域外的 CBTC 客车将在区域外停车。

2) 在非 CBTC 模式时，各站站台单个紧急停车按钮被按下时，该站台的出站信号机（含反向出站信号机）及所有通向该站台进路（含反向进路）的始端信号机如在开放状态下将被关闭，如在关闭状态下将不能开放。在站台紧急停车取消后，其他连锁条件满足时，非进路信号机将自动开放，进路信号机需重新开放。

(7) 客车驾驶模式

1) 客车驾驶模式包括：

① 自动驾驶模式（AMC）；

② ATP 监督下的人工驾驶模式（MCS）；

③ 限制人工模式（RM，分前进 RMF/后退 RMR）；

④ OFF/ATB 模式（OFF/ATB）；

⑤ 非限制人工驾驶模式（NRM）。

2) 驾驶模式开关示意图见附录 C，AMC、MCS、RM、OFF/ATB 为信号提供的驾驶模式，NRM 为车辆提供的驾驶模式。AMC、MCS、ATB 模式仅在 CBTC 模式下能用。

(8) 连锁后备模式

1) 具备连锁但不具备车载 ATP 功能的模式称为连锁后备模式，该模式下的列车控制完全由司机根据地面信号机的显示人工驾驶。该模式下如 ATS 仍正常，ATS 对列车的控制功能将失效，ATS 其他功能仍有效。

2）连锁后备模式不具备的功能：站台紧急停车按钮触发；自动驾驶；自动折返；临时限速；跳停；列车紧急制动时自动对行调显示报警信息（仍可对司机 DMI 显示）；向列车乘客信息系统提供信息；扣车命令发送到司机 DMI（仍可在站台 DTI 上显示）等。

3. 系统配置

（1）地铁的 ATC 系统配置

配置的 ATC 系统具有安全性、可靠性、先进性、完整性的特点，它是一套有效集成的系统并符合高速、高密度和不间断运行特点的要求。

地铁 ATC 系统的配置：一般由 N 个 SICAS 连锁和全线 LZB700M 轨旁设备，控制和监督了正线，包括折返线、停车轨和 1km 多的出入车辆段、停车场联络线；所有列车装备有 LZB700M 车载设备；VICOS_501 安装在 OCC，监督正线包括折返和停车轨、出入车辆段、停车场的连接线。

为了确保连续、顺利的运行，SICAS 连锁、LZB700M、VICOS_OC_501 及其通信设备和系统是冗余的。同运营安全有关的计算机是以"3 取 2"或"2 取 2"结构安排的，它满足故障安全原则。

（2）OCC VICOS OC 501 系统

在正常运营条件下，VICOS 是一个用于实现 ATS 功能的计算机设备网络，该子系统非常灵活，根据不同的项目要求，可由不同的标准计算机组件组成。为实现高的可用性，采用了冗余技术，所有的 VICOS 设备安装在 OCC 内，相互之间通过 LAN 通信。每套 VICOS OC 501 系统包括：在 OCC 装备有三个调度员工作站，每个工作站设有两个监视器。三个工作站中，一个给调度长，另两个给行车调度员。这些工作站，具有相同的硬件和软件、控制功能以及相互备用功能。用户接口界面是以英文和中文被分成不同的显示和对话窗。运营时刻表计算机实现运营时刻表编辑，时刻表数据库实现时刻表的生成、编辑、修改及存贮；模拟培训工作站为调度员提供离线培训设备和在线调试和开通工具。

VICOS_OC_501 的核心是 COM 服务器，它具有全部自动功能，包括 OCC 的主要控制功能、列车自动监控（ATS）功能，列车进路设定（ARS）功能、列车自动调整（ATR）功能。热备的 COM 服务器保证了当服务器发生故障、其功能相互替换时不丢失数据。这些通信服务器也同时间表计算机通信，以装载时间表时间。

ADM 管理服务器包括主数据，提供通用数据管理和给 ATS 提供数据；

SPARE 服务器能递交程序和数据给其他服务器。在故障情况下，如 ADM 或 MMI，SPARE 服务器能开始并具有要求的功能去替代故障的服务器；

（3）SICAS 连锁系统的配置

故障-安全型微机连锁是 SICAS 类型，具有 3 取 2 结构。这种结构已被选为能提供高可靠性、高安全型的电子核心技术。

现代的电子系统，与传统的继电连锁相比具有很好的优点。集中式的 SICAS 故障安全型连锁系统带有它的通信设备，总是提供最现代的、最新的完全系统的状态信息，递交确保顺利运行的必需信息。

1）SICAS 系统的分配

多个 SICAS 连锁系统安装在各连锁站信号设备室。SICAS 连锁计算机通过冗余的标准现场处理总线，相互连接在一起。总线通信结构是以 2×2 线对的光缆连接的安全通道。

分散式元素控制模块接口（ESTT）经由并行连接线与 SICAS 相连，并直接由 SICAS 控制。供电电路是结合到分散式要素控制模块中。通信由连锁总线完成。

用于检测轨道空闲的轨道电路每一区间，以一对"前、后节点"与 SICAS 连锁相连，安装在信号设备室内。

要求的供电及备用供电设备，由国内供货商提供，向系统设备供电。

2) VICOS OC 101 本地操作工作站

多个车站设备室装有连锁设备，对应于每个连锁控制区域，VICOS_OC_101 本地操作工作站用于连锁区域的控制和监督，具备自动功能 ATR、ATT。如果一个连锁区域的 VICOS OC 101 故障，其他的 VICOS OC 101 可以接管它的监督工作。VICOS OC 101 的用户界面与中央 OCC VICOS_OC_501 的用户界面一样。

3) 信号机

信号机的作用：信号机是用来指示列车运行的现场设备，它直接向司机发出行车指令，是列车进入车站或者占用区间的凭证。

信号机分为进路防护信号机和阻挡信号机两种。进路防护信号机主要用来防护道岔，为了缩短进路的长度，也用来防护无岔进路，提高效率；阻挡信号机对运行列车起阻挡作用，只有红灯一种显示。进路防护信号机一般设于有道岔的地方，阻挡信号机一般设于终点站。

信号机的设置。由于地铁是右侧行车制，所以信号机一般设于正常运行方向的运行线路的右侧，在不至于被误认为邻线的信号机的情况下，为了提高信号显示距离，也可以设于线路的左侧。信号机一般设于 S 棒前方 5m 处。

信号机的安装。信号机安装的高度一般机构顶部至轨面为 1.5m，在 1.5m 高度时的安装限界为 1825mm，在限界达不到 1825mm 时，需降低信号机的安装高度。在地铁采用了 1160mm 的高度，限界为 1744mm

信号机的显示。信号机有以下四种显示：

红灯：禁止列车越过该信号机

黄灯：允许列车越过该信号机，表示进路上至少有一组道岔

开通侧向位置

绿灯：允许列车越过该信号机，表示进路上所有道岔都开通直向位置

红灯＋黄灯：引导信号，允许列车以 RM 或者 URM 模式越过该信号机

4）列车自动控制系统 LZB700M

LZB700M（M 代表模块化）列车控制系统是 ATC 系统的一个强大的子系统，它提高了整个铁路系统的安全性、有效性，节约运营成本。模块化意味着系统可按照用户的要求组合且其容量量可被如 ATO、PTI、ATS 和无人驾驶折返等扩展。

LZB700M 连续地在驾驶室显示当前的驾驶指令（机车信号）和连续的对列车速度进行监督，无需大量的色灯信号。LZB700M 的防护区段可保证列车车距确认和运行间隔大大的减少。

通过应用 LZB700M 可实现轨道的有效使用，列车运行间隔比固定信号更短。系统具有高的可靠性，同时保证故障导向安全。由于采用轨道传输数据至列车，无需其他传输导体。

LZB700M 连续式列车自动控制系统满足城市轨道交通系统的安全性、可靠性、大容量、模块化和灵活性等的要求。

5）LZB700M 车载和轨旁设备

LZB700M 系统包括轨旁和车载设备。

LZB700M 的轨旁 ATP 设备与紧急停车手柄（ESP）、自动折返（AR）、轨道电路和车站 ATO 定位环线（SYN）相连。轨旁 ATP 设备安装在各连锁站设备室内。列车控制信息从轨道电路传输到列车上。ATO 定位环线提供了列车停车同步定位。轨旁 ATP 设备具有故障—安全功能，并且具有 3 取 2SIMIS 原理的结构，确保系统的高可用性和故障安全。三个微机中的任一个故障，系统以 2 取 2 结构将继续工作，其任何功能和安全性均不会降低。

ATP 车载设备执行广泛的关键功能，因此它由 2 取 2 SI-

MIS 故障—安全型计算机构成。LZB700M 可同制动系统、门控制和牵引装置接口。

6）数字音频轨道电路 FTGS

FTGS 已经数年成功地用于轨道空闲检测，不论是城市轨道交通还是在铁路干线。

S 棒是一个位于轨道区间两末端的 S 型电缆，S 棒实现了对轨道的分区。为了轨道空闲检测，在轨道区间的一端馈入位模式编码的音频信号，在另一端被接收。接收的位模式被室内设备评估。当 FTGS 接收器接收的信号电平足够高、频率正确且位模式正确，FTGS 给出轨道空闲表示；当轨道区间被车轮短路后，信号电平降低，给出轨道占用表示。在相邻区间采用不同的频率和位模式，以实现系统的安全性。

每一个轨道区间都有一个相应的轨道空闲检测设备。当一个区间被占用时，转换板自动将位模式传输切换为 ATP/ATO 报文传输；一旦轨道区间出清，又切换成 FTGS 位模式传输。

轨道空闲检测和轨对车的报文传输都通过 FTGS 实现，这使得安装成本、硬件和维修等工作大大减少。

4．系统功能

（1）列车自动监控（ATS）功能

ATS 功能可自动和人工控制铁路，及向调动员和外部系统提供信息。ATS 功能由 OCC 内的设备实现，包括时刻表数据库。时刻表数据库里存贮有 ATS 功能要求的时刻表信息。时刻表数据库里的信息是由时刻表计算机提供的。

ATS 的子功能如下：

列车自动追踪（ATT）功能；

自动进路设定（ARS）功能；

列车自动调整（ATR）功能；

控制中心人机界面（CC MMI）功能。

（2）连锁功能

连锁功能在随时满足安全准则的前提下，管理进路、道岔和信号的控制，以响应来自 ATS 功能的命令。进路、轨道区间、道岔和信号的状态信息提供给 ATS 功能和 ATC 功能。连锁功能由分布在线旁的设备来实现。

连锁系统子功能如下：

轨道电路处理功能处理列车检测功能的输出信息；

进路控制（RC）功能设定、锁闭和开放进路；

道岔控制（PC）功能解锁、转换和锁闭道岔；

信号控制（SC）功能确定轨旁信号的显示和用于 ATC 发送进入进路的授权命令。

（3）列车自动控制（ATC）功能

ATC 系统功能在连锁功能的约束下和满足 ATS 的要求下实现列车运动的控制。

ATC 系统的子功能如下：

ATC 轨旁功能负责列车追踪和报文生成；

ATC 传输功能负责生成感应信号，它包括报文和 ATC 车载设备所需的其他数据；

ATC 车载设备负责列车的安全运营、列车自动驾驶、且给信号系统和司机提供接口。

（4）列车检测功能

列车检测功能通过轨道电路来实现，并以每个轨道区间是否"空闲"/"占用"的形式给出列车的位置信息。轨道的占用被确定为"物理空闲"或"物理占用"，并且这一过程不受相邻轨道电路的影响。

列车检测功能无输入，其输出如下：

为连锁功能提供"物理空闲"或"物理占用"状态，为安全起见，这信息在使用前被进行进一步处理。

为 ATC 轨旁功能提供"物理空闲"或"物理占用"状态，该信息仅用于距离同步。

用于列车位置检查的轨道电路，同时作为轨对车通信的媒体使用。

（5）列车位置识别（PTI）功能

列车位置识别（PTI）功能通过车载设备和轨旁设备实现。

PTI 功能负责向 ATS 功能报告列车位置识别信息（如：车次号，目的地号，乘务员号）和某列车的位置数据（如：当前轨道电路号和里程计读数）。由车载 ATC 功能提供的数据，经ATO 传输至 PTI 功能的轨旁组件，基本不变地至 ATS 功能。

5. 驾驶模式

驾驶模式有下列几种：

ATO 模式：ATO 自动驾驶；

SM 模式：ATP 监督人工驾驶；

RM 模式：ATP 限制式人工驾驶；

关断模式：非限制速式人工驾驶无 ATP 监督；

AR 模式：自动折返驾驶。

（1）ATO 自动驾驶-ATO 模式

在这个模式下列车从车站至车站的驾驶是自动的。首先司机给出列车关门指令并等待车门关闭。然后司机通过按压启动按钮给出出发指令。如果车门依然打开，ATP 将不允许列车出发。列车启动后站间运行的速度调整、至下站的目标制动以及列车的开门都由 ATO 自动操作。ATP 确保列车各阶段自动运行的安全。车站至车站的运行将根据行车控制中心 ATS 的优化时刻表指令执行。

（2）ATP 监督人工驾驶-SM 模式

司机根据驾驶室的指令手动驾驶列车。ATP 连续监督人工驾驶的列车运行，如果列车超过允许速度将产生紧急制动。

（3）ATP 限制式人工驾驶-RM 模式

这是一个"注意前进"的限制式人工驾驶。列车是由司机根据轨旁信号驾驶的。司机承担列车运营安全的责任，ATP 监督允许的最大限速值。

（4）非限制速式人工驾驶无 ATP 监督-关断模式

关断模式用于车载 ATP 完全关断时的列车驾驶。

列车是由司机根据轨旁信号和调度员的口头指令驾驶的。他承担了列车运营安全的全部责任。紧急制动是由车辆产生的，速度限制是由车辆供货商提供的车载设备执行。

（5）自动折返驾驶-AR 模式

大型正线折返线、存车线，以及其他临时列车运行交路需要的折返线路上，将有列车折返作业，其作业折返模式有以下几种。

ATO 自动折返模式；

ATP 监控人工驾驶模式折返；

人工折返。

2.6 车载无线通信系统

1. 地铁无线专网子系统概述

地铁无线专网子系统是地铁通信系统重要的组成部分，无线子系统分为运营线路无线调度通信子系统和车辆段/停车场列检库（运用库）无线通信子系统两部分。其主要任务是：提供方便、顺畅、可靠的话音和数据通信，实现地铁的集中调度指挥，同时可为列车上旅客提供必要的信息服务。

运营线路无线子系统采用 800MHz TETRA 数字集群方式；车辆段/停车场运用库无线子系统采用 400MHz 同频单工对讲方式。无线专网子系统是一个有线无线相结合的网络，从控制中心至各基站用传输子系统提供的传输通道链接，从基站至无线终端用无线传输；在隧道内，电波传播用漏泄电缆覆盖；在车辆段/停车场、地面站及车站站厅层用天线覆盖。

（1）运营线路无线调度通信子系统（数字集群系统）构成

车站行车调度控制中心配置 DXTIP 数字交换机、调度台、操作维护终端、服务器及其他附属设备。地铁沿线各站设置基站或中继器，无线场强覆盖通过漏泄同轴电缆、室内/外天线和隧道天线来实现。交换机通过传输系统的 E1 接口与各基站连接，

E1 接口同时传送基站的网管信号，中继器通过漏泄电缆或射频同轴电缆与基站连接，中继器网管信号通过传输系统的 RS422 接口与控制中心连接。

控制中心配置调度台较多，配置固定台的人员有：公安值班员、各车站值班员、列检值班员、运转值班员。机车司机配置车载台，其他运营、维护人员配置便携台。

（2）车辆段/停车场列检（运用库）无线通信子系统（同频单工无线对讲系统）构成车辆段列检值班员配置同频单工 400M 固定台 1 台，其余列检人员配置同频单工 400M 对讲机。

2. 无线通信需遵守相关法律、法规和规章

无线频率资源是非常有限，地铁有使用无线电频率的权利，也有义务履行维护无线电频率的正常使用。作为地铁无线通信使用人员应该遵守各项无线电相关法律、法规，维护好地铁无线子系统，建立一个良好的使用环境。

2.7 工程机车车辆

2.7.1 内燃调车机车

1. 机车总体布置与性能

本文以 GKOC 型机车为例来进行阐述，GKOC 型机车（带柴油发电机组）是资阳内燃机车厂要根据市场需求开发的采用美国进口 CAT3412E 型柴油机装车的新型液力传动内燃机车。柴油机装车功率为 560kW，机车计算黏着重量为 64t，轴式 B-B，机车最大速度为 50km/h。适用于地下铁道列车的调车及列车救援作业，也包括冶金、矿山、石化、码头等企业的调车和小运转作业。

GKOC 型机车（带柴油机发电组）吸收了国内外先进成熟的技术，通个选用进口柴油机，采用微机控制装置，提高司机室舒服适度等措施，使机车可靠性及总体技术水平提高了一个档次。

从柴油机到轮队的功率传递路线如下：

柴油机→第一万向轴→液力传动箱→第二万向轴→二级车轴齿轮箱→第二三轮对/第三万向轴→一级车轴齿轮箱→第一、四轮对。

机车车体采用全刚电焊结构，从前到后为冷却室、动力室、司机室、辅机室等四部分。主车架由左、右两根纵向中梁，前后牵引梁，中间横梁和外围板组成，具有足够的强度和刚度。

辅机室布置空气压缩机、阀类安装架等空气制动系统部件和一台柴油机发电组，总风缸布置在辅机室下部两侧。

动力室内装有 CAT3412E 型柴油机及其辅助装置，CAT3412E 型柴油机具有体积小、重量轻、启动快、油耗底的特点。柴油机通个弹性支座安装在主车架上，其上方为排气消声器和废气处理装置，柴油机进气系统从侧面进风。柴油机前上方装有膨胀水箱。功率输出端通个弹性联轴节及第一万向轴与液力传动箱连接，经第二、三万向轴、转向架车轴齿轮箱驱动轮对；自由端通个辅助万向轴与辅助齿轮箱连接驱动辅助发电机和静液压泵。油机采用其自由带的电机启动。

ZJ2007YA 型液力传动箱安装在机车中部的动力室的主车架地板梁上。冷却风扇及其刚结构通个侧墙上边梁安装在冷却室，由静液压泵驱动静液压马达从而带动风扇工作；散热器共 18 组，与冷却风扇组成一体，该室的侧面装有百叶窗。当百叶窗和冷却风扇开启时外界空气由侧百叶窗进入并经过散热器和冷却风扇，从顶部排出，出达到散热的目的。

司机室布置在机车偏后位置，采光明亮，有良好的瞭望条件。司机室布置双操纵台，微机控制系统和彩色显示屏，可调节角度，可移动的座椅，电气控制柜，灭火器，衣帽钩，风扇等。司机室侧墙。隔墙和顶棚均采用双层结构，具有良好的隔声、隔热性能。

机车车体为罩式，四周留有较宽的走台，走台外设扶手栏杆，前后有踏梯，适于调车作业。车架前后牵引梁内装有车钩缓冲装置，用于机车和车辆的连接，传递机车牵引力以及承受来自车辆的冲击力。车架一侧围板内装有免维护碱性电池，柴油机启动前，全车由它供电。

机车燃油箱吊装在主车架中部下方。机车走行部为两个相同的、可互换的转向架。车架上部重量依次通个转向架旁承、构架、轴箱弹簧、轴箱、轮对传给钢轨。牵引力则通个转向架中心销传给车架和车钩。

机车采用液力换向技术，ZJ2007YA 型液力传动箱内设有两根变器轴，一根轴上的变扭器充油时机车前进，另一根轴的变扭器充油时机车后退，通过对两根变扭器器轴的排油来实现机车的换向，机车从前进方向的牵引工况转换为后退时，只需扳动换向手柄，即可在运行中完成机车换向，动作迅速可靠，并具有动力制动作用，还可减少闸瓦磨损。该机车还具有恒低速功能，以满足部分特殊作业的需要。

2. 技术参数

（1）机车主要技术参数：

用途：地铁车辆调车及救援；

轨距：1435mm；

机车限界：符合地铁机车车辆限界；

运用条件：$-2 \sim +40℃$；

柴油机装车功率：560kW；

轴式：B-B；

轮径：915mm；

轴重：$<16t$；

机车计算整备重量：$<64t$；

转向架轴距：2200mm；

通过最小曲线半径：100m。

机车速度：

最大速度：50km/h；

持续速度：8km/h。

机车牵引力：

最大启动牵引力：149.27kN（传动箱特性决定）；

持续牵引力：124.33kN；

车钩中心距：14050mm；

车钩中心距轨面高度：880mm；

机车外形尺寸（长×宽×高）：14050mm×2800mm×3800mm；

燃油箱容量：1640L；

砂储备量：400kg；

液力传动箱传动油储量：325kg；

车轴齿轮箱润滑油储量：36kg。

（2）柴油机主要参数

型号：CAT3412E；

标定功率（UIC）：597kW；

装车功率：560kW；

标定转速：2100r/min；

最低空转稳定转速：725r/min；

曲轴旋转方向：面对输出端为逆时针；

燃油消耗率：220g/(kW·h)；

启动方式：电机启动；

柴油机净重：2032kg；

最大外形尺寸（长×宽×高）：1937mm×1376mm×1266mm。

（3）液力传动箱参数

型号：ZJ2007YA；

变扭器型号：B45；

换向方式：液力换向；

输入功率：520kW；

液力传动箱净重：4610kg。

（4）齿轮箱参数

车轴齿轮箱传动比

一级车轴齿轮箱：15/14；

二级车轴齿轮箱：30×62×15/14。

（5）冷却装置参数

散热器形式：强化铜散热器；

散热器组数：18组；

风扇形式：轴流式；

风扇直径：1280mm；

风扇驱动形式：静液压泵/马达；

风扇最高转速：1150r/min。

（6）转向架参数

形式：全电焊无导框二轴转向架；

轴距：2200mm；

弹簧悬挂装置及减振方式：一系：螺旋弹簧＋油压减振器；

二系：油浴摩擦滚柱式旁承；

牵引装置形式：中心销；

制动装置形式：踏面制动单元＋停车制动；

停车制动力：120kN。

（7）空气压缩机参数

型号：W-1./9-1；

排气压力：900kPa；

排气量：1.6m³/min；

驱动方式：直流电机驱动；

外形尺寸（mm）：1166×640×800；

净重：392kg。

（8）空气制动装置

制动机型号：JZ-7型；

基础制动方式：单元制动器，单侧闸瓦制动并带有闸瓦间隙自动调节机构。

（9）辅助发电机参数

型号：ZQF-38AT；

额定功率：38kW；

额定电压：115V；

传动方式：机械传动；

发电机转速：1517~3580r/min。

（10）蓄电池参数

型号：GNC120碱性蓄电池；

蓄电池电压：24V。

（11）其他

总风缸容量：400L；

总风缸空气压力：900kPa；

只动风缸空气压力：550kPa。

3. 机车整备

（1）机车用水

作好机车冷却水处理工作对保养好冷却系统部件。保证良好的散热性能，发挥机车功率，减缓柴油机机体和刚套的削蚀，延长机车检修周期均有很大作用。

1）机车冷却水处理包括选用防垢、缓蚀效能高的添加剂配方，严格检验制度，检查水的配药质量，监督机车使用中冷却水质量和换水制度，以及检查处理后的效果。

2）机车冷却用水应满足CAT3412E型柴油机的用水要求。

3）对机车使用中的冷却水应建立定期质量检验制度，每次小轮修（2个月）应检验一次，水质不合格时要及时分析原因，即使处理，连续检验直至水质符合要求为止。

4）机车乘务员在机车正常运用情况下，不得任意加没有添加剂的水，正常蒸发耗水应回段后及时补充。由于冷却系统发生故障应急上了自来水后，返段后向有关部门报告，并通知化验室及时检验水质。

5）机车检修时可将冷却水放到容器内备用，不必换新。

（2）机车用燃油

柴油机用国家标准《普通柴油》GB 252—2015所规定的"0牌号的轻柴油"。

（3）润滑油（脂）

机车各部分需要的润滑油和润滑脂见表 2.7-1。

车用润滑油（脂）汇总表 表 2.7-1

序号	部件名称	油（脂）规格	附注
1	柴油机	API CH-4,SAE 15W-40	
2	液力传动箱	美孚 8 号	
3	车轴齿轮箱	通用,规格:SAE 80W/90 API GL-5	
4	转向架旁承	卡特专用 8 号	
5	空气压缩机	复盛空压机专用油	
6	刮雨器各运动部件	仪表油 FJZD KBY-1A	
7	转向架油压减振器		
8	转向架牵引装置	长城 7253 航空润油脂	
9	制动缸皮碗		
10	车钩缓冲装置		
11	万向轴轴承及花键	长城三号锂基脂	
12	车轴齿轮箱拉臂关节轴承		
13	转向架轴箱		

4. 机车使用

（1）柴油机启动前对机车各部件的检查

柴油机启动前对机车各部件需进行检查的内容如下：

1）油位检查按表 2.7-2。

需检查的油位及油位的标记 表 2.7-2

序号	名 称	油位标记
1	柴油机油	按 CAT 公司的柴油机使用说明书规定
2	液力传动箱	油尺上下刻度之间,偏高位置
3	车轴齿轮箱	油尺上下刻度之间
4	燃油箱	油位表
5	空气压缩机	油位表上下刻度之间偏高位置
6	辅助齿轮箱	油位表

2）机车燃油系统、水系统和空气管路系统中的各种阀门均应按本说明书有关章节的规定开启或关闭。

3）检查冷却水水位，水位不足时（由膨胀水箱水位玻璃管显示），应及时补足，当机车下部膨胀水箱溢出水时，表示已注满水。

4）检查各运动件螺栓的紧固状态。

5）注意所有仪表是否正常。

（2）柴油机启动

1）司机控制器手轮置于零位，换向手柄置中间位。

2）手掀启动按钮后启动发电机驱动发电机柴油机。此时柴油机应点火启动，如果连续两次不能启动，应找出原因，排除故障后才允许第三次启动。

（3）机车启动与运转

1）水温高于30℃柴油机可部分加载；当水温高于65℃柴油机方可在全负荷下工作，以防其发生安全事故。

2）允许柴油机在空转725转/min下进行暖机。若要提高柴油机的空转转速，需将机车换向手柄置前进位或后退位，换挡选择开关置于自动位和手动位之间的中间位。

3）机车启动前将换向手柄置前进位或后退位。

4）机车运行中应注意各仪表所显示的数值是否正确。

5）柴油机冷却水出口温度：正常70～92℃，出口温度超过103℃时红灯亮，警铃响；出口水温超过105℃时柴油机自动停机。

6）变扭器工作油不得高于110℃，时灯亮，警铃响；如超过120℃柴油机自动卸载。

7）变扭器壳温不得超过125℃，如壳温超过125℃时，比灯亮，警铃响。

8）膨胀水箱的水位不应过低，，当水位低于1/3时，红灯亮，警铃响。

9）冷却风扇的工作是由水系统的水温通过温度调节阀（恒

温元件）自动控制的，当水温达到 88℃时风扇开始转动，水温达到 98℃时达到全速。

10）行车中进行"非常位"紧急制动时，柴油机自动卸载。

11）机车速度不得超过 50km/h，在通过道岔和曲线时应适当减速，以保证安全和减少轮缘磨耗。

（4）机车换向

机车采用液力换向，因此可不停车直接换向，当机车运行中换向手柄从前进位（或后退位）移至后退位（或前进位）时，机车即在运行中自动完成减速、停车和换向运行的动作。

为保护传动系统，避免在司机控制器手轮处于高位时进行换向，机车设有保护装置，当司机控制器手轮高于 8 手把位下进行换向时，柴油机转速将自动降到 8 位以下，换向完成后，柴油机将自动恢复到换向前的转速为。

（5）机车停车

1）司机控制器置"零"位。实施空气制动后停车，柴油机转速回到惰转转速 725r/min。换向手柄置中间位。

2）较长时间停放机车，应将蓄电池电源开关切断，盘车时要切断电源。

3）长时间停车应将换向手柄取下。

5. 机车无火回送

机车无火回送是机车在柴油机不工作状态下作附挂运转。机车无火回送时的整备工作如下：

（1）蓄电池应充足电，蓄电池闸刀断开，司机控制器手轮置于"零"位，取下换向手柄，所有开关均置于断开位置。

（2）将柴油机、散热器、热交换器、燃油箱及油、水系统内部的润滑油、燃油和水完全排净，将所有的排水阀置于开启状态。冬季要注意防冻。

（3）侧百叶窗、侧门各进风口、动力室通风机进风口在冬季均应用防寒被封闭。

（4）液力传动箱、车轴齿轮箱和辅助齿轮箱内的润滑油应用保持在正常工作时的高度。

（5）需将常用限压阀调整到 250kPa，并将自动制动阀手把置于手把取出位，并取下手把，单独制动阀置于动转位，开通无火装置塞门将闸瓦间隙尽量调整到最大位置，从系统中切除风源净化装置。

（6）拆开第二万向轴，并将其装在木箱内随车发运，木箱内应加油纸防潮。

（7）在司机室外挂发送车年、月、日、到达处所及机车总重揭示牌。

（8）机车附挂货列车无火回送时不限速，一般应有两名人员轮流值班护送。

6. 机车检修

机车在运用中除应进行日常检查维护外还需进行定期检查和维修，以便及时了解机车各部分的技术状态，采取相应措施和更换已使用到期的零部件，确保机车正常运用。

检修一般可分为日检、中检、定修（小轮修、大轮修）、架修和大修。在正常情况下上述检修分别当机车已运用：每天、一个月、（二个月、一年）、两年和六年进行。机车的检修可根据使用情况适当调整，检修细则由使用单位根据本说明书的要求确定。

2.7.2 JCDT-2 型接触网检测车

1. 概述

JCDT-2 型接触网检测车主要由动力及传动系统、走行部、电气系统、制动系统、冷却系统及检测装置等组成，符合 GB 146.1—1983 标准轨距铁路机车车辆限界和地铁车辆限界的有关要求。

JCDT-2 型接触网检测车的动力和传动系统采用美国卡特比勒公司生产的 3126B 型电控燃油喷射柴油发动机配套 TR35-M44/972G 型液力-机械变速箱（与发动机组成动力单元）。该车采用两台两轴转向架，轴箱采用橡胶弹簧弹性定位，整车具有良好的运行稳定性和平稳性、良好的启动和牵引性能；整车具有足够的强度和刚度，制动性能可靠，操纵方便灵活、维修方便。JCDT-2 型接触网检测车主要用于地铁工程中接触网技术参数的检测，为地铁线路上接触网的维护、保养提供依据。

2. 适用气候环境（表 2.7-3）

适用气候环境

表 2.7-3

气候条件	最小	平均	最大
使用温度	−9.3℃	15.3℃	43℃
湿度		75%	90%
平均年降雨量		1033mm	
最大月平均降雨量		443.2mm（6～8 月）	
平均年降雨天数		116.8 天	
最大风速			17～20m/s
空气中杂质		盐雾、SO_2、酸雨等	

3. 整车主要技术参数

轨距：1435mm；

转向架轴距：2000mm；

车辆定距：8400mm；

通过最小曲线半径：150m；

轴列式：B-2；

轮径：840mm；

整备重量：约 44t；

轴重：约 11t；

车钩：13 型上作用车钩；

缓冲器：MX-1 型橡胶缓冲器；

车钩中心线高度（距轨面）：880±10mm；

发动机功率：224kW（305Ps）；

传动形式：液力-机械传动；

最高运行速度：80km/h；

制动方式：空气制动、停车手制动及旁路制动；

单机紧急制动距离：不大于 400m（平直道，制动初始速度 80km/h）；

燃油箱容量：500L；

最大外形尺寸（长×宽×高）：14658mm×2800mm×3780mm；

限界：符合 GB 146.1—1983 标准轨距机车车辆限界和地铁一期工程地铁车辆限界的有关要求。

4. 发动机主要技术参数

型号：CAT 3126B；

形式：水冷、直列六缸、四冲程、增压、空空中冷；

额定功率：224kW（305Ps）；

最大扭矩：1203N·m；

排量：7.2L；

缸径×行程：110mm×127mm；

燃油系：电控燃油系统；

额定功率下燃油消耗率：213.7g/kW·h；

机油规格：SAE15W/40CD 级、CE 级或 CF 级；

启动方式：DC24V 电启动。

5. 传动箱主要技术参数（表 2.7-4）

型号：TR35-M44/972G；

形式：变扭器＋动力换挡变速箱；

挡位：四进四退；

换挡方式：电液换挡。

传动箱各挡速比　　　　　　　　　　　表 2.7-4

挡位	一挡	二挡	三挡	四挡
前进	5.0902	2.8483	1.6608	0.9063
后退	5.0902	2.8483	1.6608	0.9063

6. 单元制动器主要技术参数

制动器型号：JSP 型踏面制动单元；

制动缸直径：$\phi177.8$mm；

制动倍率：3.01；

紧急制动时制动缸的压力：400～420kPa；

闸瓦与车轮踏面正常间隙：4～8mm；

闸瓦间隙一次调节量约：10mm；

最大闸瓦间隙调整能力：125mm。

7. 发电机组主要技术参数

型号：EDL26000TE；

额定输出：21KVA（16.8kW）；

额定电压：AC380V/AC220V；

频率：50Hz；

发动机形式：4冲程水冷OHV四缸；

启动方式：电启动；

燃料：轻柴油。

8. 牵引特性（表2.7-5）

JCDT-2型接触网检测车牵引特性表　　　　　表 2.7-5

运行速度 （km/h）	轮周牵引 力（kN）	各坡道牵引吨位（t）								
		0‰	5‰	10‰	15‰	20‰	25‰	30‰	35‰	40‰
0	32.0	700	300	170	110	70	50	40	30	20
12	32.0	700	300	170	110	70	50	40	30	20
20	2720	700	300	160	90	60	40	20	10	10
30	1730	700	170	70	40	20	—	—	—	—
40	1380	560	110	40	20	—	—	—	—	—
50	950	300	50	10	—	—	—	—	—	—
60	900	240	40	—	—	—	—	—	—	—
70	800	170	20	—	—	—	—	—	—	—
80	660	100	—	—	—	—	—	—	—	—

2.7.3　DA13接触网检修作业车

1. 概述

DA13 型接触网检修作业车是地铁线路接触网施工的多用途车辆，它不仅适用地铁接触网上部设备的安装、调整、检修和保养等作业，而且还可适用于接触网的冷滑作业；该车与 DF5 型接触网检修辅助作业车组成作业车组，用于接触网的架线和放线等作业。

2. 主要用途

DA13 型接触网检修作业车是地铁线路接触网施工的多用途车辆，它不仅适用地铁接触网上部设备的安装、调整、检修和保养等作业，而且还可适用于接触网的冷滑作业；该车与 DF5 型接触网检修辅助作业车组成作业车组，用于接触网的架线和放线等作业。

DA13 型接触网检修作业车是在 DA 系列车型的基础上发展起来的，它发扬和继承前系列车型的各种优点外，又发展了本身的特点，该机具有装车功率大、牵引力大、恒低速牵引和照明度好、速度高、操作简便等特点，是地铁电气化铁路施工保养的理想设备。

另外，该机配有 10kW 发电机组，配合夜间、隧道的施工照明需要。该车车内宽敞明亮、视野开阔、设施齐全，为司机和施工人员提供了良好的工作条件和休息场所。

3. 主要技术参数

（1）DA13 型接触网检修作业车主要性能参数

1）最高行驶速度：95km/h（平直道）。

2）轨距：1435mm。

3）轴列式：B（二轴）。

4）轴距：5000mm。

5）发动机。

6）型号：CAT 3126B。

7）额定功率：205kW。

8）额定转速：2200rpm。

9）液力变速箱：NICO TDCBN-22-1002J。

10）自重：约 24t。

11）车轮直径：840mm。

12）传动方式：液力传动。

13）通过最小曲线半径：100m。

14）车钩中心距轨面高：880±10mm。

15）作业台：

① 作业台长×宽：4500mm×1500mm；

② 作业台可升起最大高度（距轨面）：4800mm；

③ 作业台前端距回转中心：3400mm；

④ 作业台左右回转各：120°；

⑤ 作业台回转中心处允许最大载荷：1000kg；

⑥ 作业台前端允许最大载荷：350kg。

16）随车起重机：

① 随车起重机最大起升幅度×起重量：8.2m×150kg；

② 随车起重机最大起重量×幅度：1000kg×3.5m；

③ 随车起重机最大仰角：75°。

17）制动方式：空气单元制动及停车单元制动。

18）排障器距轨面高度：90～130mm。

19）外形尺寸：11520mm×2740mm×3800mm。

4. 3126B 型柴油机主要技术参数：

机型：CAT 3126B 电控发动机。

形式：电控、水冷、直列、6 缸、四冲程、增压。

汽缸直径：110mm。

活塞行程：127mm。

额定功率/转速：205kW/2200rpm。

启动方式：直流 24V 电启动。

燃油消耗率：212g/(kW·h)。

最大扭矩/转速：1119N·m/1500rpm。

质量：587kg。

发动机怠速：730rpm。

2.8 机车车辆运用标准

2.8.1 电客车上线运营标准

1. 地铁车辆上线运营标准

（1）新造车辆按照《地铁车辆预验收大纲》要求的项目及标准进行调试后，签发相应的预验收证书（PAC）后，准予上线运行。

（2）地铁车辆进行日检、双周检、三月检、年检、架修、大修后，经检修后符合相关技术标准，发放《客车状态记录卡》，准予上线运行。

（3）对于检修过程中及发放《客车状态记录卡》后检查发现的车辆故障，由于时间、材料等原因无法及时修复的车辆，经检修调度确认后按照本标准的确定程序作出车辆是否上线的决定。

2. 故障车辆上线运营的确定程序

（1）可未经修复上线运营范围内的车辆故障，DCC进行登记后签发车辆状态卡上线运营；

（2）对于禁止出库范围内的车辆故障，原则上不予发放车辆状态卡，如情况特殊，需由车辆主管部门领导批准；

（3）对于介于上述两者之间未明确的车辆故障，如需要上线运营由车辆主管部门技术主管批准。

（4）车辆故障需经批准后方能上线运营时，由检修调度填写《故障列车上线运营确认表》，格式见附录A，经相应人员批准后发放车辆状态卡（非工作时间可电话请示），并在状态卡上注明故障情况和注意事项。

（5）对于已发放车辆状态卡后出现车辆故障，如需要上线运营，由检修调度对故障进行确认后依据本标准的相应条款做出决定。

3. 可未经修复上线运营的故障范围

（1）车辆外观

1）车体外部及内部油漆划伤、破损；

2）各类门窗玻璃裂损长度不超过 3cm；

3）需要特殊处理的车体外部油污；

4）车体内装饰裂纹、变形；

5）座椅隔离玻璃缺少；

6）内部广告张贴栏缺损；

7）广告张贴画缺损；

8）不影响车辆运行的辅助功能

9）双针压力表灯不亮；

10）速度表指示灯不亮；

11）蓄电池电压无显示，确认线路电压正常；

12）司机室阅读灯不亮；

13）02S01、02S02、02S03、02S04，按 02S12 确认为按钮灯故障但不影响操作功能；

14）头灯暗位不亮，亮位正常；

15）未下雨情况下，刮雨器坏；

16）车顶、车内、车下设备箱体盖板螺丝（至少有四个固定螺丝）丢失 1 个；

17）一个轮缘润滑装置失效；

18）转向架工艺孔塞丢失；

19）客室内各柜门有一锁扣损坏，另两处作用良好；

20）4 号线车辆 ATP/ATO 及其附属功能故障。

21）DTRO 列车自动折返故障；

（2）影响舒适度

1）MMI 背景灯调节功能失效；

2）每客室不超过 2 个喇叭无声；

3）一节车一个 WDS 不亮或显示不完整；

4）一节车一个动态地图无显示或混乱；

5）司机室对讲功能失效；

6）开关按钮（ATO、车门开关按钮除外）外观破损，但未完全裂通，作用正常；

 7）司机室一个顶灯不亮；

 8）同一车不多于两个且不在相邻位置客室灯不亮；

 9）一台空调机组不制冷；

 10）客室拉手损坏；

 11）司机座椅调节、转动功能失效；

 12）遮阳帘故障；

 13）间隔门观察孔故障；

 14）DACU 面板保护膜破裂，作用正常；

 15）停放制动缓解拉手的卡环及橡胶绳丢失；

4. **禁止上线运营的故障范围**

（1）行车安全方面

1）一个及以上 BCU 中级故障、严重故障；

2）一个及以上空压机中级故障、严重故障；

3）客室车门悬挂装置破裂，存在安全隐患；

4）客室车门门切除装置失效；

5）司机室门无法打开或锁闭；

6）司机室至客室门无法锁闭或打开；

7）客室玻璃有一层完全破裂；

8）司机室瞭望玻璃及疏散门玻璃完全破裂；

9）列车头灯、尾灯、标志灯不亮或逻辑错误；

10）客室内电子柜、设备柜门无法锁闭；

11）一个及以上紧急通话装置失效；

12）车下悬挂装置松动、脱落及无法锁闭，危及行车安全；

13）两节车电制动失效；

14）一个及以上停放制动无法手动缓解；

15）一个及以上单元制动器无法缓解或上闸；

16）司机控制器警惕功能失效；

17）车辆由于风压低、车门未关好、停放制动未缓解、空气制动未缓解等引起启动连锁；

18）风笛故障；

19）紧急疏散门无法打开或锁闭；

20）灭火器失效或配置数量不足；

21）无线电车载台无法正常接收到调度台的呼叫、无法向调度台发起呼叫请求或紧急呼叫；

22）AR、ATO、RM 按钮功能及灯故障；

23）1 号线用车 ATP/ATO 故障；

24）1 号线用车 ATC-MMI 故障；

25）牵引及控制方面

26）两个及以上 DCU 中级故障、严重故障；

27）两个 DC/DC 中级故障、严重故障；

28）一个及以上 DC/AC 中级故障、严重故障；

29）TMS-MMI 故障，无法正常显示；

30）四个及以上牵引电机无牵引力。

（2）舒适度方面

1）同一节车内 5 个以上照明灯不亮；

2）同一节车两个空调机组通风功能故障；

3）同一节车同侧两个及其以上车门因无法正常开闭而切除；

4）客室自动广播故障，同时人工广播无法使用。

故障列车上线运营确认表见表 2.8-1。

故障列车上线运营确认表　　　　表 2.8-1

车辆编号		日期		时间	
故障描述					
运营注意事项					
上述车辆故障已经过确认，允许列车在年月日时至年月日时上线运营					
检修调度			批准人		

2.8.2　工程车出库标准

工程车出现下列情况时，严禁出库运用

1. 车底部、走行部

（1）轮毂、传动轴、花键轴及套出现透油、透锈及松弛、旷动时；

（2）轮踏面有孔眼、脱落、剥离超过规定尺寸时；

（3）制动梁或制动杆松弛脱落时

（4）车钩尾箱螺丝松弛，各尺寸不符合规定时；

（5）机车齿轮箱、燃料箱裂漏时；

（6）机车脱线后未经任何检测鉴定时；

（7）轴箱侧挡严重变形时；

（8）机车旁承、承载弹簧扭曲变形时。

2. 动力、传动部分

（1）柴油机启动后有明显异声，不能判明故障处所时；

（2）柴油机机体裂纹，或汽缸有撞击声音时；

（3）轴花键套、联接法兰松旷时；

（4）控制手柄无法控制柴油机转速时（转速不升或不降）；

（5）蓄电池电压低于 23V 时（检查时严禁起机）；

（6）启机后冷却水温无限上升且不下降时（超过报警温度）；

（7）启机后柴油机各滑油压力低于定压时；

（8）启机后发电机不能向蓄电池正常充电时；

（9）冷却风扇皮带、空压机皮带断、裂超过 1 条时；

（10）冷却风扇打烂、脱落，有异音时；

（11）柴油机燃烧不良严重冒黑烟、白烟和蓝烟时。

3. 制动系统

（1）制动管及制动缸每分钟泄漏超过 20kPa；

（2）自动制动阀减压 50kPa 后，制动缸压力低于 100kPa，或不按比例上升、不保压时；

（3）列车管压力，均衡风缸压力调压失效时；

（4）机车制动缸勾贝行程和闸瓦间隙超出规定尺寸时；

（5）单阀、自阀紧固卡滞故障时；

（6）常用限压阀、紧急限压阀超出或不足限压，超出 20kPa 时；

（7）换端操纵另一端制动作用达不到要求时。

4．其他辅助部分

（1）柴油机润滑油、齿轮箱润滑油、空压机润滑油、液力变扭器油面低于规定刻线时（加满后除外）；

（2）膨胀水箱水位低于 1/2，冷却水箱水位低于散热器面时（加满后除外）；

（3）冷却系统、润滑系统及管路、各齿轮箱、液力变扭箱漏油、漏水超过规定量（由维修部门提供具体参考数据）时；

（4）空气压缩机不能正常供风时。

3 车厂调度

3.1 岗位概述

3.1.1 车厂调度的岗位职责

（1）负责列车出入厂的行车组织工作，发生信号设备故障，需要列车组织降级出入车辆段时，负责组织各相关人员进行降级运作，确保接发列车作业有序进行。

（2）掌握车辆段领域各股道的使用状况，合理安排各种车辆的停放股道，并对各种车辆的停留位置及防溜措施进行监控。

（3）负责车辆段内机车车辆、行车设备设施维修计划的实施，对有关设备进行故障报修。

（4）负责协调、审批车辆段领域内的施工检修作业，并制定相关安全措施。

（5）根据车辆及各维修部门的作业需要及有关资料，合理编制各种车辆的调车、调试等作业计划，并领导、组织各岗位实施。

（6）全面掌握车辆段内接触网带电状况，对责任范围内的供电开关钥匙进行统一管理，严格执行接触网停送电有关规定。

（7）负责接发列车工作的布置，与检修调度、司机对车辆状况进行交接。

（8）对车辆段领域内行车、施工、检修等作业的现场安全负责，并监督施工部门落实相应的安全措施，发现违章作业有权制止，并上报有关部门处理。

（9）掌握车辆段领域各种车辆的停放股道，并对各种车辆的停留位置及防溜措施进行落实，负责车辆段铁鞋的发放与管理。

（10）认真执行"巡库"制度。遇特殊情况无法脱离岗位时，可安排符合资格的其他同等资格人员（如：车辆段派班员等）顶替。

（11）遇突发事件时第一时间赶到现场了解情况并作为事故处理主任保护、维持现场，待上一级人员到来后再交接。

（12）负责管理、监控、协助信号楼所有作业及安全。

（13）负责对车辆段内电客车、工程车的调试、转线作业进行添乘及安全监控。

（14）负责车辆段各种行车设备、分中心管辖办公区域的设备故障报修。

（15）对车辆段内所有工程列车发出时按规定进行发车作业的落实。

（16）爱护和正确使用各种设备，搞好岗位卫生，认真履行交接班制度。

（17）完成领导交办的其他工作。

3.1.2 车厂调度的工作接口

（1）与行调的接口：行调是正线行车和施工的组织和管理者，所有影响到正线的厂内行车和施工都必须提前与行调做好沟通。

（2）与电调的接口：车辆段或停车场范围内接触网停送电作业（单股道停送电除外）均需提报电调审批完成。

（3）与设备调度的接口：当车辆段或停车场内的行车设备、通信及其他辅助设备发生故障时，作为归口处汇总登记并通知相关中心生产调度维修。

（4）与车厂派班员的接口：电客车司机的运用与安排。

（5）与设备分中心的接口：工程车/司机的运用与安排及设备扣修。

（6）与乘务分中心信号楼值班员的接口：行车组织、调车作业、调试作业、洗车作业及施工防护等。

（7）与检修调度的接口：车辆检修生产任务的沟通和协调。

（8）与物业的接口：车辆段内车辆中心所辖灯具、水电等物业问题的通报及保安管理。

3.1.3 车厂调度的作业标准

1. 交接班

（1）交接班制度

1）车辆段行车各岗位采用四班二运转，接班人员应提前10分钟到岗。

2）参加交接班人员为车厂调度员、信号楼值班员，车辆段行车岗位有关人员班前必须充分休息，交接班时按规定着装并佩戴标志。

3）交班会由交班班组车厂调度组织进行，将本班工作内容、行车工作要求、上级命令指示和下班工作计划等重要事项进行总结、传达和布置。

4）交接班时，交接班人员进行对口交接。车厂调度在生产调度台账上做好交接并签字确认。

（2）交接内容在交接班过程中，接班人员应认真听取交接内容，通过占线板、生产计划等进行确认，有关台账、交接班记录须清楚、完整。车厂调度交接班至少应包含以下内容：

1）车辆段和正线行车概况。

2）列车开行计划。

3）转轨和调试作业计划。

4）电客车、工程车整备和备用情况。

5）电客车、工程车检修、交验情况。

6）车辆段内股道运用情况。

7）接触网供电和隔离开关使用情况。

8）车辆段内行车设备施工、检修作业情况。

9）行车有关设备、备品使用情况。

10）行车有关命令、指示和台账情况等。

2. 工作流程

（1）白班

1）交接生产情况。

2）在生产调度台账上签名。

3）与信号楼值班员核对车辆占线板、车辆段供电情况等。

4）确认施工计划中有关当日的施工、调试、检修等作业内容，提前做好安排。

5）开始本班工作。

在批准相关调试、施工、作业前应先确认以下内容：

① 确认相关调试、施工、作业与列车出入车辆段不相冲突；

② 确认接触网带电情况；

③ 确认其具备相关专业操作资格；

④ 确认与施工计划相一致；

⑤ 确认与其他调试、施工、作业不相冲突；

⑥ 确认请点时间符合计划时间等，然后予以批准。

存在需要调车的情况时：

① 根据转轨计划单、施工计划内容组织调车；

② 确认车辆股道及调车目的股道编制调车单；

③ 通知调车班司机、信号楼值班员做好相应准备。

6）调试、施工、作业完毕后，根据作业情况填写本班工作台账，准备交班。

7）交班。

8）将本班工作单据收集并分类存放。

9）确保工作环境良好，下班。

（2）夜班

1）交接生产情况。

2）在生产调度台账上签名。

3）与信号楼值班员核对车辆占线板、车辆段供电情况等。

4）确认施工计划中有关当日的施工、调试、检修等作业内容。

5）当班车车厂调度组织本班人员召开班前会。

6）开始本班工作：

在批准相关调试、施工、作业前应先确认以下内容：

① 确认相关调试、施工、作业与列车出入车辆段不相冲突；

② 确认接触网带电情况；

③ 确认其具备相关专业操作资格；

④ 确认与施工计划相一致；

⑤ 确认与其他调试、施工、作业不相冲突；

⑥ 确认请点时间符合计划时间等，然后予以批准。

存在需要调车的情况时：

① 根据转轨计划单、施工计划内容组织调车；

② 确认车辆股道及调车目的股道编制调车单；

③ 通知调车班司机、信号楼值班员。

编制收发车计划并传达给相关人员。

7）调试、施工、作业完毕后，根据作业情况填写本班工作台账，准备交班。

8）交班。

9）将本班工作单据收集并分类存放。

10）参加早交班会，汇报本班工作情况及下班工作计划，并向接班人员传达交班会信息。

11）确保工作环境良好下班。

3.2　车厂行车组织

3.2.1　概述

我国城市轨道交通在快速的发展，地铁是城市轨道交通重要组成部分之一，因其运量大、快速、正点、低能耗、少污染、乘客舒适方便等优点，常被称为"绿色交通"，是现代国民经济活动中不可缺少的重要组成部分。随着轨道交通网络形成，地铁运营线路不断增多，行车间隔要求进一步缩短，客运量大幅上升，在运营安全保障上的要求将更高，对运营效率也提出了更为严峻的考验。为适应市场发展的需要和实现安全、正点、舒适、快捷的运营服务宗旨，这就必须要有科学的生产管理方法，来实现运营宗旨和缓解交通压力的目的。

地铁一般会形成线网以实现网络化运营，其运营管理和行车组织工作，以安全运送乘客、满足设备维修养护的需要，按运营时刻表的要求，实现安全、正点、舒适、快捷的运营服务宗旨。一般一条地铁线路分别设有一个车辆段及停车场。地铁的运输服务主要在正线各站组织管理，对于车辆停放、检修和整备则在车辆段或停车场内组织完成。

1. 车站

地铁车站分站厅、站台层（高架站增加地面设备层），站台一般有效长为140m，可停靠1列6节或1至8节编组的客车。有的为高架车站，地面1层为变电所等设备用房，地面2层为站厅层（含其他设备用房及管理用房），地面3层为站台层；车辆段与车站的连接是通过位于车辆段与正线车站间的出段线和入段线，车辆段与车站间以进厂信号机为分界点，其中，出厂信号机至正线方向的一段距离为转换轨，用于转换车辆段/停车场与正线的运行模式。

2. 车辆段

地铁车辆段内按照作业目的和用途将线路分为运用线和维修线两部分。运用线包括：到发线、停车列检库、调车走行线、试车线、国铁联络线、联合检修车库、平板车线、牵出线；维修线包括：月检修线、镟轮库、联合检修线、洗车线。车厂线路直线标准轨距为 1435^{+6}_{-2} mm，钢轨除试车线采用为 60kg/m 外，其余均为 50kg/m 轨。车厂线路最小水平曲线半径一般为 150m。道岔（转辙机为 ZDJ9 型或 JD6 型，双杆（左右）内锁闭），其中道岔号多采用 9 号道岔和 7 号道岔。

3. 供电设备

车辆段/停车场内一般设置了一座牵引降压混合变电所，将

35kV 交流电降压为 380V/220V 交流电和降压整流为 1500V 直流电。380V/220V 交流电供给低压用电设备；1500V 直流电供给接触网，向列车供电，另外，另外在检修库、停车列检库内分别设置了跟随所，提供列检库及检修库的动力、照明用电。车辆段/停车场内负荷分为两级：通信、信号及消防风机为一级负荷；与车辆运用直接有关的动力、变电所用电、试车线用房动力、照明用电及车辆一般检修动力为二级负荷。

车辆段/停车场内接触网采用 DC1500V 直流电压供电。试车线为全补偿简单链型悬挂，其余为弹性补偿简单悬挂。接触网导线距轨面的标准距离：车辆段/停车场线路（试车线）一般为5000mm；停车列检线、洗车库为 5300mm；双周检线为5700mm；最小不低于4400mm。

车辆段/停车场接触网从使用上会划分为几个供电分区，即多采用 A、B、C、D 等来命名供电分区，每个供电分区分别由车辆段/停车场牵引降压混合变电所的每条供电臂单独供电。如果车辆段/停车场牵引降压混合变电所故障导致整个车辆段/停车场接触网停电时，可由电调闭合设在出、入段线车辆段/停车场与正线分界处的隔离开关从正线接触网往车厂送电，从而实现越区供电。

4. 列车

地铁配置电客车数量根据运营需求来定，每列客车长度（A型车）一般为 140m，宽度 3.10m，高度（含排气口，不含受电弓）为 3.855m，其中 A 车长度（车钩连接面之间长度，下同）为 24.4m，B、C 车长度为 22.8m，每辆车有 5 对客室门，门开宽度 1.40m。每个驾驶室两侧均设有驾驶室门，驾驶室前端设有乘客紧急疏散门，驾驶室后端设有通往客室的通道门。电客车客室座位纵向布置，每节车辆 45 座，并设有一处残疾人轮椅停放点。

3.2.2 行车组织原则

1. 车辆段/停车场行车组织工作

车辆段/停车场行车组织必须贯彻落实"安全第一"的方针，坚持高度集中、统一指挥的原则，各行车有关部门、岗位必须紧密联系、协同动作、密切配合、互相监督，确保行车安全。

运营时刻表是行车组织工作的基础，凡与列车运行有关的各部门都必须根据运营时刻表的规定组织本部门的工作，凡因为管理或组织不当造成责任晚点都应追究相关部门的责任。列车晚点统计方法：比照运营时刻表单程每列延误 N 秒以下不计为晚点，N 秒及以上为晚点（N 的取值参见《每个运营公司统计指标体系及指标计算方法》）。行调应根据客车延误情况及时采取措施，调整客车运行；因列车调整需要，在两端站晚发的列车不计为晚点，但在单程运行过程中增晚 N 秒及以上时计为晚点。行车时间以北京时间为准，从零时起计算，实行 24h 制。行车日期划分：以零时为界，零时以前办妥的行车手续，零时以后仍视为有效。

调度电话、无线调度电话用于行车工作联系，须使用标准用语，数字发音标准见表 3.2-1。

数量发音标准 表 3.2-1

1	2	3	4	5	6	7	8	9	0
yao	liang	san	si	wu	liu	qi	ba	jiu	ling
幺	两	三	四	五	六	七	八	九	零

2. 行车指挥

地铁目前设有两级控制中心，分别是一级（运营控制中心（OCC））和二级（车厂控制中心（DCC））。运营控制中心是地铁运营日常管理、设备维修、行车组织的指挥中心，设有值班主任、信息调度员、主任调度员、行调、电调、环调等，通过各调度员对全线列车运营和设备运行情况进行总的监视、控制、协调、指挥和调度，它同时也是地铁运营信息收发中心并代表地铁公司与外界协调联络地铁运营支援工作。车厂控制中心是车厂管理、车辆维修组织和作业的控制中心，设有车辆检修调度、技术员、车厂调度及信号楼值班员；DCC 除了负责车厂范围内的行车组织、维修施工管理而且还要担当车辆日常检修、清洁、定修和临修工作控制，为地铁运营及设备维修施工提供数量足够和工况良好的客车和工程列车。

地铁车辆段内设有一个信号控制室。控制室设有微机连锁设备，室内设有一名信号楼值班员。信号楼值班员通过操作微机连锁设备，集中控制车厂范围内的进路、道岔和信号机，他隶属车厂调度管理，并根据车厂调度下达的指令负责排列车厂内的调车作业和列车进出车厂的运行进路；车厂信号控制室与正线车站通过进路照查电路，共同组织与监控列车进出车厂。

（1）OCC、DCC、车厂信号控制室及车站原则上各自根据自己的岗位开展工作，但又因某些具体工作需要产生密切联系，这就严格规定了各岗位必须遵守一定的指挥原则：

1）值班主任是各调度员（含各线主任调度员、OCC，下同）由值班主任协调统一指挥，在处理突发事件、事故时，各调度员有责任向值班主任提供本岗位的协助处理方案，并及时报告相关信息；

2）行车工作由行调统一指挥，行车有关人员必须服从行调指挥，执行行调命令，行调应严格按运营时刻表指挥行车；

3）供电设备运作由电调统一指挥；

4）环控和防灾报警设备运作由环调统一指挥；

5）行车设备的维护和故障处理由行调统一指挥，在封锁范围内，也可授权或指定相关专业现场负责人指挥；

6）DCC 为二级调度机构，服从 OCC 统一指挥；

7）车站的行车工作由值班站长、车厂的行车工作由车厂调度统一指挥；

8）客车上的员工由司机负责指挥，工程列车上的员工由车长负责指挥；

9）正线发生行车设备故障，车站值班站长（值班员）应及时报告行调，由行调通知各相关专业调度/值班人员派人组织抢修。

（2）地铁运输必须贯彻高度集中和统一指挥的原则，才能保证所有列车安全、迅速和不间断地运行。信号在这一过程中起着传递信息、准确预告列车运行条件以及对列车运行速度要求的重要作用，但信号有时会因某些原因而失去它应有的作用，那么保障列车维持运行就得靠其他必要的补充方式。指挥列车运行的命令和口头指示，只能由行调发布。行调发布命令前应详细了解现场情况，听取有关人员意见，根据各种情况下达书面或者口头命令。

① 下列命令可使用列车无线调度电话/调度电话直接向司机、值班站长（行车值班员）、车厂调度、客车队长发布，受令人必须原话复诵，未复诵或复诵不清楚的视为命令无效；同时向2个及以上受令人发布命令时，应指定其中一人复诵，其他人核对，确保无误。

下列命令可以以口头命令方式发布，行调必须给出命令号码、行调代码：

运营期间改变行车组织法时；

工程列车及调试客车在正线范围内，临时改变运行计划或加开时；

运营期间因救援需要封锁线路时；

准许救援列车进入封锁线路（区间）时；

开通线路时；

线路临时限速（当日有效）/取消临时限速时。

② 有些调度命令可以口头命令方式发布，只需给出行调代码：

开行救援列车时（含正线及车厂）；

客车推进运行、退行、反方向运行；

工程列车退行时；

允许越过禁止信号时（原则上一灯一令）；

临时加开或停开客车时；

临时改变运营客车运行进路时；

停开工程列车或调试列车时；

停站客车临时改通过时；

客车清客时；

临时改变驾驶模式为 RM 时；

临时改变驾驶模式为 NRM 时；

临时改用 MCS 模式限速运行时；

NRM 模式反方向运行。

行调下发书面调度命令必须严格按照规定格式和内容发布，给出命令号码、姓名或代码，内容必须清晰。遇到下列情况就必须发布书面命令：

车厂开出工程列车或调试列车时；

线路长期限速时/取消长期限速时（长期限速系指限速时间24h 及以上）；

非运营期间封锁线路时；

向封锁线路或区域开行工程列车或调试列车时；

行调认为有必要记录的命令。

（3）行调发布的书面命令（格式见表 3.2-2），车厂的客车司机、车长由客车队长或车厂调度负责传达；正线的客车司机、车长由车站值班站长（或行值）负责传达。车站或车厂传达给司机或其他有关人员的书面命令应盖有车站（车厂）行车专用章。

调度命令　　　　　　　　　　表 3.2-2

年　月　日　时　分

受令处所		命令号码	行调代码
命令内容			

行车专用章　　　　　　　　　值班人员：

（4）以 PDF 格式或电话传真方式发布的书面命令，车站（车厂）在打印出来或接到后应认真查阅，无异议后只需与行调核对命令号码、发令人及发令时间；书面命令有误时，任何人员不得在原命令上进行修改，行调必须重新发布。

（5）原则上司机或有关人员接到车站（车厂）交付的书面命令后，只需与行调核对命令号码、发令人及发令时间；但行调以调度电话方式向车站（车厂）发布并通过其交付司机或有关人员的书面命令，在司机或有关人员与行调核对命令号码、发令人及发令时间后，行调还必须与司机或有关人员核对命令内容。

（6）口头命令及书面命令均须在《调度命令登记簿》（见表3.2-3）内按照命令顺序填写；书面命令必须按照命令号顺序装订成册，做到不遗漏、不颠倒顺序。

调度命令登记簿　　　　　　表 3.2-3

| 月日 | 命令 | | | | 复诵人 | 接令人 | 调度代码 | 审核人 |
	发令时间	命令号码	受令处所	内容				

（7）行调应掌握工程列车的运行，了解装卸作业进度，检查工程列车进出作业区域的情况，确保安全。

3. 列车编组

（1）列车的定义、分类及车次

按运营时刻表、施工行车通告及有关规定编成的车列，挂有动力车辆（如机车）及规定的列车标志称为列车。地铁客车标志为 XX 地铁徽记、标志灯和运行灯。空客车、工程列车及救援列车出入车厂均按列车办理（非回厂列车占用出入段线进出洗车线时均按列车办理）。工程列车尾部必须挂有标志灯。

列车按运输性质和用途分为客车、工程车、轨道车、救援车。工程列车车次由字母及数字表示表示。开行车次编号为××××～××××。救援列车车次由 3 位数字表示，开行车次编号为×××～×××。

跨线列车车次规定

1）客车跨线运行时在不同的线路遵循各线的规则改变车次。

2）工程车跨线运行时，原则上一个车次运行到终点站，但涉及上、下行方向时，可改变尾位数。

列车识别号及车次的规定

1）客车识别号由服务号、序列号、车组号、目的地号组成。

① 服务号：由 3 位数字组成，代表系统对正线列车的辨认，在一天的服务中保持不变，回段后再出段，服务号将重新分配，列车属性由服务号区别，服务号范围及含义见表 3.2-4。

② 序列号：由 2 位数字组成，表示列车运行顺序及方向顺序，上行为偶数，下行为奇数，有效范围 01～99。

③ 车组号：由 3 位数字组成，代表本列车车底的编号。

④ 目的地号：由 2 位字母组成，代表列车运行的目的地。

<table>
<tr><td colspan="3" align="center">列车服务号含义　　　　　　　表 3.2-4</td></tr>
</table>

服务号	使用号段	代表含义
001～200 (图定停站与不停站)	001～200	图定列车
201～300 (图外停站列车)	201～250	一般列车
	251～270	预留
	271～290	调试列车
	291～300	专列
301～400 (图外跳停列车)	301～350	一般列车
	351～370	预留
	371～390	调试列车
	391～400	专列

2) 客车车次："服务号＋序列号"与"车组号＋目的地号"在 ATS 界面切换时交替显示,其中"服务号＋序列号"代表通常意义上的客车车次,即客车车次由 5 位数组成,前 3 位代表服务号,后 2 位代表列车行程。

列车应按照规定的技术要求进行编挂作业,地铁车辆按照作业性质分为电客车、工程机车、接触网检测车、接触网作业车、磨轨车、平板车及特种车等。

(2) 车门平面布置和编号:

1) 每种车型的 1 位端定义如下(另一端定义为 2 位端):

A 车:全自动车钩处的车端为 1 位端;

B 车:远离受电弓的一端为 1 位端;

C 车:半永久牵引杆处的车端为 1 位端。

2) 右和左侧门的定义如下:当从车辆的 2 位端向 1 位端看去时,人的右侧定义为车辆的右侧,另一侧定义为左侧。

3) 车门编号原则如下:沿每节车辆的"左"侧门扇用 1～19 奇数连续编号;沿每节车辆的"右"侧门扇用 2～20 偶数连续编号。左侧 1/3 号门,右侧 2/4 号门是最靠近 1 位端的车门。

（3）各机车、车辆主要技术参数及编号

1）客车定员和载重见表 3.2-5（本文以 A 型车为例来阐述）。

客车的定员和载重 表 3.2-5

序号	缩写	定义	每车乘客数（人）	列车乘客数（人）	车辆重量（t）			列车重量（t）
					A	B	C	
1	AW0	无乘客（空载）	0	0	33.63	36.80	36.50	213.85
2	AW1	座客载荷	48	288	36.51	39.68	39.38	231.13
3	AW2	定员载荷（座位＋6 人/m²)	320	1920	52.83	56.00	55.70	329.05
4	AW3	超员载荷（座位＋8 人/m²)	417	2502	58.65	61.82	61.52	363.97

注：乘客按 60kg/人计算；客车牵引系统可保证：当一节动车无动力时，在定员载荷（AW2）下，列车能够全程往返一次；当两节动车无动力时，在超员载荷（AW3）下，列车能够在 35‰的坡道上启动，列车前进到最近车站清客，空车返回车辆段；当一列载为 AW3 的列车，因故障停在 35‰的坡道上，另一列空车能够从坡底将故障车推进到下一站。

2）工程机车、重型轨道车主要技术参数及编号（表 3.2-6）。

工程机车、重型轨道车主要技术参数及编号 表 3.2-6

序号	型号	数量	轴数	动力	传动方式	功率（kW)	总重（t)	长（m)	宽（m)	高（m)	最大速度（km/h)
1	JMY600 型机车	2	4	柴油机	液力	444	56	13.8	2.9	3.80	50
2	JMY420 重型轨道车	2	4	柴油机	液力	313	52	15.1	2.9	3.80	80

3）接触网检测作业车、接触网放线车、磨轨车（表 3.2-7）。

接触网检测作业车、接触网放线车、磨轨车　　表 3.2-7

序号	类型及型号	数量	轴数	动力	传动方式	功率（kW）	总重（t）	长（m）	宽（m）	高（m）	最大速度（km/h）
1	JW-7 接触网检修作业车	2	2	柴油机	液力机械	224	26	10.8	2.56	3.598	100
2	接触网放线车	2	4	无动力	无动力	无动力	26.5	16.480	2.700	3.630	120

4）平板车及平台车主要技术参数及编号（表 3.2-8）。

平板车及平台车主要技术参数及编号　　表 3.2-8

序号	类型及型号	数量	轴数	载重（t）	自重（t）	长（m）	宽（m）	地板高度（m）	最大速度（km/h）	备注
1	平台车	1	4	25	17.3	16.5	2.58	3.675	100	不带吊臂
2	平板车	1	4	28	28	14.3	2.58	1.2	100	带吊臂

（4）列车编组的技术要求

地铁客车由两个单元电动车组编成，三辆车为一组列车单元，六辆车为一列车编组。一列客车的编组方式为：-A＊B＊C＝C＊B＊A-。"A"车长度为24.4m，表示带有驾驶室的拖车；"B"车长度为22.8m，表示带受电弓的动车；"C"车长度为22.8m，表示不带受电弓的动车；"-"表示自动车钩，"＊"表示半永久牵引杆，"＝"表示半自动车钩。

列车编组时，在列车中的机车和车辆的制动机，应全部加入列车的制动系统，具体规定如下：

1）客车：客车始发不准编挂制动系统故障的车辆，在运行途中发生空气制动系统临时故障时，允许切除一辆，到达终点站后退出服务或按《地铁列车故障应急处理指南》的要求处理。

2）工程列车：编入工程列车的车辆不准有关门车，如在运行途中因自动制动机发生故障时，报告行调并按其指令办理。

3）客车、工程列车应按规定的编挂条件进行编组，下列车辆禁止编入列车：车体倾斜超过规定限度的；曾经发生脱轨或冲撞事故，未经检查确认的；装载货物超出机车车辆限界，无挂运命令的；装载跨装货物的平板车，无跨装特殊装置的；平板车装载货物违反装载和加固技术条件的；平板车侧板未关闭的；制动系统故障的车辆；未按规定维护保养或清洁的客车。

当工程列车按首尾机车编组时，应使用首端机车驾驶，当首端机车故障而使用尾端机车驾驶时，按推进运行办理。

4. 其他设备管理

（1）地铁通信、广播、防灾报警设备

控制中心（OCC）设有行车、电力、环控和维修调度电话总机，各车站控制室、各变电所、车厂控制中心（DCC）、车厂信号控制室、环控电控室、消防控制中心、防灾救援办公室、维修工程部、自动监控部各车间调度室等设有调度电话分机。

车厂通信设备包括有线通信系统、无线通信系统和广播系统。有线通信系统包括有线调度台、有线值班台、行调直通电话、公务电话；无线通信系统包括 800M 调度台、固定台、车载台和平调电台系统；车厂广播系统信息覆盖停车列检库内范围，主机设在 DCC。有线调度台、行调直通电话、800M 调度台、公务电话（66001）均具备录音功能。

车厂/停车场与正线车站间设有站间行车电话，办理列车进出厂作业时信号楼值班员与正线车站值班员可直接通话。正线车站间与车厂/停车场间、车站与车站间设有站间行车电话，隧道内每 150m 左右设有隧道电话，公司各单位装设有公务电话。车厂/停车场各行车岗位、各车间均安装了程控电话，各生产工班作业点均装设了车厂/停车场内部程控电话。

无线子系统中，环控调度员（以下简称环调）、维修调度员、行车调度员（以下简称行调）、车厂信号控制室各设一调度台，各车站设固定台，每列客车有两个车载台；DCC 设有二个 400M 无线固定台、一个 800M 无线固定台，其中 400M 无线固定台分别供检修调度、信号楼值班员使用，一个 800M 便携台、无线固定台供车厂调度使用。车厂信号楼设置了 1 台 800MHz 无线调度台、一个 800M 便携台及 2 台 400MHz 便携台，用于车厂/停车场的行车指挥和联系；工程车组配备了 3 套 ZTD-6 型无线调车设备，用于车厂/停车场调车作业和正线工程列车推进运行时无线通信和信号指挥。

OCC、车厂/停车场信号控制室、DCC、运转值班室、车站站厅、站台、换乘室及设备房配备时钟系统，并分为中央一级母钟和车站二级母钟，为地铁各系统设备及乘客提供一个标准同步时间。

（2）广播系统

车厂/停车场广播系统一般设在 DCC，主要用于检修调度和车厂调度向停车列检库内的作业人员发布通知、呼叫找人等，同时，停车列检库内作业人员可通过现场插播盒呼叫停车列检库内的其他作业人员或 DCC 当值人员，实现双向通话。

车厂/停车场广播系统由广播机柜（包括功放模块、功能模块、控制模块等）、广播控制台、现场插播盒（包括手持话筒、广播按钮等）、广播电缆、扬声器等组成。

广播机柜和广播控制台设在 DCC，DCC 播音控制台具备监听功能。

（3）车厂/停车场防灾报警设备（FAS）

车厂/停车场内的运营综合楼、行车调度指挥中心（OCC 大楼）、停车列检库、检修库和综合附楼分别设置了 EST3 防灾报警主机，可对各自保护范围进行火灾探测和报警控制，并且与设在行车调度指挥中心内的消防控制中心的控制主机通过光纤连接成局域网，消防控制中心可监视各单体的 FAS 系统状态。每套设备的外围设备有烟感、温感探测器和手动报警按钮等，能独立和联网完成火灾的监测及各种消防设备的监控。

停车列检库、检修库内还装设了红外对射式烟感探测器和部分点式烟感探测器进行火灾探测，中部及东西两侧安装消防栓和配置手提式干粉灭火器；设备房和办公室设有智能光电烟感探测器；停车列检库、检修库内每个防火区内每隔 30m 装设有手动报警按钮。停车列检库、检修库内各设置了一套消防专用电话网络，在库内走廊及消火栓面板上设置了消防电话插孔。

FAS 系统与消防水泵联动，火灾时由 FAS 系统的消防联动柜控制消防水泵的启、停并监视其状态。

3.2.3 进路准备办法

1. 进路

机车车辆由某一指定地点运行至另一指定地点所经过的路段叫做进路。

进路按照用途分为列车进路和调车进路两种；按照排列方式分为基本进路、变通进路、敌对进路和平行进路。基本进路是指车场（站）内由一点向另一点运行有几条径路时规定常用的一条径路。变通进路是指基本进路以外的其余进路。敌对进路是指如果两条进路既有共用的路段又对共用的道岔的位置要求相同，在这种情况下，不可能借助道岔位置防止它们同时建立，而必须采取另外的技术方法加以防止，我们称进路中的一条是另一条的敌对进路。平行进路是指任何两条进路彼此不相妨碍，即同时办理不危及行车安全的进路。

2. 连锁

信号机、道岔、进路三者之间相互制约，相互联系的关系，我们称这种关系为连锁。车厂内使用微机连锁设备，信号机和道岔由车厂信号控制室集中控制。

（1）信号机

正线不设进、出站信号机，只设进路防护信号机。车厂信号机按用途分为进厂信号机、进厂复示信号机、发车进路信号机、接车进路信号机、调车信号机。车厂内的信号机原则上应设在运行方向的右侧（D27、D28 信号机左置除外）。遇特殊情况可设在运行方向的左侧，信号机设在左侧时应详细标识并制定安全措施。

车厂/停车场内一般信号机设置为矮柱信号机，特殊区段为高柱信号机。其显示的基本颜色分为红色、蓝色、月白色。车厂/停车场内任何信号机灯光熄灭、显示不明或显示不正确时，均视为停车信号。

1) 进厂信号机的显示方式及含义

① 一个红色灯光：禁止越过该信号机；

② 一个黄色灯光：允许进厂，前方进路开通直向道岔；

③ 两个黄色灯光：允许进厂，前方进路开通侧向道岔；

④ 一个白色灯光和一个红色灯光：引导信号，允许越过该信号机，以不超过 15km/h 的速度进入车厂到发线，并准备随时停车。

2) 出厂信号机的显示方式及含义

① 一个红色灯光：禁止越过该信号机；

② 一个绿色灯光：允许越过该信号机运行，运行至正线转换轨一度停车；

③ 一个红色灯光和一个黄色灯光：引导信号，允许越过该信号机运行，以不超过 25km/h 的速度运行，并随时准备停车。

3) 进厂复试信号机的显示方式及含义

① 黄色灯光：允许越过，表示前方主体信号机关闭或开放引导信号；

② 绿色灯光：允许越过，表示前方主体信号机开放。

（2）线路、道岔

地铁线路分为正线、辅助线、车厂线（车厂指车辆段、停车场的通称，下同）。辅助线包括折返线、渡线、联络线、出入段线、安全线、存车线等。出、入段线与正线接轨前分别设置有一条安全线。正线是指连接车站并贯穿或直股伸入车站的线路；渡线是指引导列车由一股道过渡到相邻轨道上的设备；安全线是防止列车或机车车辆进入另一列车或机车车辆进路的一种安全设备。

地铁正线线路最大坡度为 30‰，最小坡度为 0‰；辅助线最大坡度为 30‰（出段线、入段线），最小坡度为 0‰。正线及辅助线采用钢筋混凝土短轨枕式整体道床，地面线路及车厂/停车场内线路为碎石道床（库内线为整体道床），正线、辅助线和车厂/停车场试车线均采用60kg/m钢轨，车厂/停车场其他线路均采用50kg/m钢轨。

道岔是指机车车辆从一股道转入或越过另一股道的线路设备。为了便于联系，方便现场确认，我们一般将道岔开通方向分为左位和右位。站在道岔尖轨前方，面对尖轨方向，道岔开通左侧线路是左位，道岔开通右侧线路时位右位。地铁目前采用的道岔有7号道岔、9号道岔及12号道岔三种，道岔号数越大其允许的通过速度越高。

道岔侧向构造/允许速度见表3.2-9。

道岔侧向构造/允许速度   表3.2-9

辙叉号	7	9	12
构造速度（km/h）	30	35	50
允许速度（km/h）	25	30	50

（3）连锁设备

正线有道岔并且配有微机连锁设备具有站控功能的车站为集中站。车厂/停车场与正线车站的信号接口，设有进路照查电路。

正线使用移动闭塞信号系统（CBTC），由以下5个子系统组成：ATC列车自动控制子系统（包括ATO列车自动驾驶及ATP列车自动防护）；CBI计算机连锁子系统；ATS列车自动监控子系统；DCS数据传输子系统；MSS维护支持子系统。

运转值班室、车厂/停车场信号控制室配备有ATS人机接口（MMI）各一套，通过MMI可以输入车组号编制出入库计划，监督列车运行情况．

车厂/停车场与正线车站的信号接口，设有照查进路电路，照查灯亮时，则不允许往该方向开放列车或调车信号。正常出厂时，确认转换轨道空闲，信号楼值班员按压发车进路的始端、终端按钮，发车进路信号XX开放。

3. 进路准备

（1）确认作业

一切建筑物、设备，在任何情况下不得侵入地铁建筑限界及设备限界，机车、车辆无论空、重状态，均不得超出机车、车辆限界；与机车、车辆有直接互相作用的设备，在使用中不得超过规定的侵入范围。车厂调度在下达有关作业计划前，应认真确认、核对"车厂/停车场线路平面示意图"、"车厂/停车场股道运用及停送电注意事项登记表"所记录的状况及现场的实际情况，防止错办、误办。

信号楼值班员应严格按有关命令、计划，正确及时准备进路，在准备进路前，要确认有关线路的空闲情况。设有轨道电路的线路，须在控制屏确认线路空闲，并核对《车厂/停车场列车运行日志》、《线路占用表》和占线板，无轨道电路（轨道电路故障）的线路，须核对《车厂/停车场列车运行日志》、《线路占用表》和占线板，必要时由胜任人员现场确认线路是否空闲，进路道岔位置正确、影响进路的调车作业已经停止，方可开放进厂信号机，准备接车；发车前，检查确认进路道岔位置正确、影响进路的调车作业已经停止后，方可开放信号，交付行车凭证，指示发车。排列升弓运行的客车或其他车辆的进路前，应认真确认、核对并提醒车厂调度升弓运行的客车或其他车辆所经过的线路是否有接触网及接触网的供电状态，避免其进入无电区或无网区。

信号楼值班员应根据列车进出厂计划和调车作业、洗车作业计划，操纵微机连锁设备时，要眼看、手指、口呼，严格执行"一看、二按（点）、三确认、四呼唤"的程序。（眼看：看设备状态、机车车辆位置、所要按的按钮；手指：一手握鼠标对准需点击按钮后，另一手食指和中指并拢成剑指、指向需点击按钮；口呼：正确使用规定的标准用语）。列车进出厂进路的准备及信号机的开放，必须在 ATS 上确认后方可进行。

线路上接入轻型轨道车辆或长期停放机车、车辆时，占线板及配套磁吸，由车厂调度根据作业动态实时更新，由信号楼值班员在"线路占用表"上特别注明,相关车辆转出后,由胜任人员现场确认线路空闲并通知信号楼值班员后,由车厂调度在"车厂线路平面示意图"及时更新车辆占用情况,"线路占用表"由信号楼值班员注明线路出清情况。

(2)进路准备原则

车厂车厂/停车场到发线,调车走行线、洗车线、牵出线等不得长时间停放机车车辆。车厂/停车场行车作业以接发列车作业为优先,其他作业不得影响列车进出车厂/场。车厂/停车场应使用牵出线调车。特殊情况需占用车厂/停车场到发线调车时,车厂调度和信号楼值班员必须确认出(入)段线空闲,作业期间无列车进、出厂计划,并征得行调同意。作业速度不得超过10km/h,不得越过出厂信号机。使用非尽头线路调车时,线路末端道岔须开通本线位置并单锁。

行车有关人员应严格执行《行车组织规则》及《车辆段运作手册》的有关规定,规范接发列车作业程序和用语。车厂调度在编制调车作业计划或接发列车作业计划时,不得将已升弓车辆放入无电区(接触网冷滑除外)或无网区。

信号楼值班员必须在线路占用表上认真填记线路占用情况。车厂调度要及时在"车厂线路平面示意图"反应现场的情况变化,并互相核对相关内容。交接班时,应认真做好"车厂线路平面示意图"及其显示内容的对口交接。信号楼值班员在办理股道接车、封锁、施工、电话闭塞、进出厂行车、调车作业后以及在掌握到股道接触网及隔离开关停送电的情况后,必须立即在相应的股道、信号或道岔封锁,作业完毕后,必须确认相关作业已出清,行车设备已具备使用的条件,并认真核对作业计划无误后,方可进行相关解除封锁。

调车作业时,信号楼值班员应尽量排列完整的长进路,如特殊情况需排列短进路时,信号楼值班员必须在作业前或动车前通知司机(调车长),司机(调车长)应加强确认进路和信号,严格控制速度。列车出厂或调车进路办妥,信号开放后,信号楼值班员必须与司机进行联控呼唤。

（3）接发列车进路的准备

信号值班员必须严格按照列车开行计划、运营时刻表的要求及行车调度员、车厂调度的命令，正确及时地准备接发列车进路，严格按照微机连锁操作手册和 ATS 人机接口（MMI）操作手册的要求规范操作设备。

当进出厂咽喉、到发线轨道电路红光带，接车方式按引导进路锁闭方式接车。道岔区段红光带，需改变道岔位置时按"道岔无表示"方式准备进路。

道岔无表示时，故障道岔现场人工手摇准备进路，非故障区段排列调车进路或道岔单操单锁，司机凭道岔开通手信号或信号楼口头命令越过关闭的信号机（进出厂咽喉道岔无表示，不得采用引导总锁闭方式接车）。如需开放引导信号接车时，信号楼值班员必须根据《车厂列车运行日志》的记录并派工程车司机或胜任人员到现场检查，确认线路空闲，无障碍物后，方可开放引导信号。如车厂/停车场咽喉区道岔故障无表示，不得采用引导总锁闭接车，故障道岔必须由信号楼值班员及胜任人员双人执行手摇道岔准备进路的程序，进路上的其他道岔采用单操单锁方式，车厂调度确认道岔开通位置及进路正确后，方可办理接车。

未准备好进路是指进路上存有危及行车的障碍物；进路上的道岔未开通正确方向、未锁闭；邻线的机车、车辆越出警冲标。占用区间是指闭塞区间已进入列车或已停留或溜入机车、车辆等；封锁的区间、闭塞区间已被列车取得占用的许可。

信号楼值班员应严格按规定时机开闭信号机。遇信号机开放后，需要取消进路时，信号楼值班员应通知司机或调车长，并得到应答及确认列车停车或未动车后，方可关闭信号机。采用电话闭塞法行车时，先收回行车凭证，再取消发车进路。

3.2.4 车厂/停车场与正线车站间行车办法

地铁车辆段（以下简称车厂），是地铁客车、工程车及其他车辆停放、整备、清洗、日常技术检查、维修及行车设备设施、机电设备维护检修，器材、材料、备品仓储保管、供应的综合性基地。客车、工程列车均由正线与车厂/停车场连接的车站进出，车厂/停车场根据运营时刻表、工程施工计划及调度命令的要求，组织足够数量、状态良好的客车及工程车上线运行。

车厂/停车场行车作业以接发列车作业为优先，其他作业不得影响列车进出车厂。车厂/停车场的行车工作由车厂调度统一指挥，车厂调度根据列车时刻表或行调的命令及时下达收发车计划，信号楼值班员收到计划后，必须复诵并认真核对计划，确认线路空闲、接触网是否有电、相关条件具备后，及时办理收发车作业。

车厂/停车场与正线连接的出入段线线路坡度为较大，为确保行车安全，入段线或出段线在同一时间内只能由一列列车占用。

列车进厂时，由信号楼值班员按运营时刻表收车计划先排列好车厂接车进路，开放进厂信号机，行调或 ATS 连锁自动排列进厂进路及开放正线回厂信号机。

3.2.5 客车和工程车出、入车厂办法

1. 客车出、入车厂办法

客车在到发线办理接发（如在检修调度管辖的股道办理接发车时应得到检修调度同意）。入库作业在停车列检库办理；在试车线办理接车作业时必须空闲，镟轮线及无接触网、无电挂到禁止办理客车回厂作业。

客车出厂时，凭停留股道调车信号机的白色灯光和信号楼值班员口头通知开车，运行至到发线，凭发车进路信号机显示的进行信号和信号楼值班员口头通知运行至出厂信号机前一度停车，按《运营时刻表》或行调指令凭出厂信号机进行信号出厂。客车出厂时，在转换轨处接收运营信息，驾驶模式由 RM 模式自动转换为 AMC 或 MCS 模式。

客车进厂时，信号楼值班员排列到发线的基本进路，然后排列进库调车进路；进厂客车必须在进厂信号机前停车（无论上述

信号是否开放），司机须与信号楼值班员确认接车股道及注意事项后，按上述信号机显示行车。

信号楼值班员及行调（非正常情况下与正线车站）在组织客车进出厂时，应尽量避免客车在出、入段线停车。特殊情况下列车在出、入段线停车时，司机应立即向行车调度员报告。客车司机在运行中，要不间断进行瞭望，确认进路和信号，并注意运行前方的接触网状态，防止列车进入无电区或无网区。

2. 开行救援列车/备用客车的规定

（1）开行救援列车或备用客车时，车厂调度与检修调度应迅速准备，按行调要求组织列车出厂。

（2）车厂调度接到开行救援列车或备用客车命令时，须核对命令内容无误，落实开行车次、时间、故障列车回厂情况，并向相关岗位布置清楚。客车队长接到通知后，向司机传达注意事项和交路安排。

（3）救援列车开车前，司机及车长应认真确认救援命令内容，明确救援任务、区段、地点、注意事项等，确认行车凭证、信号显示正确后，方可开车。

（4）信号楼值班员接到命令后，立即与行调或正线车站值班员落实出厂进路安排，并及时办理发车作业。

3. 工程车出、入车厂办法

车厂调度必须按照施工计划或《调度命令》的要求及时组织开行工程（调试）列车。往出（入）段线开行工程（调试）列车时，按车厂往正线开行工程车有关程序办理，行车凭证为行调发布的书面调度命令。工程车接发原则上在车厂工程车线办理。

工程车发车时凭停留股道调车信号机显示的白色灯光和信号楼值班员口头通知及车长发车指示开车（单机凭调车信号机白色灯光和信号楼值班员口头通知开车），运行至到发线，凭发车进路信号机显示的进行信号和信号楼值班员口头通知运行至出厂信号机前一度停车，与行调核实运行有关事项，确认信号开放正确后，按行调指令凭出厂信号机进行信号出厂。

工程（调试）列车作业完毕后，如直接从出（入）段线返回，信号楼值班员应与行调联系确认，按规定排列接车进路，开放进厂或引导信号接车并提前预告司机；如引导信号无法开放，列车在进厂信号机前一度停车后，凭信号楼值班员的命令越过关闭的进厂信号机进入车厂；原则上不允许工程机车连挂无制动力的客车进出出入段线。

车长应确认下列条件具备后方可显示发车信号指示工程车开车。

（1）车辆装载加固良好、平板车端侧板关闭良好、尾部标志灯挂好；

（2）风管连接良好，车辆手制动已完全松开；

（3）进行试风，确认制动系统作用良好；

（4）跟车人员已上车，并处于安全位置；

（5）确认行车凭证已完备，出厂进路已办妥，信号已开放。

信号楼值班员及正线车站值班员在组织工程车进出厂时，应尽量避免工程车在出、入段线停车。特殊情况下在出、入段线停车时，司机应立即向行车调度员报告。

工程车进厂时，必须在进厂信号机前停车（无论上述信号是否开放），司机与信号楼值班员确认接车股道及注意事项后，按上述信号机显示的白色灯光动车。如直接接入有车线，信号楼值班员应向司机说明。

4. 往出（入）段线开行工程（调试）列车的规定

车厂调度必须按照施工计划或《调度命令》的要求及时组织开行工程（调试）列车。往出（入）段线开行工程（调试）列车时，按车厂往正线开行工程车有关程序办理，行车凭证为行调发布的书面调度命令。

工程（调试）列车出厂时，应在出厂信号机前一度停车，与行调核实运行有关事项，确认信号开放正确后方可动车。

工程（调试）列车作业完毕后，如直接从出（入）段线返回，信号楼值班员应与行调联系确认，按规定排列接车进路，开放进厂或引导信号接车并提前预告司机。如引导信号无法开放，列车在进厂信号机前一度停车后，凭信号楼值班员的命令越过关闭的进厂信号机进入车厂。

5. 客车、工程车出入车厂的有关规定

因相关线路无隔开设备，禁止办理同方向同时接车或相对方向同时发接列车、调车；前行列车尾部必须越过 4/5 号道岔（洗车线列车为 10 号道岔），方可排列后续接车进路；洗车线被占用时，车厂Ⅰ道禁止同时排列接车进路。

客车、工程车在出入段线运行时，不得后退。特殊情况需退行时，司机应向行车调度员报告，并根据不同的情况按下述办法办理：

当前方因故障导致线路阻塞等情况无法继续运行时，在列车的任何部分未越过出厂信号机时，司机得到信号楼值班员的同意后，方可后退，此时按车厂内调车作业办理，司机必须换端操纵。

在列车任何部分已越过出厂信号机时，司机必须得到行车调度员和信号楼值班员的同意，并接到行调同意退行的调度命令后，方可退行，此时由信号楼值班员与行调办理手续，按列车进厂办理，信号楼值班员和司机应认真确认进路，司机必须换端操纵。因列车本身故障无法继续运行时，由司机提出救援请求后，按救援办理。请求救援后的列车不得再行移动且必须做好防溜和防护措施。

3.2.6 非正常情况下的行车办法

1. 概述

非正常情况下行车是指列车运行条件或自然条件发生变化，或行车设备故障导致不能按行车设备完好时使用要求办理接发列车。这里主要是指在车厂/停车场微机连锁设备故障及与车厂/停车场连接的车站 CBI 故障时接发列车。

车厂微机连锁设备故障时，信号楼值班员（车厂调度）立即通知相关区域列车停车（包括停止故障区域相关作业），做好相关区域的安全防护，由车厂调度通知工程车司机或胜任人员现场确认及通号、维修调度。然后依次汇报车厂组组长、安全员、行调等相关岗位，并登记在《车厂设备故障登记簿》上。车厂相关岗位应按照"快汇报、快处理、快开通"原则组织行车，尽量减少对正线运营的影响。设备故障影响列车进出厂时，事发地车厂调度应充分利用现有资源，立即与行调、邻段车厂调度、检调、客车队长协商，调整收发车计划并做好人员安排。各岗位应服从车厂调度的应急指挥，迅速行动为设备抢修争取时间并做好故障无法修复的应急准备。原则上采用单一进路组织出厂，但支援人员到场后，可配合进行平行或后续进路的相关准备工作。现场人工办理进路时各环节须做到"双人双岗"，一人操作、一人监护，两人共同确认。车厂调度指挥、协调、监控相关岗位应急处理，全面负责车厂行车组织工作；信号楼值班员与胜任人员共同执行手摇道岔准备进路程序。

2. 非正常情况下行车有关规定

（1）故障发生时应急处理要求

1）进路安全确认原则：办理调车进路确认道岔位置是否正确；如不能通过光带确认道岔位置，应单操单锁，确认相应道岔正反位表示是否正确；如定反位无表示时，应通过现场人员确认。

2）信号楼值班员（车厂调度）立即通知相关区域列车停车（包括停止故障区域相关作业），做好相关区域的安全防护，由车厂调度亲自或派人现场确认及通号、维修调度。然后依次汇报车厂组组长、室安全员、行调等相关岗位，并登记在《车厂设备故障登记簿》上。

3）胜任人员应及时了解故障区段、故障道岔及影响范围，并做好相应准备工作。胜任人员尽快携带必要的工器具赶赴现场。

4）车厂调度应根据最晚停用时间，通报相关抢修负责人，如抢修人员10分钟内不能将故障修复或对方未答复时，及时启动人工准备进路组织行车。信号值班员及时胜任人员人工准备进路。

5）如电话闭塞行车法组织行车时，电话闭塞法适用于与车厂/停车场连接的车站CBI故障（含正线车站CBI和/停车场微机连锁同时故障）的情况下，根据行调的调度命令实施。车厂调度接受调度命令后，并按规定传达至客车队长、信号值班员、检修调度及相关人员。

（2）行车计划调整要求：

1）车厂调度接报连锁故障后，及时与行调联系确定基本接发车进路，调整接发车计划，通知客车队长、检修调度、信号值班员。

2）行车计划调整应按进/出车厂分别使用单一进路依次接发车原则，禁止同时办理多进路或平行进路。其中进/出厂闭塞区段固定为车厂/停车场至正线车站上/下行的某一条进路，占用闭塞区段的行车凭证为《路票》或《行车许可证》。

3）如接发车则优先接发连锁正常区段列车，再接发故障区段影响最小的进路的列车，并依次接发邻近线路的列车（尽量减少重复作业）。

4）计划调整完毕，信号楼值班员应与车厂调度交接有关事项后携带有关工器具赶赴现场。

（3）人工排列进路要求

1）办理时机

①微机连锁故障最晚停用时间，根据当日运营时刻表首班车出库时间，减去人工准备进路最短时间确定。

②车厂调度派工程车司机到现场检查，同时通报维修部调度、通号调度派人处理，以车厂调度录音电话口头允许前往故障现场确认设备。得到确认该区域无异常（如夹物、侵限等）、线路出清的汇报后，车厂调度应根据最晚停用时间，及时启动人工准备进路组织行车，采用限速15km/h通过故障区域，工建专业人员赶赴检查后再按其意见办理。

③ 发车前遇微机连锁瘫痪时，工建、通号专业人员凭车厂调度的口头命令及时检查处理。车厂调度应根据最晚停用时间，通报相关抢修负责人后，及时启动人工准备进路组织行车。

④ 车厂发车过程中出现微机连锁瘫痪时，立即通报相关部门进行抢修。自向抢修部门通报时起，如抢修人员 10min 内不能将故障修复或对方未答复时，车厂调度立即通报相关专业停止抢修，启动人工准备进路组织行车。

⑤ 通号人员确认并办理停用手续后；如实行电话闭塞法行车时则自接受行调命令时开始。

2）如一条进路上部分道岔故障，在确认现场人工准备进路正确后，信号值班员方可采用进路锁闭或者单操单锁方式办理该条进路的其余部分。

3）手摇道岔准备进路办法

① 手摇道岔准备进路时，胜任人员负责操作，车厂调度负责监护。

② 接发列车时，由车厂调度向信号楼值班员下达接发列车命令："准备某某次（车）某某道至某某道接（发）车进路"，信号楼值班员接到接（发）列车命令并复诵无误后，指示并监督胜任人员执行手摇道岔准备进路程序，手摇道岔进路准备妥当后，信号楼值班员与胜任人员共同检查道岔开通位置及进路正确，所有故障道岔加钩锁器后，向信号楼汇报手摇道岔进路开通情况："某某次（车）某某道至某某道进路好"，信号楼复诵"某某次（车）某某道至某某道进路好"，将可以单操或正常排列进路的道岔操到位并锁定，确认整条进路正确，有关光带、信号显示正确后，方可指示现场人员在指定地点接（发）车。

③ 手摇道岔准备进路时，胜任人员负责操作，信号楼值班员负责监护。手摇道岔准备进路必须由发车或接车方向列车经过的第一付道岔开始由近至远准备进路。手摇道岔工作必须严格执行"一看、二开、三摇、四确认、五加锁、六汇报"制度。

一看：看岔心、岔尖有无障碍物或异常情况，道岔开通位置是否正确，是否需要改变位置（如正确，则转至第四步；如不正确，则转至第二步）；

二开：用转辙机钥匙打开转辙机遮断器（如已上勾锁器的道岔，先断开安全接点再拆下勾锁器）；

三摇：插入手摇把，摇动道岔转向所需位置，听到落槽"咔嚓"声后停止，取出手摇把（如听不到落槽声时，则确认尖轨密贴即可）；

四确认：确认尖轨与基本轨间缝隙不大于4mm。手指尖轨，口呼"尖轨密贴，道岔×（左/右）位，开通×道至×道"，信号楼值班员和工程车司机共同确认（如从第一步直接转到本步骤时，确认完毕后必须断开该道岔转辙机遮断器）；

五加锁：确认道岔位置开通正确，遮断器打开后，工程车司机用勾锁器锁定道岔尖轨；

六汇报：确认道岔位置正确后，向车厂调度汇报道岔及进路开通位置，车厂调度复诵并核对。

4）道岔"左/右"位的规定

左位：面对尖轨，往岔心方向看，道岔开通左侧线路。

右位：面对尖轨，往岔心方向看，道岔开通右侧线路。

5）现场确认要求：

① 现场人员到达后，与信号楼联系确认人工进路准备情况。用语：办理某道（岔）至某道（岔）人工进路。信号楼值班员呼叫，车厂调度复诵。

② 单个故障道岔人工准备前：

如位置不对，用语：道岔开通左（右）位，位置不对，需摇至右（左）位。胜任人员呼叫，信号楼值班员在旁同时手指确认（不需复诵）。

如位置对，用语：道岔开通左（右）位，位置正确，断电加锁。胜任人员呼叫，信号楼值班员在旁同时手指确认（不需复诵）。

③ 单个道岔人工准备好后汇报信号楼，用语：某号道岔左

（或右）位，尖轨密贴，开通某道至某道方向。

④ 整条人工进路确认完，并汇报信号楼，用语：某道（岔）至某道（岔）人工进路准备好。

6）采用电话闭塞法行车时有关要求

① 办理发车请求时机：首列使用电话闭塞法前需得到行调改用电话闭塞法的命令，后续列车自前发列车到达并出清正线车站后。

② 办理同意接车请求时机：车厂接车时，须确认闭塞区段空闲，车厂接车进路准备妥当，方可发出电话记录号码同意接车。

③ 车厂电话记录号码或闭塞承认号以自然数顺序由 1 开始依次发出。

7）行车组织要求：

① 信号楼在确认接（发）车整条进路准备妥当后，通知信号楼值班员在规定地点显示手信号，同时向受令司机发出动车指示。电话闭塞法组织行车时，信号值班员先确认行车许可证交接完毕后，方可向受令司机发出动车指示。

② 信号楼发布行车指令时，逐句发布，同时必须监督信号楼值班员正确复诵。

③ 如车厂/停车场咽喉区道岔故障无表示，不得采用引导总锁闭接车，故障道岔必须由现场人员及胜任人员双人执行手摇道岔准备进路的程序，进路上的其他道岔采用单操单锁方式，车厂调度确认道岔开通位置及进路正确后，方可办理接车。

④ 道岔开通手信号（表 3.2-10）

道岔开通手信号　　　　　　　　　　　表 3. 2-10

显示方式		显示地点	显示时机	收回时机
昼间	夜间			
拢起黄色信号旗高举头上左右摇动	白色灯光高举头上左右摇动	在接（发）车进路第一架关闭的信号机处。	看见列车或机车头灯	列车或者机车头部越过显示地点

⑤ 填写行车许可证/路票时，信号楼值班员填写并复诵，胜

任人员监督。

⑥ 车厂/停车场微机连锁系统故障，正线信号系统正常的情况下办理发车时，由车厂调度调整出厂计划并征得行调同意后，布置相关人员实施。车厂调度和胜任人员按照（接）发车计划人工办理（接）发车进路。发车时，信号楼确认发车进路准备妥当后，指示信号楼值班员在起始信号机处显示道岔开通手信号，司机凭道岔开通手信号动车，运行至出厂信号机前一度停车，司机按出厂信号机的显示或行调的指令运行。

⑦ 正线信号系统故障，采用电话闭塞法发车时，由车厂调度调整出厂计划并征得行调同意后，布置相关人员实施。由胜任人员在运用库门口将"行车许可证"交付给司机，方可显示道岔开通手信号。正线信号系统故障，采用电话闭塞法接车时，回厂列车必须在进厂信号机前一度停车，由信号楼值班员在该处收回行车许可证并打"×"。回厂列车凭进厂信号机显示的进行信号或道岔开通手信号回库。列车停稳后，司机须向信号楼汇报。信号楼指示现场人员办理好后续列车的接车进路后，方可同意正线车站发车。

⑧ 如车厂/停车场基本接车进路区域内（无岔区）轨道电路故障，需开放引导信号接车时，信号楼必须根据《行车日志》的记录并派胜任人员到现场检查，确认线路空闲，无障碍物后，方可开放引导信号。

8）线路出清要求

① 钩锁器撤除时机：列车或者机车尾部越过故障道岔（不用等待停车）后，即可根据后续进路安排及时撤除钩锁器。

② 多列车接发车时，共用进路上的道岔的钩锁器暂不撤除（但仍需检查其紧固状态），非共用进路上的道岔应及时撤除。

③ 列车接发车完毕后由胜任人员及时撤除钩锁器，并清点回收所有工器具。车厂调度按照规定负责组织后续抢修工作。

3. 车厂信号设备常见故障及应急行动指引（表3.2-11）

常见故障及应急行动指引 表 3. 2-11

故障类别	负责人员及行动	
（1）车厂信号机无进行信号显示处理	信号楼值班员	（1）根据现场情况提前通知司机停车，并听取司机复诵； （2）向车厂调度汇报； （3）不能排列进路的道岔单操单锁，再次确认进路； （4）准许司机越过该架信号机，并听取司机复诵（如为出厂信号机，司机须执行行调命令）
	司机	（1）如发现没有进行信号立即停车，并报告信号楼值班员； （2）按信号楼指示降低速度通过该架信号机，并确认前方进路和道岔位置
	行调	影响列车出入厂时，调整列车出入厂时机
（2）道岔无表示处理	信号楼值班员	（1）对道岔进行单操试验，如仍出现故障安排胜任人员到现场检查； （2）立即向车厂调度报告； （3）停止故障区域的相关作业，按规定在微机连锁操作台做好防护； （4）及时准备列车进出厂进路，按车厂调度的指示安排列车的运行； （5）人工准备进路时，提前做好相关准备工作，与胜任人员现场手摇道岔准备进路； （6）按规定与司机进行联控； （7）按信号楼的要求接发列车，并向司机显示有关手信号
	胜任人员	（1）按信号楼值班员的指示携带对讲机、荧光服及工器具等赶赴现场； （2）检查故障道岔无车占用或者无异物，汇报信号楼； （3）需要人工锁定道岔时，与信号楼值班员将道岔锁定在正确位置
	车厂调度	（1）通知胜任人员对故障现场进行检查； （2）通知通号调度、维修调度及行调，做好登记并汇报相关领导； （3）听取相关部门的故障检查结果及处理意见，及时向上级领导汇报； （4）与行调、检修调度共同调整收发车计划； （5）通知客车队长故障情况和调整后的收发车计划； （6）根据最晚停用时间，组织有关人员及时准备进路； （7）需人工准备进路时，兼任信号楼内工作； （8）必要时，发布有关车厂行车命令； （9）将进路上的其他道岔通过单操锁定，并确认进路正确； （10）需要引导接车时，开放引导信号（如不能开放时，安排现场人员显示引导信号接车）

故障类别	负责人员及行动	
（2）道岔无表示处理	客车队长	向司机布置列车出车厂调度整计划
	行调	（1）影响列车进出厂时，合理调整列车的运行； （2）影响到运营时，应通知各站做好乘客广播
	司机	（1）按调整计划驾驶列车进/出厂； （2）按照信号楼的指示确认列车进路，按现场人员的手信号低速通过故障道岔或信号机
（3）道岔区红光带处理	信号楼值班员	（1）停止故障区域的相关作业，按规定在微机连锁操作台做好防护； （2）立即向车厂调度报告； （3）及时准备列车进出厂进路，按车厂调度的指示安排列车的运行； （4）人工准备进路时，提前做好相关准备工作，与胜任人员现场手摇道岔准备进路； （5）按规定与司机进行联控； （6）按信号楼的要求接发列车，并向司机显示有关手信号
	胜任人员	（1）按信号楼值班员的指示携带对讲机、荧光服及工器具等赶赴现场； （2）检查故障区段无车占用或者无异物，汇报信号楼； （3）需要人工锁定道岔时，与信号楼值班员将道岔锁定在正确位置
	车厂调度	（1）通知胜任人员对故障现场进行检查； （2）通知自控调度、维修调度及行调，做好登记并汇报相关领导； （3）听取相关部门的故障检查结果及处理意见，及时向上级领导汇报； （4）与行调、检修调度共同调整收发车计划； （5）通知客车队长故障情况和调整后的收发车计划； （6）根据最晚停用时间，组织有关人员及时准备进路； （7）需人工准备进路时，兼任信号楼内工作； （8）必要时，发布有关车厂行车命令； （9）将进路上的其他道岔通过单操锁定，并确认进路正确； （10）需要引导接车时，开放引导信号（如不能开放时，安排现场人员显示引导信号接车）
	客车队长	向司机布置列车出车厂调度整计划
	行调	（1）影响列车进出厂时，合理调整列车的运行； （2）影响到运营时，应通知各站做好乘客广播
	司机	（1）按调整计划驾驶列车进/出厂； （2）按照信号楼的指示确认列车进路，按胜任人员的手信号低速通过故障道岔或信号机

故障类别	负责人员及行动	
（4）无岔区红光带处理	信号楼值班员	（1）安排胜任人员到现场检查，确认是否有车占用； （2）立即向车厂调度报告，影响列车进出厂时应向行调报告； （3）向通号、工建车间调度报告； （4）按车厂调度的指示安排列车的运行； （5）需要准备进路时，将进路上的其他道岔通过单操锁定，并确认接通光带是否正确； （6）需要引导接车时，开放引导信号（如不能开放时，安排胜任人员显示引导信号接车）
	胜任人员	（1）按信号楼值班员的指示携带对讲机、荧光服及工器具等赶赴现场； （2）检查故障区段无车占用或者无异物，汇报信号楼值班员； （3）按信号楼的要求接发列车，并向司机显示有关手信号
	车厂调度	（1）接到报告后，与 SMZ 商量列车的调整方案； （2）向客车队长、信号楼值班员等布置列车运行调整方案
	客车队长	向司机布置列车出车厂调度整计划
	行调	（1）影响列车进出厂时，合理调整列车的运行； （2）影响到运营时，应通知各站做好乘客广播
	司机	（1）按调整计划驾驶列车进/出厂； （2）按照信号楼的指示确认列车进路，按胜任人员的手信号低速通过故障区段或信号机
（5）微机连锁故障（无法实现连锁功能）	信号楼值班员	（1）立即向车厂调度报告，影响列车进出厂时应向行调报告； （2）向通号车间调度报告； （3）按车厂调度的列车运行计划安排胜任人员人工准备进路组织列车运行； （4）指示胜任人员接发列车，向司机显示有关信号
	胜任人员	（1）按信号楼值班员的指示携带对讲机、荧光服及工器具等赶赴现场； （2）与车厂调度人工排列列车进路，组织列车进出厂； （3）按信号楼的指示接发列车，并向司机显示有关手信号
	车厂调度	（1）接到报告后，与 SMZ 商量列车的调整方案； （2）向客车队长、信号楼值班员等布置列车运行调整方案

故障类别	负责人员及行动	
（5）微机连锁故障（无法实现连锁功能）	客车队长	向司机布置列车出车厂调度整计划
	行调	（1）影响列车进出厂时，合理调整列车的运行； （2）影响到运营时，应通知各站做好乘客广播
	司机	（1）按调整计划驾驶列车进/出厂； （2）按照信号楼的指示确认列车进路，按胜任人员的手信号运行
（6）照查电路故障处理	信号楼值班员	（1）立即向行调汇报，并向车厂调度汇报； （2）通知信号维修轮值人员检查处理； （3）需要办理接发列车时，与行调规定办理进/出厂预告手续；发车时，接到行调同意接车通知后开放出厂引导信号；接车时，接到行调预告后开放进厂引导信号和回厂进路。 （4）通知司机凭引导信号进/出厂； （5）信号楼值班员不间断监视列车动态，如列车未能在60s内压上出厂信号机，该信号机关闭，需要重新办理开放手续
	行调	需要办理接发列车时，与信号楼办理进/出厂预告手续接车时，排列好进路后通知车厂信号楼同意接车；发车时，接到信号楼信号员同意接车后，排列回厂进路，通知司机动车回厂
	司机	接到信号楼通知，确认引导信号开放好后，按规定速度要求进/出厂
	车厂调度	接到故障通报后，安排好列车进出厂计划

3.3 列车接发作业

接发列车作业应根据运营时刻表、施工检修及洗车等计划灵活运用股道，做到不间断接车和正点发车，尽量减少转线作业。列车出入、场作业原则上在运用股道办理，特殊情况下在其他线路办理接发车作业时，车厂调度应考虑车厂内作业需求，方可布置信号楼值班员准备进路，车厂、停车场以接发列车作业为优先，其他作业不得影响收发车作业。

3.3.1 正常情况接发列车作业标准

接车作业程序：

因相关线路无隔开设备，为了确保列车运行安全：

接车进路末端无隔开设备时，禁止办理同方向同时接车或相对方向同时发接列车。待前列车已出清交叉、重叠、敌对进路部分轨道区段，并确认该区段解锁后，方可排列后续接发列车进路。

列车出厂凭发车进路信号机显示和信号楼值班员的口头通知开车，运行到出厂信号机前一度停车，按行调指令及出厂信号机的显示运行。

组织列车进出厂时，应尽量避免列车在出、入段线停车。特殊情况下列车在出、入段线停车时，司机应立即向行调报告。

地铁列车在出入段线运行时，不得后退。特殊情况需退行时，司机应向行调报告，并根据不同的情况按下述办法办理：

当前方因故障导致线路阻塞等情况无法继续运行时，在列车的任何部分未越过出厂信号机时，司机得到信号楼的同意后，方可后退，此时按车厂内调车作业办理，司机必须换端操纵。

在列车整列已越过出厂（场）信号机时，司机必须得到行车调度员和信号楼值班员的同意，并接到行调同意退行的调度命令后，方可退行，此时按列车进厂办理，司机必须换端操纵。

列车任何部分已越过出厂（场）信号机但未出清出厂（场）信号机时，司机必须得到行车调度员和信号楼值班员的同意，并接到行调同意退行的调度命令后，方可退行，此时车厂按调车办理，信号楼值班员和司机应认真确认进路，司机必须换端操纵。

电客车在停车列检棚、检修库办理接发车作业，在检修库应得到检修调度同意。入库作业在停车列检棚办理，需在检修库接车时，车厂调度须得到检修调度线路已出清、接触网有电、同意接车的通知，检修库无接触网股道及镟轮线禁止办理电客车回厂作业。

工程车回厂时接入检修库无接触网股道时，因无法开放回厂信号，排列进厂信号机至牵出线进路，待工程车进入牵出线停妥换端后按调车方式将工程车调入检修库无接触网股道。

工程车回厂接入工程车库股道时，如其中的接车股道空闲时，直接排列列车信号组织工程车回库。

如工程车库股道有车占用无法排列回厂进路时，按引导方式办理工程车回厂；开放引导信号前须将接车进路上的所有道岔从进厂信号机单操单锁至接车股道，如无法开放引导信号时，排列进厂信号机至牵出线进路，待工程车进入牵出线停妥换端后按调车方式将工程车调入工程车库股道。

发车作业：

（1）列车出厂时，必须在出厂信号机前一度停车后按行调指令及出厂信号机的显示运行。

（2）列车出厂时股道 B 段至 A 段开放调车信号，列车出厂凭发车股道发车进路信号机，运行至出厂信号机前一度停车；信号楼值班员排列运用库股道 B 段的列车出场进路时，需由远及近分段排列完整（由调车进路和列车进路组成）的出厂进路。

（3）遇特殊情况列车在出、入段线停车时，司机应向行车调度员报告；车厂调度根据行车调度员的指示做好相关准备工作。

（4）在运用库股道 B 段办理列车接车作业时，接车线 A 段必须空闲。列车进厂时，信号楼值班员可根据线路运用情况排列进厂信号机至接车股道的基本进路接车。运用库接车时，进厂信号机至 A 段线路均为列车进路，列车凭进厂信号机显示运行至 A 段；A 段至 B 段的进路为列车进路和调车进路，需分段排列，司机需在 A 段一度停车确认调车信号开放后方可进入 B 段。

（5）工程车发车前，工程车司机应到 DCC 领取开行命令，车长确认下列条件具备后方可指示发车：

装载加固良好、平板车端侧板关闭良好；

风管连接良好，车辆手制动已完全松开；

进行试风，确认制动系统作用良好；

跟车人员已上车，并处于安全位置；

确认行车凭证已完备，信号已开放。

（6）司机在运行中，要不间断进行瞭望，确认进路和信号，并注意运行前方的接触网状态，防止列车进入无电区或无网区。

（7）电客车进厂时，信号楼值班员排列进厂信号机至进库列车进路；进厂电客车必须在进厂信号机前停车确认信号（无论上述信号是否开放），司机须与信号楼值班员确认接车股道及注意事项后，按上述信号机显示行车。

（8）工程车接发车作业原则上在工程车库股道办理，特殊情况下需在其他股道办理接发车作业时应征得车厂调度同意，并确保不影响电客车作业和行车安全。

（9）工程车发车时凭停留股道信号机显示的发车信号和信号楼值班员指令，运行至出厂信号机前停车，凭出厂信号机显示的进行信号和行调指令动车出厂。

3.3.2 非正常情况接发列车作业标准

车厂、停车场发生事故、故障时，车厂调度为车厂、停车场行车应急处理指挥人，有关岗位应严格执行相应的应急管理规定统一行动。需手摇道岔人工准备进路、无需手摇道岔但涉及填写行车凭证时由信号楼值班员执行，由派班员负责监护。

微机连锁故障时接发列车办法：

（1）车厂、停车场微机连锁设备故障时，车厂调度要及时向行调报告。无连锁条件下接发列车时，人工进路的准备、确认由信号楼值班员和胜任人员负责全程监护并共同确认，期间厂调同时兼任信号楼值班员楼内职责。

（2）道岔区段因故障出现红光带时，车厂调度通知通号、维修调度及行调，并指派胜任人员现场确认该区段无机车车辆占用，故障道岔位置正确时将其在 MMI 上单锁，如不正确时，按人工准备进路办理，整条进路准备好后，信号楼值班员和胜任人员应再次确认进路正确，信号楼内确认进路准备妥当后，指示司机允许越过关闭信号机。

（3）道岔失去表示，但机械部分能正常动作时，由信号楼值班员和胜任人员到现场手摇道岔准备进路。

（4）当轨道区段出现红光带或道岔失去表示时，须经工建人员确认线路设备正常后，方可办理进路。

（5）手摇道岔准备进路办法

1）接发列车时，车厂调度向信号楼值班员下达："准备某某车某某道至某某道（或某某信号机）接（发）车进路"；信号楼值班员听取并复诵，与胜任人员确认无误后执行手摇道岔准备进路程序，进路准备妥当后，共同检查进路正确，向车厂调度汇报手摇道岔进路开通情况；车厂调度复诵，将该区段非故障道岔单操单锁至所需位置，再排列其他区段进路，确认整条进路正确后，方可办理接（发）车作业。

2）手摇道岔准备进路必须由发车或接车方向列车车列经过的第一副道岔开始由近至远准备进路，再由远至近逐副确认道岔及进路正确。手摇道岔工作必须严格执行"手摇道岔六步曲"：

一看：看岔心、岔尖有无障碍物或异常情况，道岔开通位置是否正确，是否需要改变位置（如正确，则转至第四步；如不正确，则转至第二步）；

二开：用转辙机钥匙打开转辙机遮断器（如已上勾锁器的道岔，先断开安全接点再拆下勾锁器）；

三摇：插入手摇把，摇动道岔转向所需位置，听到落槽"咔嚓"声后停止，取出手摇把（如听不到落槽声时，则确认尖轨密贴即可）；

四确认：确认尖轨与基本轨间缝隙不大于 4mm。手指尖轨，口呼"尖轨密贴，道岔×（左/右）位，开通×道至×道"，信号楼值班员和胜任人员共同确认（如从第一步直接转到本步骤时，确认完毕后必须断开该道岔转辙机遮断器）；

五加锁：确认道岔位置开通正确，遮断器打开后，用勾锁器锁定道岔尖轨；

六汇报：确认道岔位置正确后，向车厂调度汇报道岔及进路开通位置，车厂调度复诵并核对。

（6）道岔"左/右"位的规定

左位：面对尖轨，往岔心方向看，道岔开通左侧线路；

右位：面对尖轨，往岔心方向看，道岔开通右侧线路。

（7）车厂微机连锁系统故障、正线信号系统正常的情况下办理发车时，由车厂调度与行调协商后调整出厂计划，布置相关人员实施。信号楼值班员和胜任人员按照发车计划人工办理发车进路。发车时，车厂调度确认发车进路准备妥当后，指示司机允许越过关闭的信号机，司机凭车厂调度的命令动车，运行至出厂信号机前停车，司机按行调的指令执行。

（8）车辆段采用电话闭塞法行车时：

必须收到行调发布"车辆段至正线车站采用电话闭塞法组织行车"的命令后方可按照电话闭塞法组织列车进出车厂。

发车时，车厂调度与行调协商后调整出厂计划，布置相关人员实施。车厂调度确认发车进路准备妥当后，信号楼值班员在停车列检棚库门口将《路票》交付给司机，指示司机凭信号动车（如信号无法开放时允许司机越过关闭信号机），运行至出厂信号机前一度停车，司机按行调的指令执行。

接车时，回厂列车必须在所有库门前一度停车，由信号楼值班员在该处收回《路票》并打"×"。列车停稳后，司机须向信号楼汇报。信号楼办理好后续列车的接车进路后，方可同意正线车站站发车。

3.3.3 车厂行车联控呼唤用语标准

1. 列车进出厂联控用语（表 3.3-1）

列车进出厂联控用语

序号	呼唤时机	联控用语		备注
		呼唤者	应答者	
1	列车整备完毕准备出库时	司机:信号楼,某某车某道某段整备作业完毕	信号楼值班员:某某车某道某段至某某发车信号好,司机可以动车	股道信号开放
			司机:某某车某道某段至某某发车信号好,可以动车,司机明白	
			信号楼值班员:某某车某道某段原地待令	股道信号未能开放
			司机:某某车某道某段原地待令,司机明白	
2	回厂列车进入转换轨时(车载台转换为"车厂、停车场"模式)	司机:信号楼,某某车已在某某信号机前停妥	信号楼值班员:某某车至某道某段入厂/场信号好,司机可以动车	进厂信号在开放状态时
			司机:某某车至某道某段入厂/场信号好,可以动车,司机明白	
			信号楼值班员:某某车原地待令	进厂信号正常关闭
			司机:某某车原地待令,司机明白	
			信号楼值班员:某某车,凭引导信号入厂,进某道某段	信号机故障需引导接车时
			司机:某某车,凭引导信号入厂,进某道某段,司机明白	
			信号楼值班员:某某车入厂进路好,允许越过关闭的某某信号机进某道某段	进厂信号机不能开放正常信号,且引导信号也无法开放时
			司机:某某车入厂进路好,允许越过关闭的某某信号机进某道某段,司机明白	
3	列车停妥	司机:信号楼,某某车在某道某段停妥	信号楼值班员:某某车在某道某段停妥,信号楼明白	列车在预定股道停妥时汇报

2. 调车及调试作业联控用语（表 3.3-2）

调车及调试作业联控用语　　　　　　表 3.3-2

序号	呼唤时机	联控用语		备注
		呼唤者	应答者	
1	司机换端后	司机:信号楼,某某车某道换端完毕	信号楼值班员:某某车某道至某道某段调车信号好,司机可以动车	司机换端后再联系
			司机:某某车某道至某道某段调车信号白灯好,可以动车,司机明白	
2	车厂、停车场列车整备作业前	司机:信号楼,某某车某道某段开始整备作业	信号楼值班员:某某车某道某段开始整备作业,信号楼明白	
3	调车作业	信号楼值班员:某某车,某道某段至某道调车信号好,司机可以动车	司机:某某车,某道某段至某道调车信号好,可以动车,司机明白	
4	调车信号机故障	信号楼值班员:某某车,某道某段至某道进路好,允许越过关闭的某某信号机	司机:某某车,某道某段至某道进路好,允许越过关闭的某某信号机,司机明白	
5	道岔故障,人工排列进路	信号楼值班员:某某车,某道某段至某某道进路好,凭道岔开通手信号越过某某信号机	司机:某某车,某道某段至某道进路好,凭道岔开通手信号越过某某信号机,司机明白	
6	压信号调车	司机:信号楼,某某车某某道压信号调车	信号楼值班员:某某车司机原地待令	前方进路未准备好,不同意时
			司机:某某车原地待令,司机明白	

序号	呼唤时机	联控用语		备注
		呼唤者	应答者	
6	压信号调车	信号楼值班员:某某车,某某道至某某道进路好,同意压信号调车	司机:某某车某某道至某某道进路好,同意压信号调车,司机明白	信号楼值班员确认进路准备好,相关道岔单锁后
		信号楼值班员:某某车调试进路好,凭地面信号及调试负责人指令动车	司机:某某车调试进路好,凭地面信号及调试负责人指令动车,司机明白	调试非进路锁闭办理好后
7	取消调车进路	信号楼值班员:某某车,要取消某某道某段至某某道调车进路,原地待令	司机:某某车,要取消某某道某段至某某道调车进路,原地待令,司机明白	取消进路必须在车列未启动并与司机联系后方可进行

3.4　调车作业

3.4.1　概述

在地铁运营生产过程中,除列车运行外,为了编组、解体列车或为了摘挂、取送车辆等需要,机车车辆在线路上的移动,都属于调车工作。除列车在车站到达、出发、通过及在区间运行外,凡机车车辆或电动车组进行一切有目的的移动(包括在站内和区间)统称为调车。通常调车工作系利用机车或电动车组为动力,在车厂/停车场范围内进行。

调车作业是地铁运营组织过程中的重要组成部分,也是车厂/停车场行车组织的一项重要而又复杂的内容。也是其日常的主要生产活动。车厂/停车场能否按时接发列车,能否有效利用设备能力,能否完成生产计划指标,在很大程度上取决于调车工作组织和调车作业水平。

调车工作按其目的的不同，可分为：

（1）解体调车：将故障、检修的车列，按车辆维修部门的要求分解到指定的线路上；

（2）编组调车：根据列车编组的计划的需要，将车辆、单元车组编成车组或车列；

（3）取送调车：装卸货物或检修车辆，向运用线和检修线送车或取回车辆。

地铁车辆在车厂内的编组、解体、取送、检修作业中要进行多次的调车作业。如能在保证安全条件下提高调车效率，就能加速车辆的周转，保证足够的车辆按运营时刻表的要求加入到地铁运营生产中。调车工作占用大量的人员和设备，消耗许多的资源，提高调车效率，就能降低运营成本提高工作效率。由此可见，调车工作的质量，对保证运营安全，提高运营效率，增加运输能力，降低运营成本，更好更快的满足地铁运营的需要，起着十分重要的作用。

调车工作的基本要求是：及时编组列车和取送车辆，保证不影响接发列车作业；及时取送检修的车辆；有效利用调车机车和调车设备，采用先进的工作方法，用最少的时间完成调车作业；认真执行作业标准，保证调车人员的人身安全和行车安全。

为了实现上述要求，调车工作必须遵守《地铁行车组织规则》、《车厂运作手册》及其他有关规定，建立和健全各项必要的工作制度。

3.4.2　调车作业的领导和指挥

调车工作必须实行统一领导和单一指挥的原则。车厂调车工作由车厂调度统一领导，调车作业人员应按本标准和调车作业计划的要求履行职责。车厂调度应根据车辆、线路、设备检修计划和现场作业情况，合理、科学、正确地编制调车作业计划，开好安全预想会，组织调车组人员安全、及时地完成调车任务。

车厂调车工作由车厂调度统一领导，调车作业由调车长单一指挥。调车长应根据调车作业计划单的要求，组织调车组全体成员，正确、及时、安全地完成调车作业任务；正确及时的显示信号，指挥列车的行动；负责调车人员的人身安全和行车安全。

调车作业方法仅限牵引、推进调车，禁止溜放调车和手推调车（特殊情况下，经运营分公司主管安全的负责人同意方可手推调车）。

车厂内调车作业，不得影响进出车厂列车的正常运行。接车时，在列车进厂前 10min 停止影响接车进路的调车作业。发车时，在列车出厂前 15min 停止影响发车进路的调车作业。

在车厂内遇两组车或列车需在同一线路进行调车作业时，两组车组或列车不能同时在同一条线路内移动，必须等候其中一组车组或列车暂停后，另一组车组或列车才能移动。车厂内调车作业原则上不得越出厂界，遇特殊情况需要越出车厂占用出入段线调车时，须取得行调的命令，连锁设备不能正常使用时，严禁越出车厂占用出入段线调车。未经行调同意，禁止使用出入段线进行调车作业。调动车辆或列车要先检查和撤除防溜措施。调车作业完毕后，应将车辆或列车停于线路警冲标内方，做好防溜措施，防止车辆或列车自动溜走。车辆连挂前要一度停车，连挂后的车辆要先试拉，确认连挂妥当，制动主管连接好后方可启动。

3.4.3 调车计划的编制和传达及变更

1. 计划的编制

调车作业通知单由调车领导人编制，以书面的形式下达。布置调车作业计划，应使用调车作业通知单。调车领导人应根据车厂每日工作计划，车辆检修计划的要求正确的编制调车作业计划，填写调车作业通知单，并应注明完成任务的时间和保证调车作业安全的注意事项。

调车作业通知单上，应注明机车号码、班组、计划号码、工作项目、调车领导人姓名、日期，由那股道挂出多少车辆，所挂车辆分别送入那条线路，完成这些作业的先后顺序；应注意的事项及完成本批作业的开始和终了时间等。调车作业通知单的填记必须规范、清楚、准确。

车厂调度应根据调车作业计划来源正确及时的编制调车作业计划。编制调车作业计划资料来源由车辆部检修调度提交的车辆转轨计划申请单；工程车开行计划；车辆装卸情况；维修部生产调度提报的设备检修配合计划；维修部、承建商动车计划；车辆管理部门扣修计划和工程车故障报修单；需要动车的其他情况。

调车、调试作业计划的提交由车厂调度根据车辆及工程车的周检修计划扣车并根据车辆检修调度提交的转轨计划组织调车作业，客车在维修当日 8：30 前，工程车在维修前一天 18：00 送达周计划指定的地点。如计划有变时，检修调度应及时通知车厂调度，客车应在车辆回库前 2h、工程车应按计划送达时间提前2h 通知车厂调度。

临时检修或调试时，检修调度应按规定认真填写《车辆转轨（试车）计划单》，《车辆转轨（试车）计划单》应反映以下内容：计划转线时间，车辆停留位置及所需转往的轨道，是否具备动车条件；有关检修股道隔离开关是否断开、是否挂接有地线；有关检修线路是否出清。车厂调度还应就如下事项进行及时的沟通和协商：车辆检修（调试）作业内容及所需时间；车辆是否凭自身动力动车；车辆是否需要工程车调动；作业完毕计划所回的停放股道等。

调车作业计划符号：

（1）本线拉前摘车："–⊖–"

（2）连挂："＋"

（3）本线连续连挂："＋＋"

（4）摘车："－"

（5）顶车："丁"

（6）超限车："超限"

（7）关门车："关门"

（8）待命："D"

（9）交接班："JJ"

（10）整备："ZB"

2. 计划的传达

为正确及时地完成调车作业计划规定的任务和要求，调车作业计划的传达由车厂调度亲自向调车长传达，调车长于作业前必须将作业计划单和注意事项向司机传达清楚。调车领导人与调车指挥人亲自交接计划不仅可以防止误传，还可以全面了解情况、领会意图、掌握关键，有利于保证安全提高效率。如该项作业属于配合车辆转轨至镟轮库、架车库以及在车厂范围内开行电客车或工程车配合车辆部门、厂家或其他部门进行设备调试试验、工程施工检修、装卸货物等作业时，车厂调度应要求有关部门制定一名现场负责人，将现场负责人的单位、姓名在作业单上注明并向调车长（司机）交代清楚。

车厂调度传达调车作业计划时也可用书面或传真向信号楼值班员传达计划，信号楼值班员接受计划时应复诵核对。车厂调度应在调车作业计划下达的同时，联系有关人员，要求其全部打开相应股道区域上方、检修作业平台及地沟的照明灯后，方可进行作业。

调车作业制定调车作业计划时，每批计划不论钩数多少，都必须以书面形式下达（直接从厂内各股道往正线发车或者直接从正线接车时除外，口头通知司机即可，不需下达书面计划）。

3. 计划的变更

变更调车作业计划主要指变更股道、辆数、作业方法及取送作业的区域或线路。变更调车作业计划是一种特殊情况，往往由于传达得不彻底，作业人员对变更计划不了解极易造成行车事故。所以调车作业时对调车作业计划的变更应有严格的要求。

因此，在调车作业遇需变更调车计划时，必须停止作业，由调车领导人将变更后的计划（不超过两钩时）口头向有关人员传达清楚，有关人员必须复诵，确认无误后才能开始调车作业；调车作业计划变更三钩及以上时，须重新编制调车作业通知单后执行。

3.4.4 车厂调车作业

1. 准备工作

调车作业前调车作业人员需按规定做好调车作业前的准备工作。调车前调车组成员必须按规定着装，穿戴好防护用品，并检查确认信号灯（信号旗）、对讲机工作状态良好。调车长应根据车厂调度的布置及调车作业计划的要求，开好调车作业预想会，交代作业要求和注意事项，传达作业计划。司机应认真检查机车，确保机车走行部、制动系统、电台、头灯等状态良好。调车长应亲自或指派调车员检查线路、车辆和库门状态，内容包括车辆防溜措施情况、是否进行技术作业、是否有侵限物搭靠、装载加固是否良好、是否插有防护红牌（红灯）、车库门是否打开并固定良好等。

2. 信号的显示及确认

地铁信号，是指示行车和调车运行条件的命令，行车和调车人员必须执行信号显示的要求，才能确保安全和提高生产效率。调车作业中，调车组、调车司机、扳道员等有关调车人员之间的作业命令，是依靠调车手信号来传递的，所以调车作业调车人员显示信号时，应严肃认真，做到位置适当，正确及时，横平竖直，灯正圈圆，角度准确，段落清晰。手持信号旗的人员，应左手拿拢起的红旗，右手拿拢起的绿旗。

地铁信号按用途分为列车信号和调车信号，按感官可分为视觉信号和听觉信号。视觉信号是以物体或灯光的颜色、形状、位置、数目或灯光显示等特征表示的信号。例如用信号机、机车信号、信号旗、信号牌等表示的信号就是视觉信号；听觉信号是以不同的声响设备发出音响的强度、频率、音响长短和数目等特征表示的信号。例如，用号角、口笛等发出的音响及机车鸣笛发出的信号，都是听觉信号。

地铁信号通常用不同的颜色来显示其意义。信号机显示不同颜色其代表的意义为：

列车信号：

红色：停车；

黄色：注意或减速信号；

绿色：按规定速度运行。

调车信号：

蓝色：禁止越过该信号机；

白色：允许越过该信号机。

在车厂范围内的调车作业进行信号以地面信号或手信号旗/灯为主，对讲机通话为辅。调车作业必须按照调车信号机和调车手信号的显示要求进行。没有信号不准动车，信号不清立即停车。调车作业时，调车长必须正确及时显示信号，司机要认真确认信号，并鸣笛回示，没有回示时，应立即显示停车手信号。连挂车辆时必须显示三、二、一车的距离信号和连挂信号，一车距离以 20m 为标准，没有显示三、二、一车距离信号和连挂信号不准挂车。

调车作业手信号的显示，在未装设平面调车电台时，昼间采用信号旗，夜间及天气不良时，采用信号灯显示，手持无线电台作为辅助通信工具，不得用电台取代手信号。调车手信号是指示调车工作的命令，有关行车人员应严格执行。

调动整列客车时，调车组（包括工程车司机）必须由 4 人组成，调车长在运行前方靠司机一侧显示信号，一名调车员（由客车司机担当）在客车 4 号车中部中转信号，另一名调车员（由工程车司机或胜任人员担当）在客车 2 号车中部中转信号。前方的调车员负责检查线路的状态（包括是否有其他设备侵入限界），车辆的防溜措施（铁鞋的取放）、车钩、风管的连接和摘解，以及正确显示信号。客车司机负责客车气制动的缓解和施加，检查车辆的技术状态是否良好，以及在推进运行时正确及时地显示或中转手信号。

地铁车辆段内的调车作业往西向调车时，调车长及调车员应在线路北侧显示信号，工程车司机应在北侧操纵台操纵；往东向调车时，调车长及调车员应在线路南侧显示信号，工程车司机应在南侧操纵台操纵，特殊情况下需改变调车作业方向时，调车长必须与司机商定，并严格控制速度。单机及客车自带动力运行时必须按规定换端操纵。调动 2 辆以下（含 2 辆）车辆时，可不设中转信号的调车员；调动 2 辆以上 4 辆（含 4 辆）以下车辆时，最少必须设置 1 名调车员中转信号。调动 4 辆以上及整列客车时，必须设 2 名调车员中转信号。

调车长应位于在车列的最前端显示手信号，并负责前方线路的检查和瞭望。设一名调车员时，该调车员应在靠近机车的第一节车辆上中转信号，设两名调车员时，另一名调车员应在车列中部中转信号。调车作业中，有关人员不得中断瞭望及信号的显示。信号显示中断应立即停车。

调车进路的确认：

1）牵引运行时，前方进路的确认由司机负责；

2）推进运行时，前方进路的确认由调车长负责。

进入运用库、检修库、轨道车库库内作业，在库门平交道口前一度停车后，调车长（司机）应确认库门在规定位置并锁闭良好，线路轨面无异物，无障碍物侵限或搭靠车辆，机车运行前方接触网无挂地线，无作业防护信号方可进入库内作业。进入车辆管理中心管辖的检修线作业前，调车长（司机）还必须得到车辆检修调度入库作业的许可。

信号楼值班员根据调车作业计划单和现场作业情况、机车车辆停放股道，正确、及时地排列调车进路、开放调车信号，全程监控机车车辆的移动轨迹，执行干一钩划一钩。

调车司机应根据调车长的信号准确、平稳地操纵机车，盯住信号，确认停留车位置，不间断进行瞭望，正确、及时地执行信号显示要求并鸣笛回示，信号不清或显示中断应立即停车，执行干一钩划一钩。

在车厂调车作业时，调车人员的手信号显示方式见表 3.4-1。

	车厂调车作业手信号的显示		表 3.4-1

序号	调车手信号类别	显示方式	
		昼间	夜间
1	停车信号	展开的红色信号旗,无红色信号旗时,两臂高举头上,向两侧急剧摇动	红色灯光,无红色灯光时,用白色灯光上、下急剧摇动
2	减速信号	展开的绿色信号旗下压数次	绿色灯光下压数次
3	指挥列车或车辆向显示人方向来的信号	展开的绿色信号旗在下方左右摇动	绿色灯光在下方左右摇动
4	指挥列车或车辆向显示人反方向去的信号	展开的绿色信号旗上、下摇动	绿色灯光上、下摇动
5	指挥列车或车辆向显示人方向稍行移动的信号(包括连挂)	左手拢起红色信号旗直立平举,右手展开的绿色信号旗在下方左右小摆动	绿色灯光下压数次后,再左右小动
6	指挥列车或车辆向显示人反方向稍行移动的信号(包括连挂)	左手拢起红色信号旗直立平举,右手展开的绿色信号旗在下方上、下小动	绿色灯光平举上、下小动
7	三、二、一车距离信号:表示推进车辆的前端距被连挂车辆的距离	右手展开的绿色信号旗下压三、二、一次,分别表示距停留车三车(约60m)、二车(约40m)、一车(约20m)	绿色灯光平举下压三、二、一次
8	连挂作业	两臂高举头上,拢起的手信号旗杆成水平末端相接	红、绿色灯光(无绿色灯用白色灯光代替)交互显示数次
9	试拉信号(连挂好后试拉)	按本表第5或第6项的信号显示,当列车启动后立即显示停车信号	
10	取消信号:通知前发信号取消	拢起的手信号旗,两臂于前下方交叉后,左右摇动数次	红色灯光作圆形转动后,上下摇动

序号	调车手信号类别	显示方式	
		昼间	夜间
11	停留车位置信号：表示车辆停留地点	拢起的手信号旗，单臂于前下方左右小摇动	白色灯光左右小摇动
12	车厂道岔开通信号：表示进路道岔准备妥当	拢起的黄色信号旗高举头上左右摇动	白色灯光高举头上左右小动

调车作业联系用语见表 3.4-2。

调车作业联系用语　　　　　　　表 3.4-2

项目	作业含义	标准语音	说明	作业含义	标准用语	说明
1	呼叫调车作业人员	"某某"（姓名）		要求试拉	"试拉"	然后按规定给信号
2	调车作业人员回答	"某某"有		转线快过岔报距离	"再走某某车(m)"	然后按规定给信号
3	确认调车进路开通	"某某道"开通	司机鸣笛回示	连挂妥当连接风管	"挂妥接管"	然后按规定给信号
4	向有车线挂车推进	"某某道"开通连挂	司机鸣笛回示	线路检查准备妥当	"某某道可以挂车"	然后按规定给信号
5	向空闲推进	"某某道"开通推进	司机鸣笛回示	送车对位妥当	"对位好"	
6	三车信号	"三车"	司机鸣笛回示	一度停车后挂车	"多少米挂车"	
7	二车信号	"二车"	司机鸣笛回示	向信号楼值班员请求从某道出来	"信号楼某道出"，信号楼值班员回答"某道出，信号好了。"	由调车长负责请求
8	一车信号	"一车"	司机鸣笛回示	挂距车挡（车挡不足10m的车组	"离车挡（车挡)多少米"	司机鸣笛回示
9	停车信号	"停车"	司机鸣笛回示			

项目	作业含义	标准语音	说明	作业含义	标准用语	说明
10	牵出前无须提钩	"牵出"	司机鸣笛回示			
11	车列整列启动	"启动好"	司机鸣笛回示			
12	牵出前须提钩	"提钩好"	司机鸣笛回示			
13	要求减速	"减速"	司机鸣笛回示			
14	要求鸣笛	"鸣笛"	司机鸣笛回示			

调车作业时音响信号的显示，长声为 3s，短声为 1s，间隔为 1s。重复鸣示时，须间隔 5s 以上。

客车、车组、工程车、轨道车等列车的鸣示方式表 3.4-3。

列车的鸣示方式　　　　　　　　表 3.4-3

序号	名称	鸣示方式	使用时机
1	启动注意信号	一长声 ——	(1)列车启动或机车车辆前进时(双机牵引时,本务机车鸣笛后,尾部机车应回示,本务机车再鸣笛一长声后启动); (2)接近车站、鸣笛标、隧道、施工地点、黄色信号、引导信号、天气不良时; (3)在区间停车后,继续运行时,通知车长; (4)客车在检修及整备中,准备降下或升起受电弓
2	退行信号	二长声 —— ——	客车、机车车辆、单机开始退行
3	召集信号	三长声 —— —— ——	要求防护人员撤回时
4	呼唤信号	二短一长声 • • ——	(1)客车或机车要求出入车厂时; (2)在车站要求显示信号时
5	警报信号	一长三短声 —— • • •	(1)发现线路有危及行车安全的不良处所时; (2)列车发生重大、大事故及其他需要救援情况时; (3)列车在区间内停车后,不能立即运行,通知车长时

续表

序号	名称	鸣示方式	使用时机
6	试验自动制动机复示信号	一短声 ·	(1)试验制动机开始减压时; (2)接到试验制动结束的手信号,回答试风人员时; (3)调车作业中,表示已接受调车长所发出的信号时
7	缓解信号	二短声 · ·	试验制动机缓解时
8	紧急停车信号	连续短声 · · · · · ·	司机发现邻线发生障碍,向邻线上运行的列车发出紧急停车信号时,邻线列车司机听到后,应立即紧急停车

调车长或管理人员及行车有关人员检查工作或遇列车救援、发生紧急情况没有携带信号灯或信号旗时,可用徒手信号显示。徒手信号显示方式见表3.4-4。

徒手信号显示方式 表 3.4-4

序号	徒手信号类别	显示方式
1	紧急停车信号(含停车信号)	两手臂高举头上,向两侧急剧摇动
2	三、二、一车信号	单臂平伸后,小臂竖直向外压直,反复三次为三车、二次为二车、一次为一车
3	连挂信号	紧握两拳头高举头上,拳心向里,两拳相碰数次
4	试拉信号	如本表第5或第6项,当列车刚启动马上给停车信号(第1项)
5	向显示人方向稍行移动	左手高举直伸,右手平伸小臂左右摇动
6	向显示人反方向稍行移动	左手高举直伸,右手向下斜伸,小臂上下摇动
7	好了信号	单臂向列车运行方向上弧圈做圆形转动

3. 无线调车系统使用规定

车厂配备有 3 套 ZTD-6 型无线调车设备，两套主用，一套备用。无线调车设备适用于车厂内调车作业及于工程车司机与调车长之间无线通信、信号指挥和正线工程车推进运行时的辅助联系，严禁其他与调车作业无关人员使用或挪作他用。

有关班组和作业人员严格按照《ZTD-6 型无线调车系统操作维护规程》的有关规定，做好无线调车系统的使用操作、日常管理及维护工作，确保作业安全。并做到：

（1）操作人员必须掌握无线调车系统性能和使用方法，严格按规定操作，必须妥善保管、爱护使用。

（2）无线调车系统由工程车当值人员负责保管及常规充电维护。

（3）接班后，由调车长向调车人员（含信号楼值班员）逐个呼叫，经双方通话试验良好后，方可使用。

（4）调车作业过程中，严禁关闭无线调车设备及将指定使用频道随意转换。

（5）使用无线调车系统进行调车作业时，有关各岗位密切配合，确保作业安全。信号楼值班员必须做好监控，车厂调度必须做好监听，并经常到现场检查。

（6）严格按规定用语通话，严禁用对讲机谈论与作业无关的内容。

（7）调车作业必须认真贯彻单一指挥的原则，除调车长外，原则上其他人员均不得直接指挥司机动车。当调车长通话时，其他人员不得按下通话按钮，避免干扰。

（8）现场调车人员应根据作业要求，站在便于前后瞭望的位置，加强联系。不准在建筑物内或离开作业地点遥控指挥作业。

如无线调车系统故障不能使用时，应由车厂调度组织足够的合资格调车作业人员，使用信号旗（信号灯）进行调车作业。

调车作业过程中，司机和调车长应严格执行换端操作及指挥的规定。车列推进时，调车长应在车列前端的适当位置瞭望及指挥，不得远离岗位进行遥控指挥。司机应密切注意机车台的灯显信号及语音提示，严格按信号显示行车并及时鸣笛回示。同时，司机还应注意车列及作业股道的动态及停留车位置，掌握主动安全，做好联控互控，遇非常情况应果断立即停车。

调车作业时调车长应灵活使用系统的通话功能与司机进行通话，核对作业股道和作业内容，执行唱一钩干一钩，并利用通话功能进行辅助指挥，以便司机准确对位或者连挂，确保安全。在车厂调度、信号楼值班员处各配备一台具备无线调车系统频道的400MHz便携台，由车厂组负责日常使用、管理和维护。该便携台专门用于与调车作业人员的联系，不得挪作他用。调车作业前，调车长应与车厂调度、信号楼值班员分别进行无线调车系统的通话试验，试验通话良好后方可进行作业。

调车作业中，车厂调度、信号楼值班员与调车长或司机进行联系时按住通话发射按钮的时间原则上不得超过 8s，并应避免频繁与调车长、司机通话，以免影响作业安全。如因实际情况确需与调车长、司机进行长时间通话，应通知调车长或司机在某股道待令，待车列进入作业股道停轮后，方可进行通话。

在厂内调车时发现该平面调车电台电量不足时，司机应及时用"400M"电台及时通知车厂调度和信号楼车车厂调度立即安排停止作业，调车指挥人要在最短的时间回轨道车库完成电池更换工作。

ZTD-6 型无线调车系统指令见表 3.4-5。调车及调试作业联控用语见表 3.4-6。

ZTD-6 型无线调车系统指令表   表 3.4-5

序号	按键方式	显示方式	辅助语音	指令含义
1	红	红灯	停车、停车	停车信号、终止领车
2	绿绿	绿灯长亮	推进、推进	启动、推进信号
3	绿（长按）	绿灯闪数次后熄灭	启动、启动	牵出、单机启动信号
4	绿、红	绿红灯交替后绿灯长亮	连接、连接	连接信号

序号	按键方式	显示方式	辅助语音	指令含义
5	黄、黄	黄灯闪亮后绿灯长亮	减速、减速	减速信号
6	黄(1.5s)	黄灯长亮	三车	三车信号
7	黄(0.5s)	黄灯长亮	二车	二车信号
8	黄(0.5s)	黄灯长亮	一车	一车信号
9	黄(0.5s)	黄灯长亮	减速、减速	减速信号
10	黄、绿	黄灯长亮	二车、二车	直发二车信号
11	黄、红	黄灯长亮	一车、一车	直发一车信号

调车及调试作业联控用语

表 3.4-6

序号	呼唤时机	联控用语		备注
		呼唤者	应答者	
1	司机换端后	司机:信号楼,某某车某某道换端完毕。完毕	信号楼值班员:某某道至某某道信号好。完毕	司机换端后再联系,不报停妥
			司机:某某道至某某道信号好。司机明白	
2	车厂列车整备作业前	司机:信号楼,某某道某某车整备作业。完毕	信号楼值班员:某某道某某车整备作业,信号楼明白	试验车载无线台,通知信号楼准备出厂进路
3	调车作业	信号楼值班员:某某车,某某道至某某道调车信号好。完毕	司机:某某道至某某道调车信号好。司机明白	
4	调车信号机故障	信号楼值班员:某某车司机,某某信号机无法开放,进路好,允许越过某某信号机调车,命令号码某某。完毕	司机:允许越过某某信号机调车,命令号码某某,司机明白	命令号码为信号楼值班员自选的三位数字,双方必须在日志上记录

续表

序号	呼唤时机	联控用语		备注
		呼唤者	应答者	
5	道岔故障,人工排列进路	信号楼值班员:某某道某某车司机(调车长),凭道岔开通手信号越过某某信号机运行至某道,命令号码某某。完毕	司机(调车长):凭道岔开通手信号越过某某信号机运行至某道。命令号码某某,司机(调车长)明白	命令号码为信号楼值班员自选的三位数字,双方必须在日志上记录
6	压信号调车	司机(调车长):信号楼,某某道某某车压信号调车。完毕	信号楼值班员:某某车司机原地待令。完毕	前方进路未准备好,不同意时
			司机(调车长):某某车原地待令,司机明白	
		信号楼值班员:某某司机,某某道至某某道进路好,同意压信号调车。完毕	司机:某某道至某某道进路好,同意压信号调车。司机明白	信号楼值班员确认进路准备好,相关道岔单锁后
7	办理试车线调试进路	司机:信号楼,某某车D51前停妥,完毕。	信号楼值班员:某某车在某某信号机前待令,完毕。	办理非进路锁闭前
			信号楼值班员:某某车调试进路好,凭信号显示及调试负责人指令动车,完毕	列车调试非进路锁闭办理好后
			司机:某某车调试进路好,凭信号显示及调试负责人指令动车,司机明白	
8	取消试车线调试进路	司机:信号楼,某某车D51前停妥,申请回库,完毕	信号楼值班员:某某车在某某信号机前待令,完毕	司机得到调试负责人调试结束,可以回库指令后

序号	呼唤时机	联控用语		备注
		呼唤者	应答者	
8	取消试车线调试进路	信号楼值班员:某某车某某道至某某道信号好,完毕	司机:某某车某某道至某某道信号好,司机明白	取消调试非进路锁闭,办理好回库进路后
9	取消调车进路	信号楼值班员:某某车司机,取消某某道至某某道调车进路,原地待令,完毕	司机:取消某某道至某某道调车进路,原地待令,司机明白	取消进路必须在车列未启动并与司机联系后方可进行

4. 调车速度的规定

调车作业要做到安全、迅速、准确,掌握调车速度是关键。车厂内因设备、线路等条件限制,在车厂内进行调车作业时应严格控制速度,遇瞭望困难或天气不良时,应适当降低速度;进行调车作业的司机,必须严格按照《地铁行车组织规则》及《车厂运作手册》等有关规定的限制速度和调车指挥人的信号操纵机车,不得超速作业。调车人员应注意观速、观距,及时、准确地显示信号发现司机超速时,必须立即显示停车信号。

调车速度是根据调车作业的特点,调车时所经过线路、道岔的允许速度,调动特殊车辆或装载特殊货物车辆的要求,以及保证调动车列运行中的安全规定。

调车作业中调车允许速度见表 3.4-7。

调车作业中调车允许速度 表 3.4-7

序号	项 目	速度(km/h)	说 明
1	车厂内空线牵引运行	25	
2	车厂内空线推送运行	15	
3	调动装载超限货物的车辆	10	
4	调动载有乘客的车辆时	10	
5	在尽头线调车时	10	

序号	项　目	速度（km/h）	说　明
6	客车在库内运用线运行时	10	
7	工程车在库内调车及客车在检修线运行时	5	
8	对位时	5	
9	接近被连挂的车辆三、二、一车时	8.5.3	
10	接近被连挂车辆时	3	
11	接近车挡时	3	
12	洗车线洗车时	3	
13	试车线运行（调试）	60	
14	试车线运行接近 200m 标时	45	
15	试车线运行接近 100m 标时	25	

在尽头线上调车时，距车挡应有 10m 的安全距离，遇特殊情况必须近于 10m 时要严格控制速度，确保安全。

5. 防溜及防护

车厂到发线、调车牵出线、洗车线、走行线、试车线、咽喉道岔区，禁止停放机车车辆，其他线路存放车辆时，应经车厂调度同意方可占用。机车车辆应停在线路两端信号机内方，并做好防溜措施。平板车及机车停放在线路上不再调动时，应连挂在一起，并须拧紧两端手闸，必要时放置铁鞋。因装卸设备需要不能连挂在一起时，应分组做好防溜，中间车组拧紧手闸，两端放置铁鞋。

客车在运用库停留时，应施加停放制动，如停放制动故障无法施加时，司机应用电台向车厂调度报告，在本车未采取其他防溜措施前，司机不得离开驾驶室。客车车辆在检修线上停留时，应连挂在一起，优先使用停放制动。如停放制动无法施加，由车辆检修调度派人在两端放置铁鞋防溜。因维修需要不能连挂在一起时，应分组做好防溜，在车辆两端放置铁鞋。

调车作业，应做到摘车时先做好防溜（电客车应恢复气制动和停放制动，工程车拧紧手闸，必要时放置铁鞋），后再摘车；

连挂时，挂妥后再撤除防溜。

铁鞋应统一放置于线路北侧钢轨的车辆两端车轮下。撤除防溜后，铁鞋应及时放归原位。铁鞋使用情况及存放地点铁鞋数量应在交接班时交接清楚。

3.4.5 调车作业安全规定

1. 调车作业安全规定

下列情况禁止调车作业：

（1）设备或障碍物侵入线路限界时，禁止调车作业；

（2）禁止提活钩及溜放调车作业；

（3）客车转向架液压减震器被拆除且空气弹簧无气时，禁止调车作业；

（4）禁止两列车或工程机车同时在同一条股道上同时移动；

（5）在封锁或接触网停电施工区域禁止安排与施工作业无关的调车作业。

在尽头线上调车时，距线路终端应有 10m 安全距离，遇特殊情况应接近小于 10m 时，应加强联系，严格控制速度。

组织两列客车或机车在同一股道作业时，应通知一列客车或机车在指定位置停轮待令，向另一列客车或机车司机布置安全注意事项及存车位置情况后，才能进行作业。

调车作业牵引、推进运行或连续连挂前，应进行试拉。在车车厂调度动客车，或调动的车列总重小于 200t 时，可以不连接风管。调车信号机因故无法开放，需越过关闭的信号机时，信号楼值班员应接通光带确认进路及道岔位置正确并将有关道岔单锁后，方可允许司机（调车长）越过该信号机。司机（调车长）得到信号楼值班员电台同意越过该信号机的通知，确认进路正确后方可（领车）越过该信号机。调车长应于司机一侧正确及时地显示信号，司机应不间断瞭望，确认信号，并鸣笛回示。没有调车长的启动信号禁止动车；没有鸣笛回示时，调车长应立即显示停车信号。信号显示错误、显示不清或显示中断，中转信号人员应立即显示停车信号并用电台紧急呼叫司机停车。司机在调车作业过程中，如发现信号显示错误、显示不清或显示中断应立即停车。

客车、工程车在车厂内通过平交道及库门前，应一度停车，瞭望平交道是否有障碍物或行人，库门是否完全打开，确认安全后方可通过平交道或进出库门。

调车信号机开放后，需要取消调车进路时，应确认列车尚未启动，信号楼值班员应通知司机及调车长，并得到应答后，方可关闭信号机。

列车进入接车线后需转线时，信号楼值班员应等待列车停稳，确认司机明确作业计划后再开放调车信号。

单机或牵引运行时，前方进路由司机确认；推进运行时，由调车员（调车长）确认。

连挂车辆规定：

1）连挂车辆，调车长应显示连挂信号和距离信号三、二、一车（三车约 60m，二车约 40m，一车约 20m）。没有显示连挂信号和距离信号不准挂车。单机连挂车辆，不需显示三、二、一车距离信号。

2）距离被连挂车辆一车时应一度停车，调车长确认被连挂车辆无作业防护标志，车上、车下无人作业，无侵限的障碍物，两车车钩状态及被连挂车辆防溜良好后，方可指挥司机挂车。

进入库内作业规定：

1）进入运用库、检修库、轨道车库取送车辆时，应在车库平交道口外一度停车，调车长（司机）确认平交道口是否有障碍物或行人，库内线路无障碍物和侵限物品、无禁动牌等作业防护标志和地线等，方可进入；

2）如进入运用库及检修库进行调车作业，机车车辆在库门口平交道前一度停车后，调车长必须与车辆检修调度取得联系，得到检修调度的许可，确认安全后，方可进入；

3）调车长（司机）应检查库内线路状态，车辆防溜和防护情况，通知有关人员停止影响调车作业的工作，出清线路，撤销防护标志牌；

4）调车长（司机）还应检查车辆装载货物的加固状态、车门及侧板是否关闭好，车上、车下是否有人作业。

调动无动力客车时，配合调车的客车司机应确认气制动和停放制动全部缓解，运行中保持车辆主风缸风压不低于 0.6MPa（如低于 0.6MPa 时，应切除客车 B09 阀），客车司机与调车长加强联系，共同确认车辆制动状态。

调车长、调车员在作业中应按《行规》的要求适时使用口笛，调车长在指挥动车或连挂前应鸣一长声，提醒有关人员，间隔 3s 后，方可显示动车信号；遇有危及安全的情况时，鸣连续短声。

调动电客车至尽头线摆放时，车辆前端距离车挡至少必须预留 3m 的安全距离。工程车在轨道车库摆放时，因受线路有效长限制，距离车挡必须至少必须预留 1.5m 的安全距离；在其他尽头线摆放时，距离车挡安全距离至少 3m。

工程机车调动电客车到架车库对好架车机位置后，机车离钩停轮时，需与车辆现场负责人联系确认并预足安全距离，以过渡车钩不进入架车线地面黄色警戒线为准。

司机必须熟悉掌握车厂线路有效长、车挡位置、熟记车辆停留位置和参照物、车长及车数等，做到心中有数。作业过程中及时调速，严格控制速度。遇信号或联系中断或情况不明时，应立即停车，掌握主动安全。

电客车本线连挂或对接试验时，车厂调度或调车长必须到场监控。司机凭《调车作业通知单》和现场负责人指令动车连挂，试拉或移动超过 1m 的，司机必须换端操纵。

2. 压信号调车安全措施

正常情况下不得压信号调车；当调车车列未能全部进入目标线路信号机内导致压信号时，信号楼值班员不得改变其原进路上（包括已解锁区段）任何道岔（包括防护道岔）的位置。因特殊情况需压信号调车，从原路返回时，司机应与信号楼联系，用语为："信号楼，某某道某某车需压信号调车"。信号楼值班员回复："某某车某某司机原地待令"。司机复诵："某某车原地待令，司机明白"。信号楼值班员在控制屏上检查确认进路，对未锁闭区段的道岔实施单独锁闭；对已解锁区段应重新排列进路并开放相关信号机。压信号时，严禁排列短进路调车。信号楼值班员再次确认进路正确后，呼叫司机："某某司机，某某道至某某道进路好，同意压信号调车"。司机复诵："某某道至某某道进路好，同意压信号调车，司机明白"。如进路中间有关闭的信号机，司机必须在该信号机前一度停车并与信号楼值班员联系，信号楼值班员确认道岔及进路正确后，口头允许司机越过关闭的信号机。

机车车辆压信号原路折返前，信号楼值班员必须通过接通光带确认进路及道岔位置正确，并将有关道岔单锁。压信号调车时，最高限速 10km/h。司机应严格控制速度，认真瞭望，确认进路和道岔开通位置正确。

3.5 车辆调试组织

3.5.1 概述

为了能让列车安全舒适的投入运营服务，在车辆段设立了一条仿照正线功能的线路即试车线，以便及时查找列车故障、测试列车性能等。试车线、试车联络线，除调试列车外不得停放机车车辆。

地铁试车线一般有效长为 800m 及以上。试车线走行距离短，因此，允许调试速度一般不能超过 60km/h，超过 60km/h 时必需按特殊情况处理。试车线设有两架信号机，平时显示蓝色灯光（定位），只有在办理好调试、调车进路才显示白色灯光。为了保证司机能及时控制速度，使调试列车能在规定距离内安全停妥，线路两端分别设有 200m 标、100m 标。在调试时，运行接近 200m 标时，速度不能超过 45km/h；运行接近 100m 标时，速度不能超过 25km/h。

3.5.2 车辆调试准备工作及试车房管理

1. 车辆调试的准备工作

调试车辆大多处于不稳定状态的特点，因此一切调试必须要有计划有步骤地进行。客车需上试车线调试时，由车辆检修调度提前4h提报计划；非运营时间上线不载客调试时，由车辆管理部门按施工检修计划的有关规定提前向施工管理部门提报施工检修计划；运营时间上线载客调试时，由检修调度向车厂调度度提报计划，由车厂调度按规定向行调申请。OCC行车调度员发布相关调度命令后，信号楼值班员按列车办理调试列车出入车厂作业。

车厂调度根据调试方案和计划通知客车队长安排司机，并通知信号楼值班员配合实施。如属车辆计划修后的调试，需通号人员配合时，车辆调试负责人应提前向通号部门提出配合申请，由检修调度传真给自通号调度，由通号调度负责安排。

通号调试配合人员应于规定时间前到达试车线设备室，做好进路配合准备工作。车辆调试负责人应按批准的时间在30min内到达试车线设备室，向通号配合人员简要说明调试配合要求，并提供联络工具。

2. 试车线信号控制室管理办法

试车线信号控制室由乘务负责管理，试车线信号控制室在平时及列车调试期间可以无人值守。因试车线信号控制室与机械室间在一个大房屋内，将试车线信号控制室与机械室间的通道门两端分别由通号部门和乘务加锁，防止无关人员未经授权进入控制室或机械室。平时自动监控部人员需进入信号控制室进行设备巡检及维护，由作业负责人到车厂调度处办理钥匙借用手续。试车作业时，如果纯属车辆调试，原则上由乘务派人通过控制台与信号楼值班员协同办理调试列车进入试车线以及调试列车试车完毕后从试车线回库的进路。但，如属信号调试，则由乘务派人与信号楼值班员办理好非进路锁闭、通号车间信号调试负责人签认后，试车线信号控制室及控制台的管理和使用权移临时交给通号车间信号调试组。

3.5.3 车辆调试程序及进路办理

1. 试车线车辆调试作业进路办理程序（表3.5-1）

试车线车辆调试作业进路办理程序 表 3.5-1

序号	作业项目	责任人	作业程序
1	(1)调试列车出库	信号楼值班员	根据车厂调度布置的调试调车作业计划,按规定排列调试车辆停留股道至试车线的调车进路
2		司机	确认调车进路和信号进入试车线西端,在规定信号机前停妥后,用无线电台向信号楼值班员报告停妥
3	(2)办理试车进路	调车长	通过与信号楼联系以及按下"接通光带"按钮,确认客车已在规定信号机前停妥后,按压试车台上的请求试车按钮,"试车请求"灯亮(如需马上取消试车请求,可按下"请求取消"按钮)
4		信号楼值班员	确认客车已停妥,控制台"试车请求"表示灯亮后,按(点)压控制台(控制屏)上的"非进路锁闭"按钮,建立非进路调车进路,并确认信号及光带正常
5		调车长	确认试车台上的"非进路"表示灯亮,按压"试车"按钮,确认光带及信号显示正常后,通知司机试车进路准备好,可以开始试车
6	(3)开始试车	司机	得到试车领导人动车的指示后,确认信号和进路正确后,开始试车。试车过程中,司机凭开放的信号机往返运行,如信号机关闭、显示不正确或无显示,司机应立即停车
7	(4)试车结束	司机	根据试车领导人的指示结束试车,把车开到规定信号机前停妥后,用无线电台通知信号楼值班员试车结束,列车在规定信号机前停妥,等候回库
8		信号楼值班员	接到司机试车结束的通知后,向车厂调度报告
9		车厂调度	根据作业布置安排列车回库计划,并指调车长到试车线信号控制室办理结束试车的作业
10		调车长	进入试车线信号控制室,确认列车已在规定信号机前停妥,与信号楼值班员联系确认后,拔出"试车"按钮
11		信号楼值班员	确认控制台上"正在试车"指示灯熄灭,列车已在规定信号机前停妥后,拔出"非进路锁闭"按钮,取消非进路调车进路,结束试车
12		信号楼值班员	根据车厂调度布置的调车计划,排列好列车回库的调车进路,通知司机回库进路好
13	(5)调试列车回库	司机	确认调车信号和进路回库

试车信号的开放：列车按调车方式进入试车线规定信号机前方后，试车线控制人员按压"试车请求"按钮，信号楼控制台"试车请求"指示灯亮，信号楼值班员按压"非进路锁闭"按钮排列好非进路试车进路，试车线控制室按压"试车"按钮后开始试车，信号楼控制台"正在试车"指示灯亮后，信号楼将不能再操纵试车线的信号设备。试车结束后由试车线控制人员按压"试车"按钮，信号值班员确认"正在试车"指示灯熄灭后，取消试车进路，试验列车按调车方式返回库内。

2. 特殊情况下的试车作业：

特殊情况下需进行 60km/h 以上的试车时，还应执行如下程序：

（1）主持试验的单位（部门）应提报周调试计划或日变更计划及开具"施工作业令"（如属临时抢修则直接向车厂调度提报口头临时抢修计划，不需填写《临时抢修计划申报单》），并根据试验的项目指定试验负责人。如外方人员担当试验负责人，则由车辆部门指定胜任人员负责翻译工作。

（2）试验负责人须提前主动联系、组织和协调有关配合部门和所需的资源，并全面负责试验的安全。

（3）试验负责人须在计划实施前不少于 12h（节假日和周末为休假前一天的上午 10 时前）将填写好的"试车线车辆 60km/h 以上试验作业单"提报给车厂调度，由车厂调度和车辆检修调度根据对应的施工计划安排协调并共同协助组织实施该项作业。

（4）临时抢修（仅限因故障回厂或在车厂的备用车）可由试验负责人临时提报"试车线车辆 60km/h 以上试验作业单"，其他程序和要求不变。

3.5.4 调试安全措施及有关规定

1. 试车进路办理安全措施

试车作业是多岗位，多工种相互配合共同完成的一项作业。因岗位多，人员素质不一，在试车作业进路办理上存有许多不安全因素，将各岗位严格规范起来，用制度来约束工作人员互控，自控是调试作业安全进行的必要条件。

（1）车厂调度在下达试车作业计划前，必须确认试车线无机车、车辆占用，无影响试车的施工、检修作业，线路及线路两旁无侵限物、障碍物，试车线及客车走行的经路接触网供电正常，试车线信号设备正常。

（2）信号楼值班员在排列客车进入试车线的进路前，应与车厂调度联系，确认试车线出清，试车线及客车走行经路接触网供电正常，做好联控互控。同时，应确认试车线信号设备无异常。

（3）调车长应在调试车辆进入试车线前15min完成试车线的检查巡视工作，确认线路出清后向车厂调度报告，并在试车前15min到达试车线信号控制室，检查控制台设备无异常后，按上述程序与信号楼值班员协同办理试车进路。

（4）控制台上的"试车请求"、"请求取消"、"试车按钮"、"接通光带"4个按钮的操作权归乘务室调车长，其他人员禁止操作和触动；上述4个按钮以外的其他按钮，调车长不得操作和触动。

（5）办理好试车进路后，信号楼值班员和调车长应各自确认信号楼及试车线控制台的信号灯、指示灯、光带及按钮位置正确并互相通报后，调车长方可锁好控制室的门窗离开。

（6）如属车载信号调试，调车长应携带"试车线用房及控制台管理及使用权交接本"，在办理好试车进路后，与通号车间信号调试负责人办理好交接、签认手续后，携带"交接本"返回。此时，控制室和控制台的管理、使用权临时移交给通号车间信号调试人员，由通号车间信号调试人员负责控制室、控制台及试车线信号的安全。

（7）信号调试完毕后，由通号车间信号调试负责人与车厂调度联系结束调试的事宜，待乘务室派人到达控制室并由双方进行签认交接后，信号调试负责人方可离开。

（8）司机必须严格按照信号显示和限制速度试车，不间断瞭望，如发现信号机关闭、显示不明、显示不正确时，应立即停车，并向信号楼值班员报告。

2. 60km/h 以上试车时的安全要求

（1）试验负责人应提前组织有关人员对试验车辆的安全技术状态及牵引、控制、制动系统作详细的静态检查，并确认状态良好。

（2）维修工程部负责确保试车线线路、信号等行车设备状态良好并做好相关配合工作。

（3）试验负责人须根据试验的需要召集有关人员召开试验预备会，明确试验方法、程序和要求，提出安全措施，明确车上各人的分工。同时，试验负责人须在司机操纵端的副驾驶台处指挥并监控司机动车。

（4）开始调试（试验）前，须以不超过 40km/h 的速度在试车线运行不少于 4 个单程，以检查和清洁轨面。

（5）试验前，必须在客车的两端驾驶室分别先做一次 60km/h 的紧急制动试验，试验合格后，方可进行 60km/h 以上的试验。

（6）进行 60km/h 以上的试验时，在任何驾驶模式以及任何情况下，不论当次试验有无达到试验的目的和效果，都必须在运行方向的"制动标"处至少施加 100% 的制动，直至列车停车为止。一旦发现有异常情况危及安全时，试验负责人、司机或随车试验人员须果断拍下紧急停车按钮。在 ATO 驾驶模式下，可以采用 ATO 启动和加速，但是禁止采用 ATO 停车。

（7）试车最高速度不得超过 80km/h；距线路终点 200m 时限速 45km/h；距线路终点 100m 时限速 25km/h。

（8）试车过程中，若前方制动距离不足时，应换端运行退回线路终端再开始试车，严禁臆测行车；当试验速度大于 60km/h 时，如因操作等原因达不到试验的目标速度，严禁采用惰行、常用制动调速或重新加速的方法来调整制动初速，以免错过制动时机。

（9）60km/h 以上的试验应安排在白天的 9：00～18：00 之间进行。试验负责人应严格掌握，在夜间以及雨、雾、大风等天气不良情况下或试车线轨面清洁度及设备状态不良时，不得进行试验。

3.6　洗车作业组织

3.6.1　概述

随着现代科技的发展，城市交通也得到了迅速的发展。地铁以其低污染、低能耗、运能大、速度快、安全舒适的优点成为城市公共交通的首选方式，同时对乘客的优质服务有了更严格的要求。为了实现"舒适"这一服务理念宗旨，对车辆外侧及内部的定期清洗是地铁运营不可缺少的一项重要工作。

为满足列车定期外部清洗的需求，车辆段一般在入段线旁增设一条洗车线，以便列车在回厂时洗车。洗车线起点、终端分别设置信号机（左置），其有效长度一般至少需要150m。洗车线中部设有调车信号机，定位显示红灯，只有在洗车人员同意洗车时才显示白色灯光。洗车机安装在洗车线的西段，洗车作业流程布置长度约60m，容许单向清洗列车。当不洗车时，可允许列车以8km/h的速度通过。

3.6.2　洗车机简介

1. 洗车机的设备组成及主要功能

洗车机的主要设备有预湿喷淋装置、洗洁剂洗刷装置、端头洗刷装置、水洗刷装置、最后清洗喷淋装置（再生水）、最后清洗喷淋装置（清水）、控制系统、信息显示系统、水循环和污水处理系统。洗车机担当着电客车外观清洁的工作任务，根据不同的要求可分为自动清水洗、自动洗涤剂清洗、手动清洗三种洗车模式。

洗车机的设备为室外单向通过式布置，列车的移动靠列车本身动力，由于在洗车作业时，洗车机的侧面清洗刷及端头清洗刷将侵入限界并与车体接触，因此，司机控制以3km/h的速度洗车。一般情况下，每班8h可清洗列车24列。按照洗车要求，对车辆的清洗分为清水清洗和清洁剂清洗两种，能清洗列车首尾车厢的端部和每辆车厢的外侧，可采用全自动控制与手动控制任何一种控制方式。地铁洗车设备具有强大的环保和节能特点，自身有水循环系统和污水处理系统，能够循环使用清洗列车的水，以减少洗车的用水量。每列车的清水耗量约为560L。

2. 洗车机的维护和信息显示

(1) 洗车机应经常保养，其保养按照使用时间和保养内容可分为日常保养和定期保养。其定期保养又可分为月检、三月检、半年检和年检等。地铁洗车机实行日常保养和定期保养相结合的保养制度，贯彻"质量第一，预防为主"的方针。

(2) 洗车机信息提示板的信息显示：

1) 入口清洗状况信息提示板的显示内容有"侧面酸洗（Acid side wash)"、"侧面水洗（Water side wash)"、"全列酸洗（Acid full wash)"、"全列水洗（Wat erfull wash)"、"倒退（Reverse)"、"手动（Manual)"、"不洗（Nowash)"等七种。

2) 端头及中间清洗信息提示板的显示内容有"减速（slow)"、"停（stop)"、"前进（Proceed)"、"倒退（Reverse)"等四种。

3) 洗车机共设置了8个紧急按钮，在紧急情况下，任何一个紧急按钮按下，整个洗车程序将立即停止操作。

3.6.3　洗车作业及信号操作程序

1. 洗车准备

在洗车机不工作时，侧面清洗刷及端头清洗刷禁止侵入限界，上述设备侵入限界视为异常。

因受洗车线信号设备条件限制，不能排列从洗车线西端进入洗车线的进路；因洗车需要占用正线，为节约资源，充分利用行车组织原则，因此尽量安排列车回厂洗车；这就要求，运用车辆进入洗车线洗车，车辆检修调度应在提交给车厂调度的日出车计划里注明，收车时由信号楼值班员与洗车机值班员联系并办理有关手续后直接将需清洗的列车接入洗车线至相应信号机前。

原则上不安排库内车辆进入洗车线洗车，如特殊情况需安排库内列车洗车，检修调度应提前12h向车厂调度提报计划，由车厂调度向行调申请，行调发布相关命令后，按列车出厂、进厂程序办理，列车到达正线车站站台后折返进入洗车线。

在列车进厂前 1h，由车厂调度与检修调度确认洗车计划，如列车进厂计划或洗车计划有变，车厂调度与检修调度应互相通报。客车进入洗车线后，无论洗车信号机如何显示，司机均必须在该信号机前一度停车，确认前方线路无侵限的障碍物，线路无异常，信号机开放后，根据洗车机的信息提示，与信号楼值班员联系确认整条洗车进路好了后，将操作模式开关（02S11）打到"慢行"位置，以 3km/h 的速度洗车。

2. 洗车作业信号操作程序

（1）信号楼值班员按下"洗车请求"按钮，洗车控制室按钮盘上"洗车请求"指示灯亮。

（2）洗车机操作员确认洗车机状态良好，线路出清后，按下洗车按钮盘上的"洗车库同意"按钮，洗车库按钮盘和信号楼控制台上的"洗车库同意"指示灯亮。

（3）洗车机操作员选好洗车模式后，确认洗车条件完备后，按下"洗车同意按钮，信号机开放"，开放相关信号机。

（4）信号楼值班员确认车辆在规定信号机前停妥，排通洗车线西端的进路（应排通至库内，禁止排列短进路），通知司机洗车线进路好，可以洗车。

（5）司机在规定信号机前一度停车后，确认信号机及洗车机信息提示板状态，凭开放的信号机及洗车信息板的提示进入洗车机洗车。

（6）洗车过程中，司机应严格按洗车机信息提示板显示的"减速（slow）"、"停车（stop）"、"前进（Proceed）"的内容操纵列车，清洗完列车头部后，要确认信息提示板显示"前进（Proceed）"的信息，端头清洗刷收回后，方可动车，谨防列车碰撞清洗刷。

（7）车辆尾部越过洗车信号机后，由洗车操作员按压"信号机开放"按钮，关闭该信号机。

（8）工程车需反向进入洗车线施工维修时，信号楼值班员应关闭出、入厂信号机，将相应道岔单操单锁开通至洗车线；按照正常进入将工程车调至相应号信号机前方停妥，确认道岔位置正确进入锁闭；由信号楼值班员通知司机以不超过 10km/h 的速度进入洗车线。

3.6.4　洗车作业办理有关规定

洗车线，不得停放机车车辆。因洗车线与出入段线设置较近，为了确保列车运行安全，当洗车线有车占用时，通往洗车线的转换轨禁止办理接发车，除非：已得到车厂组组长的批准，且信号楼值班员确认占用洗车线的车辆已停轮并停在相应防护信号机之间，并有足够的安全距离，车辆已做好防溜措施，现场有司机或胜任人员对停留的车辆进行监护。因信号设计的原因，洗车线只能单向行车，因此车辆在洗车线运行及洗车作业中不得后退，信息提示板显示的倒退信息（Reverse）视为无效。

车厂内客车需占用转换轨进行洗车作业时，由车厂调度报告行调批准，以调车方式组织。

3.7　车厂施工管理

3.7.1　施工计划分类、申报及审批

随着轨道交通网络形成，地铁运营线路不断增多，行车间隔要求进一步缩短，客运量大幅上升，在运营安全保障上的要求将更高，对运营安全也提出了更为严峻的考验。设备的性能稳定是这一切安全运营工作的基础。如何完善设备稳定性能、安全提高建设效率，满足高要求、高效率、高安全的运营、建设需要，学习施工作业中各种流程，了解各类施工的安全防护要求是地铁安全建设、运营的必然要求，对今后实际工作能高效安全的组织协调好各类施工作业具有重大的意义。

地铁运营线行车设备的施工作业管理是个系统工程，它具有点多、线长、施工作业时间短、各专业交叉作业多、工作量大、施工地点在轨行区，施工的时间在夜间运营结束后等特点。如何在有限的时间空间和平面空间内计划、组织、指挥、协调和控制

好各项施工作业，减少管理漏洞，是地铁运营安全管理体系的一个重要组成部分。

1. 施工作业的分类

地铁行车设备分别有轨道、供电、机电、信号、通信等十多个专业组成，各专业设备都要按照检修周期与工作内容对其设备进行检修，申报计划多。因此将各个施工作业分类管理将直接影响到施工作业的合理分配、安全进行、密切合作。

（1）施工计划按申报时间分为：周计划；日变更计划；临时抢修计划。

（2）施工计划按作业地点和性质分为：

1）在正线进行，影响正线、辅助线行车，需要开行工程列车，并需停止接触网供电作业的施工为 AA 类；

2）在正线进行，影响正线、辅助线行车，需要开行工程列车、电客车但无需停止接触网供电作业的施工为 AB 类；

3）在正线进行，影响正线、辅助线行车，需停止接触网供电作业但无需开行工程列车的施工为 AC 类；

4）在正线进行，影响正线、辅助线行车，无需停止接触网供电作业、无需开行工程列车、轨道车的施工为 AD 类；

5）在正线车站、变电所（不含车厂）、OCC 大楼等地点进行，不进入行车线路但影响行车的为 AE 类；

6）在正线车站、变电所（不含车厂）等地点进行，不进入行车线路亦不影响行车的为 AF 类；

7）影响车厂线路行车，需开行工程列车并需停止接触网供电作业的施工为 BA 类；

8）影响车厂线路行车，需要开行工程列车、电客车但无需停止接触网供电作业的施工为 BB 类；

9）影响车厂线路行车，需停止接触网供电作业但无需开行工程列车的施工为 BC 类；

10）影响车厂线路行车，无需停止接触网供电作业、无需开行工程列车的施工为 BD 类；

11）在车厂范围内（含变电所）进行，不进入行车线路但影响行车的为 BE 类；

12）在车厂范围内（含变电所）进行，不影响行车的（含利用列车间隔作业）为 BF 类。

2. 需要提报周施工计划的范围

行车设备维修施工应充分利用非运营时间进行；在运营时间内，原则上不准对影响行车、影响客车进出厂以及影响运营服务质量的有关设备进行检修施工作业。因此，施工计划应把握好所属类别。

（1）对于下列情况中属正常修程内的应提报周计划：

1）需乘务派出司机协助的车辆、列车调试作业（不含临修的调试）；

2）需开行工程列车（含轨道车）的检查、维修、施工、运输作业；

3）影响或可能影响行车的设备检查、维修、施工作业（如：在设备房或传输通道进行的通信、信号、接触网供电、洗车机等设备的检查、维修、施工作业，影响或可能影响设备使用时）；

4）需要进入正线及辅助线的检查、维修、清洗、消杀、施工作业；

5）屏蔽门的检查、维修、清洁、保养、施工作业；

6）需停止接触网供电的检查、维修、施工作业；

7）影响或可能影响运营服务设施使用、运营服务水平以及其他部门生产办公的检查、维修、施工作业（如：停止低压供电影响或可能影响运营服务设施使用时）；

8）不进入线路，但需其他部门配合的作业；

9）不进入线路，但需进入车站各设备房的检查、维修作业；

10）需要进入车厂行车线路（含设备限界内）、车厂变电所的检查、维修、施工作业。

（2）对于周计划内日作业项目的变更，应提报日变更计划。

（3）运营时间内发生行车设备故障需抢修的或临时抢修后须在运营时间外继续进行的行车设备维修作业，运营期间发现的设备故障可在运营时间外进行的维修作业，应提报临时抢修计划。

3. 施工作业申报审批过程

各部门于每周三上午（动车作业于每周二上午）提交下一周的设备调试检修施工计划，施工管理部门每周四组织有关人员召开施工协调会，协调下一周的施工计划，对相冲突的作业进行调整，并根据施工协调会的协调结果，于每周五（遇节日放假时，应适当提前）11：00前对各部门提报的施工计划审批完毕，并在资产管理系统中的《施工行车通告》中公布（外单位的施工计划由负责提报计划的部门归口）。

（1）周计划的申报流程

各部门于周一下班前通过电子流程系统提报下周的需开行电客车及工程车或需开行电客车及工程车配合的作业，由施工管理部门施工计划工程师汇总并核准后于周二上午10：00前在资产管理系统中公布，各部门在此基础上申报其他计划。凡需使用电客车调试或配合作业的，申报计划前应商得车辆部门的同意。

1）各施工单位车间工程师于周二下班前申报下一周的施工计划

① 运营分公司外的单位（以下简称：外单位）施工计划的申报：

由施工单位填写《周施工计划申报单》，向分公司内对口的部门车间工程师或需配合的部门车间工程师申报，由车间工程师录入施工作业管理系统，如外单位没有合资格的施工负责人必须由分公司内对口的部门指派。

② 运营分公司内各部施工计划的申报：

车务部的施工计划向施工管理部门施工计划工程师申报，并由施工管理部门施工计划工程师录入施工作业管理系统；

维修工程部、自动监控部的施工计划由各车间工程师申报并录入施工作业管理系统后提交；

车辆部的施工计划由专业（轮值）工程师申报并录入施工作业管理系统后提交；

企划部的施工计划由专业管理员申报并录入施工作业管理系统后提交；

2）上述部门外的其他部门的施工计划向施工管理部门施工计划工程师申报，并由施工管理部门施工计划工程师录入施工作业管理系统。

3）遇元旦、春节等节日放假时，应适当提前申报周计划，但须在节日前三个工作日完成申报并录入施工作业管理系统后提交。

4）各部综合技术室工程师，应于施工作业开始的前一周星期三上午（遇节日放假时，应适当提前），将审批后的施工计划提交给施工管理部门施工计划工程师，各部提报的计划应按流程规定的格式填写，并应确保部门内提报的计划不相冲突。

5）施工管理部门施工计划工程师应及时对各部提交的计划进行审核调整，于每周四（遇节日放假时，应适当提前）9：30主持召开施工协调会，各相关施工作业单位、安全技术部、车务部、维修工程部、自动监控部和车辆部派相关人员参加，协调下一周的施工计划，对相冲突的作业进行调整。

6）计划经营施工计划工程师应根据施工协调会的协调结果，于每周五（遇节日放假时，应适当提前）11：00前对各部门提报的施工计划审批完毕，各提报计划的部门据此签发作业令（如是动火作业及危险作业须经安全工程师（员）批准后送至各提报计划的部门签发作业令，由作业部门跟踪是否已签发作业令）。

（2）日变更计划的申报流程：

1）日变更计划应于工作开始前一天的15：00以前，周日、下周一的日变更计划应于周五的15：00以前（遇节日放假时，须在节前最后一个工作日15：00以前完成申报），由各部门车间工程师申报并录入施工作业管理系统提交后电话通知综合技术室审批，综合技术室审批后电话通知施工管理部门施工计划工程师，施工管理部门施工计划工程师审批并签发施工作业令后电话通知行车调度员（车厂范围内的日变更计划通知车厂调度审批，涉及正线的仍由施工计划工程师审批并电话通知车厂调度）。

2）施工管理部门施工计划工程师（车厂调度）应对照周计划的审批结果及时对日变更计划进行审批，避免施工冲突。

3）AF类的日变更计划（含临时计划）施工单位直接到车站控制室办理，由车站值班员增加登记并审批。

（3）临时抢修计划的申报流程：

临时抢修计划分为运营期间的抢修计划和非运营期间的抢修计划。

运营期间的抢修计划由OCC或车厂调度根据抢修需要直接在施工作业管理系统中增加作业（增加作业即为批准作业并可开始施工，OCC或车厂调度在增加作业时必须确认作业区域出清或将列车扣停在相应区间并下达不准动车的命令）。

非运营期间的抢修计划由各部门的车间工程师提报并录入施工作业管理系统提交后电话通知OCC或车厂调度审批（属正线抢修的报OCC，属车厂范围内抢修的报车厂调度；在车厂范围内但影响列车出入车厂的抢修需报OCC确认），临时抢修计划应及时、优先安排。

4. 施工计划的变更

在车厂内因工程车故障不能开车时，车厂调度应及时通知主任调度员和施工单位（部门）。对施工计划的变更须按日变更计划的程序办理。施工作业时间调整的要求：当日因特殊原因（如安排临时抢修计划等），施工作业时间需调整时，主任调度员电话通知提报计划的部门（外单位的由提报计划的部门通知）。

5. 施工作业凭证

《施工作业令》是施工请销点的凭证，已签发作业令的作业方可在值班员（信号楼值班员）以及行车调度员（车厂调度）的页面上显示，并进行请销点作业。

《施工作业令》应严格管理，不同的部门施工作业应由相应的施工管理部门签发《施工作业令》：

1）维修工程部的《施工作业令》由维修工程部技术室根据审批结果签发；

2）自动监控部的《施工作业令》由自动监控部技术室根据审批结果签发；

3）车辆部的《施工作业令》由车辆部设备车间技术组或DCC的检修调度根据审批结果签发；

4）外单位的《施工作业令》由负责提报计划的部门签发；

5）车务部及分公司内四大生产部门外的其他部门的《施工作业令》由施工管理部门施工计划工程师根据审批结果签发；

6）日变更计划、临时抢修计划《施工作业令》由负责审批的人员签发。

3.7.2 施工组织与请销点流程

车厂调度应本着顾全大局、全面衡量、充分利用时间及空间资源确保检修施工计划顺利兑现的原则，加强对车厂检修施工作业组织、管理和协调。相关部门（车间）应积极配合、服从安排，协调、安排好本部门（车间）的施工（检修）作业，确保检修施工计划顺利兑现。

1. 车厂维修施工管理

施工作业有运营期间的施工和非运营期间的施工之分别。在运营时间内，原则上不准对影响行车、影响客车进出厂的有关设备进行检修施工作业。对处于进路锁闭状态的连锁设备，严禁进行检修作业。如果对正在检修中的设备需要使用时，须经检修人员同意。

因道岔故障或施工、检修作业，需要使用转辙机钥匙、手摇把、钩锁器时，使用单位负责人到车厂信号楼办理借用手续，并在《车厂行车设备施工、检修登记本》上登记、签认。检修、施工作业如涉及车辆检修线的，车厂调度应及时通报车辆检修调度并经其确认和同意后，方可办理相关手续。

客车、工程车定期检修、保养作业由检修调度在每周五的16：00前向车厂调度提报下周扣修计划。车厂调度根据车辆检修调度提交的转轨计划单或扣车单在维修当日8：30点前（工程车为检修前一天的18：00前）将车辆调至相应股道。如计划变更，检修调度应在车辆回库前2h通知检修调度。临时扣修计划，凭检修调度向车厂调度提交的扣车单，由车厂调度根据当时现场作业情况妥善安排。

因配合检修、调试作业、运输货物等情况须使用客车、机车、平板车时，除按规定提出计划审批外，使用前 2h 到车厂调度处办理使用手续，如外单位使用，提前 2 天时间办理租用手续。轨检车、钢轨打磨车或外单位工程车开行前 60min 应到车厂控制中心（DCC）办理转道作业和申请开行手续。车厂维修、施工作业的请销点程序见表 3.7-1。车厂隔离开关断、合电操作程序见表 3.7-2。

<table>
<tr><td colspan="4">车厂维修、施工作业的请销点程序　　　　表 3.7-1</td></tr>
<tr><td colspan="4">请点程序</td></tr>
<tr><td>步骤</td><td>负责人员</td><td>工作内容及标准</td><td>备注</td></tr>
<tr><td>1</td><td>施工负责人</td><td>在施工开始时间前 15min 到车厂信号楼请点</td><td></td></tr>
<tr><td>2</td><td>信号楼值班员</td><td>核对施工负责人资格证与请点人无误后,录施工作业管理系统,点击相关作业项目的预请点按钮</td><td></td></tr>
<tr><td>3</td><td>施工负责人</td><td>输入工号和密码,打开施工作业令</td><td></td></tr>
<tr><td>4</td><td>信号楼值班员</td><td>填写相关内容后,信号楼值班员和施工负责人共同确认作业令各项内容正确,点击"增加请点",送车厂调度批准</td><td></td></tr>
<tr><td>5</td><td>车厂调度</td><td>核实车厂内线路占用和设备现状,确保有关范围内无与施工(检修)作业冲突的工作正在进行,确认具备施工条件后批准施工,系统自动生成施工承认号(如属车厂变电所施工,车厂调度在审核批准该项施工作业前,还须电话报电调批准,征得同意后方可办理;如遇作业区域同时包含正线和车厂线路时车厂调度在审核批准该项施工作业前,还须电话报车调度员批准,征得同意后方可办理)</td><td></td></tr>
<tr><td>6</td><td>信号楼值班员</td><td>与施工负责人共同确认车厂调度批准施工后,方可允许施工单位进入作业区域作业</td><td></td></tr>
</table>

		请点程序	
步骤	负责人员	工作内容及标准	备注
7	施工负责人	与信号楼值班员共同确认车厂调度批准施工后,方可进入作业区域作业(如该项作业需办理接触网停电手续,施工负责人还应亲自或指派合资格人员到DCC办理接触网停电手续)	
8	信号楼值班员	在《车厂行车日志》上做好记录,并执行下列工作: (1)将作业区段两端道岔锁定在开通其他线路的位置 (2)在微机连锁设备上做好防护	
9	施工负责人	按规定做好防护后方可开始作业	
10	车厂调度	亲自或指派调车长检查施工(检修)单位的防护和安全措施落实情况,并督促作业单位按计划完成作业	

		销点程序	
步骤	负责人员	工作内容及标准	备注
1	施工负责人	(1)施工(检修)作业完毕,确认施工(检修)对象及影响范围已恢复正常,现场作业人员、工器具已撤离股道 (2)如属道岔、信号检修施工,施工负责人用电台向信号楼报告作业完毕,线路出清,联系信号楼值班员进行必要的动作试验,确认状态良好后,撤除防护,到车厂信号楼办理销点手续(如办理了接触网停电的施工作业,应先到DCC办理销点及恢复送电手续)	线路出清:施工完毕后施工负责人检查所有人员携带的工具及物料撤离行车线路,所有施工人员撤离行车线路或线路巡视员巡查完毕,该段线路已具备正常行车的条件
2	信号楼值班员	(1)如属信号、道岔有关的施工,与施工负责人测试有关道岔、信号(如办理了接触网停电的施工作业,确认施工负责人已到DCC办理销点及恢复送电手续) (2)核对施工负责人证与销点人相符,由信号楼值班员登录系统,与施工负责人核对要销点的作业代码后,点击销点按钮	

续表

		销点程序	
步骤	负责人员	工作内容及标准	备注
3	施工负责人	输入与请点时输入一致的工号和密码,打开施工作业令	
4	信号楼值班员	信号楼值班员填写好完成情况后,点击销点按钮,该项作业销点完成,解除控制台上的相关防护,向车厂调度报告该项作业已销点	
5	车厂调度	核销点后该项作业结束(如属车厂变电所的施工,应向电调报告该项施工已结束;如属影响正线的施工,车厂调度还应向行调报告该项施工已结束)	

车厂接触网隔离开关断、合电的申请及办理程序

表 3.7-2

		车厂隔离开关断、合电操作程序	
步骤	负责人员	工作内容及标准	备注
1	作业人员	填写《车厂隔离开关断、送电作业登记簿》	
2	车厂调度	(1)审核有关作业计划及隔离开关操作人员是否合乎资格。 (2)确认被申请断电区域接触网未被使用。 (3)核对施工(检修)作业计划及申请表填记内容无误。 (4)执行《车厂控制中心运作程序》的相关程序,启动 FY2003→用户登录→开票→开始模拟→结束模拟→修改票→打印票→传送票→回传。 (5)将打印好的作业票和电脑钥匙交作业人员,记录发出时间、钥匙编号,并与作业人员共同签认。 (6)在"车厂线路示意图"上做好标记,并通知信号楼值班员断(合)电事项以及做好相关防护	
3	信号楼值班员	(1)接到车厂调度隔离开关断电作业的通知后,确认被申请断电区域接触网未被使用	

车厂隔离开关断、合电操作程序

步骤	负责人员	工作内容及标准	备注
3	信号楼值班员	（2）单锁并封闭有关道岔并在有关信号、道岔按钮上"戴帽"，在微机连锁上做好该区域的防护。 （3）在《车厂行车日志》上做好记录	
4	作业人员	（1）穿戴好个人防护用品，做好防护，严格按照《接触网手动隔离开关操作规程》的要求操作，执行"一人操作，一人防护"的规定，依照作业票的作业顺序使用电脑钥匙到现场进行解锁倒闸操作。 （2）每完成一步操作后同时须在作业票对应栏上打"√"。 （3）操作完毕，撤除防护（如断电操作，必须在相应的隔离开关支柱上揭挂"无电"牌；如合电操作，则应撤除"无电"牌），确认现场出清后，将操作票及电脑钥匙交回 DCC 销点	
5	车厂调度	（1）将电脑钥匙插回适配器，在FY2003软件中，按工具条上的"回传"按钮进行销票。 （2）将钥匙插回充电座充电。 （3）与作业人员共同确认，在《车厂隔离开关断、送电作业登记簿》上登记销点。 （4）在模拟屏上标示作业后的设备状态。 （5）通知信号楼值班员隔离开关断（合）电状态。 （6）亲自或指派调车长检查设备状态	
1	作业人员	填写《车厂隔离开关断、送电作业登记簿》	

续表

步骤	负责人员	工作内容及标准	备注
		车厂隔离开关断、合电操作程序	
2	车厂调度	(1)审核有关作业计划及隔离开关操作人员是否合乎资格。 (2)确认被申请断电区域接触网未被使用。 (3)核对施工(检修)作业计划及申请表填记内容无误。 (4)执行《车厂控制中心运作程序》的相关程序,启动 FY2003→用户登录→开票→开始模拟→结束模拟→修改票→打印票→传送票→回传。 (5)将打印好的作业票和电脑钥匙交作业人员,记录发出时间、钥匙编号,并与作业人员共同签认。 (6)在"车厂线路示意图"上做好标记,并通知信号楼值班员断(合)电事项以及做好相关防护	
3	信号楼值班员	(1)接到车厂调度隔离开关断电作业的通知后,确认被申请断电区域接触网未被使用。 (2)单锁并封闭有关道岔并在有关信号、道岔按钮上"戴帽",在微机连锁上做好该区域的防护。 (3)在《车厂行车日志》上做好记录	
4	作业人员	(1)穿戴好个人防护用品,做好防护,严格按照《接触网手动隔离开关操作规程》的要求操作,执行"一人操作,一人防护"的规定,依照作业票的作业顺序使用电脑钥匙到现场进行解锁倒闸操作。 (2)每完成一步操作后同时须在作业票对应栏上打"√"。 (3)操作完毕,撤除防护(如断电操作,必须在相应的隔离开关支柱上揭挂"无电"牌;如合电操作,则应撤除"无电"牌),确认现场出清后,将操作票及电脑钥匙交回 DCC 销点	

车厂隔离开关断、合电操作程序

步骤	负责人员	工作内容及标准	备注
5	车厂调度	（1）将电脑钥匙插回适配器，在FY2003软件中，按工具条上的"回传"按钮进行销票。 （2）将钥匙插回充电座充电。 （3）与作业人员共同确认，在《车厂隔离开关断、送电作业登记簿》上登记销点。 （4）在模拟屏上标示作业后的设备状态。 （5）通知信号楼值班员隔离开关断（合）电状态。 （6）亲自或指派调车长检查设备状态	

2. 隔离开关管理

车厂调度应严格掌握车厂内接触网供电状态，负责保管车厂内运用线路的隔离开关钥匙，并在交接班簿上交接清楚隔离开关的开合状态及其钥匙存放位置、数量。

在车厂内进行检修作业需使用运用线的隔离开关时，应到车厂调度处办理申请，作业时按规定办理登记手续，认真填写"车厂检修（施工）作业登记簿"和"接触网隔离开关操作登记簿"。检修作业结束后，隔离开关应及时恢复定位并加锁，钥匙及时放回原处并加锁。

隔离开关的操作，按"谁使用、谁操作、谁防护、谁负责安全"的原则办理，由各检修施工作业单位派出合格人员负责操作和防护及使用完毕后防护的撤除。

车厂调度在办理接触网隔离开关断/合电手续时，应认真确认断/合电线路、范围、起止时间、现场条件符合停/送电的要求后，方可办理。车厂调度应检查作业单位操作隔离开关人员的操作资格。

验电棒、接地线、绝缘防护用品由使用部门负责管理并按有关规定进行日常检查、保养及定期检验，确保状态良好。

3. 车厂信号及行车设备故障抢修时的报修和请点

车厂信号和行车设备故障时，由信号楼值班员向维修工程部、自动监控部等有关车间生产调度和值班人员报修，并应及时报告车厂调度。如影响正线列车的接发，车厂调度应立即向行调报告。

维修人员接报后，应及时前往信号楼和现场处理，如故障发生在车厂接发列车繁忙时段，且维修人员无法立即判断和排除故障时，可由维修人员与信号楼值班员先办理故障区域有关设备停用的手续后，由车厂调度组织实施设备故障时接发列车的程序，同时，维修人员做好抢修的准备工作。

接发列车繁忙时段结束后，车厂调度应及时安排有关抢修作业，信号楼值班员应及时通知通号维修负责人到车厂信号楼办理抢修请点登记手续。

故障修复后，维修负责人要及时出清线路，确认设备状态良好后，到信号楼办理销点和设备启用手续。

4. 车厂行车设备检修作业时限的规定

主任调度员核查周计划中当日 AA、AB、AC、AD、AE 类作业项目，车厂调度核查周计划中当日 BA、BB、BC、BD、BE、BF 类作业项目，对有冲突的施工须及时进行调整。

各作业单位要保证在登记签认的时间内完成作业，确保线路或设备按时恢复正常使用。特殊情况下，作业单位在规定时间无法完成相关作业，需延长作业时间时，应提前向车厂调度提出申请，得到车厂调度的同意后，由作业负责人到信号楼值班员处办理延点签认手续后，方可延长作业时间。

5. 施工请销点

（1）属于 B 类的作业，施工负责人在《施工作业令》规定施工开始时间前 15min 到车厂信号楼请点：

1）信号楼值班员核对施工负责人资格证与请点人无误后，由车站值班员登录施工作业管理系统，点击相关作业项目的预请点按钮。

2）由施工负责人输入工号和密码，打开施工作业令，信号楼值班员填写相关内容后，信号楼值班员和施工负责人共同确认作业令各项内容正确，点击"增加请点"，送车厂调度批准。

3）车厂调度确认具备施工条件后批准施工，系统自动生成施工承认号，信号楼值班员和施工负责人共同确认车厂调度批准施工后，方可进入作业区域作业。

4）在车辆段变电所进行的作业，在车厂信号楼办理请销点手续，车厂调度在审核批准该项施工作业前，还须电话报电调批准，征得同意后，方可允许施工作业人员开始施工，作业结束销点后应及时通知电调。

5）如遇作业区域同时包含正线和车厂线路时，施工负责人到信号楼值班员处请点，车厂调度在审核批准该项施工作业时，还须电话报行车调度员批准，征得同意后，方可允许施工作业人员开始施工。

6）外单位的施工作业如没有合资格的施工负责人，由施工配合部门派施工负责人并协助办理请点后，方可开始作业。

运营期间临时抢修计划的请点：抢修施工负责人接到需要抢修的命令后直接赶赴车站控制室/车厂信号楼，车站值班员/信号楼值班员登录系统，看到经行车调度员/车厂调度批准的"可以施工"的施工登记后，通知抢修施工负责人进入抢修地点抢修。

所有作业都必须在计划规定的时间之前完成作业并销点，运营期间的抢修计划在作业完成并线路出清后应及时通知行车调度员/车厂调度销点。

（2）B类作业施工完毕后，施工负责人在确认作业区域出清后，到车厂信号楼销点：

1）销点时，信号楼值班员核对施工负责人证与销点人相符，由信号楼值班员登录系统，与施工负责人核对要销点的作业代码后，点击销点按钮。

2）由施工负责人输入与请点时输入的工号和密码一致时，打开施工作业令，作业令将出现销点按钮，信号楼值班员填写好完成情况后，点击销点按钮，该项作业销点完成，车厂调度核销点后该项作业结束。

3）如遇作业区域同时包含正线和车厂线路时，施工销点，施工负责人在作业区域出清后，到车厂信号楼销点，车厂调度在办理销点手续时必须报告行车调度员施工结束。

（3）有关配合作业的基本要求

外单位的施工作业如没有合资格的施工负责人必须由分公司内相对口的部门配合作业并派出施工负责人。配合部门必须严格按配合要求提供配合，并按作业开始时间的要求提前做好准备，准时到场，对于配合外单位作业的，必须协助办理请、销点手续。

需其他部门配合作业的主作业部门，必须按规定的作业时间到位进行作业及办理相关手续，迟到 30min 的，视为该项作业取消，配合部门有权拒绝进行配合。需其他部门配合作业的主作业部门，在进行相关作业时，应服从配合部门的监护。

3.7.3 施工安全管理

请、销点时，施工负责人必须在"施工负责人登录"中输入工号及密码。一项施工作业可按不同作业地点设立多名施工负责人。外单位在施工作业前，必须与负责其业务主管的运营分公司对口部门签订《运营分公司承办商安全生产协议书》，签订《运营分公司承办商安全生产协议书》后，对外单位施工负有管理责任的运营分公司部门与培训中心协商，对相关的施工负责人进行三级安全教育；施工作业须临时用火时，按《运营分公司消防安全管理办法》相关管理规定办理临时动火许可证；施工作业须临时用电时，按《运营分公司临时用电管理办法》的相关规定执行；进行施工作业前，须按《运营分公司危险作业管理程序》确认是否属于危险作业，如属危险作业，按此程序的相关要求办理审批手续。

1. 施工负责人

（1）施工负责人的职责：

1）负责办理该组作业请/销点手续；

2）负责该组作业人员/设备的安全管理；

3）负责作业过程的组织指挥；

4）负责及时与车站、车厂联系作业有关事项；

5）组织设置、撤销作业安全防护设施（接触网停电及挂地线由电调组织）；

6）负责恢复施工所涉及设备的正常状态；

7）负责出清作业区域。

（2）施工负责人的条件：

1）应经过本管理规定培训和考核认证，熟知其内容；

2）熟悉该项作业的性质、内容、方法、步骤、要求等；

3）具备该项作业相关的安全知识和技能。

地铁公司外人员进入运营分公司管理范围施工时，对外单位施工负有管理责任的运营分公司对口部门到分公司综合部办理施工人员的出入证，所有施工人员进出车站时应遵守公司相关规定。

2. 施工安全防护

凡进入线路施工的施工作业人员必须按要求穿荧光衣，并根据作业性质及作业要求使用其他安全防护用品。

须停止接触网供电的施工作业，由电调负责停止相关作业区域的供电，需挂接地线的作业必须由具备操作资格的人员在作业区域两端挂好接地线，并设置红闪灯防护；作业单位及部门没有挂接地线操作资格人员的，由接触网工班人员负责在该作业区域两端挂接地线，并设置红闪灯防护。作业人员应在现场作业区来车方向设置红闪灯防护。

（1）检修、施工作业的现场防护

1）检修施工作业的防护标志为红色方牌（昼间）或红色闪灯（夜间）。

2）凡是影响行车的检修作业，均应在施工（检修）区域两端外方适当位置设置防护标志牌或红闪灯并根据需要设置安全防护人员。

3）利用线路空闲时间进行的 BF 类作业，如巡检、清扫、涂油等作业，可不设置红牌或红闪灯，但必须设置安全防护员，注意机车车辆和转辙机的运行动态，确保行车和人身安全。

4）凡在客车、机车、车辆上进行技术作业、检修作业时，应在客车、机车、车辆（组）两端揭挂"正在作业，禁止动车"标志牌。

5）施工负责人应按照规定，亲自或安排防护人设置防护标志牌。

（2）检修施工作业安全要求

1）防护人员和隔离开关操作人员应由取得地铁公司相关操作证书的胜任人员担当。

2）未设置好防护，禁止开工。

3）施工（检修）区域未注销，线路及行车设备状态未恢复到行车条件时，禁止撤除防护。

4）车厂调度（调车长）巡视检查发现有违反作业规定或作业内容、地点与请点登记内容不符者，应立即停止其作业。

（3）信号楼值班员和车厂调度的防护工作

1）信号楼值班员应将检修施工区域两端道岔开通邻线位置并加锁，同时在进路上的相关信号机设置封锁命令。

2）信号楼值班员在有关道岔、信号按钮上"戴帽"并做好记录。

3）车厂调度应在"车厂线路示意图"上做好标记和记录。

3.7.4 车厂接触网停送电管理

车厂内一般设置了一座牵引降压混合变电所，在车厂到发线、洗车线、调车牵出线、运用库停车列检线、运用库内月修线、备用停车线、试车线、试车联络线、检修库外区域及所有岔群咽喉区均架设有接触网，由牵引降压混合变电所供电。

1. 接触网供电区域的划分

车厂内接触网划分为 N 个供电区，分别用字母 A、B、C、

D、E、F 等命名，每个供电分区分别由车厂牵引降压混合变电所的每条供电臂供电。静调柜由静调供电臂单独供电。特殊情况下，如果发生车厂牵引降压混合变电所故障导致整个车厂接触网停电时，可由电调闭合设在出、入段线车厂与正线分界处的隔离开关从正线接触网往车厂送电，实现越区供电。

2. 隔离开关五防锁系统

车厂所有隔离开关、验电棒及接地线钢轨接地点、检修平台门等与供电安全相关的设备、设施，均安装了 FY2000 型微机防误锁闭系统，其原理是通过微机编码，对隔离开关电子锁及作业钥匙进行逻辑编码和控制，防止未经授权或违反设备操作规程操作设备。该系统的控制微机设在 DCC，由车厂调度和车辆检修调度根据有关规章文本规定的管理权限，分别进行控制和管理。

3.7.5 施工作业电子流程有关规定

1. 施工作业电子流程的网络管理要求

施工作业电子流程的网络维护由子自动监控部负责，自动监控部应确保网络运作正常，保证施工作业管理电子流程的顺利实施。网络维护及管理人员不得擅自修改数据库数据，需要修改流程时应征求其他各部的同意。

所有用于施工管理电子流程的操作电脑不得擅自安装与工作无关的软件，且自动完成功能中的"表单上的用户名和密码"功能必须处于删除状态，不得影响系统的正常运行。

所有与流程有关的岗位必须按规定操作，不得盗用他人工号和密码进入系统进行操作。各岗位需离开操作电脑或 5min 内不进行相关操作时，必须及时点击页面右上角的"退出系统"，以防他人进行相关操作及误操作。

2. 网络不通或临时故障时的应急请销点办法

OCC、车厂调度及信号楼、各车站以及各相关部门和岗位于每周五在资产管理系统中下载一份下一周的《施工行车通告》存于办公电脑中，一旦发生网络不通或故障时据此《施工行车通告》批准施工作业；对于日变更计划及临时抢修计划，则由行车调度员/车厂调度根据现场情况批准施工作业。遇网络不通或临时故障时，周计划、日变更计划和临时抢修计划需要统一使用施工计划申报表按作业上报流程向相关人员申报。

属于 AA、AB、AC、AD、AE 类的作业，不论是一组人员，还是分组在多个车站进入施工地点作业，施工负责人到车站控制室请点，并填写《车站施工登记表》，由车站值班员报行车调度员批准，当线路出清后行车调度员批准施工，给出施工承认号（分组在多个车站进入施工地点作业的应分别给出施工承认号），同时行车调度员也应在《施工登记本》上做好记录；属于 AF 类的作业，施工负责人到车站控制室请点，并填写《车站施工登记本》，经车站值班员批准后即可开始作业；属于 B 类的作业，施工负责人到车厂信号楼请点，填写《车厂施工登记簿》，由信号楼值班员报车厂调度批准（车厂内进行影响正线行车的作业还需经行车调度员批准），车厂调度也应做好记录，并给出施工承认号，请点生效，可以施工。

属于 AA、AB、AC、AD、AE 类作业的请点，不论是一组人员作业，还是需分组在多个车站进入施工地点作业，作业完毕后施工负责人必须到车站控制室销点，由车站值班员报行车调度员施工结束，并各自做好销点记录；需异地销点的施工作业，施工负责人应在《车站施工登记本》备注栏中注明异地销点的地点、人数，办理施工请点的车站要及时通知异地销点车站的车站值班员，并告知相应的施工承认号，销点时由异地销点站车站值班员将作业代码和施工承认号报行车调度员销点，并各自做好销点记录；属于 B 类作业的销点，施工负责人在作业区域出清后，到车厂信号楼销点，由信号楼值班员报告车厂调度施工结束，并各自做好销点记录。

3. 流程图及流程说明

（1）流程图

1）周计划及日变更计划流程图（图 3.7-1）

2）非运营期间临时抢修计划流程图（图 3.7-2）

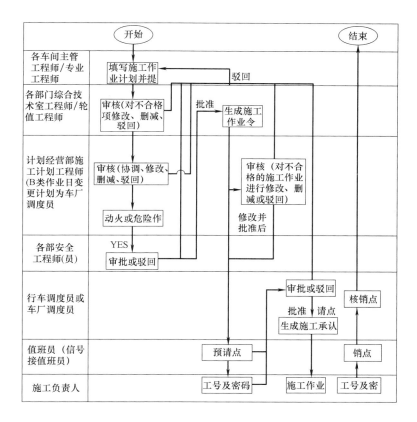

图 3.7-1 周计划及日变更计划流程图

备注：1.B 类作业的日变更计划由施工计划工程师审批改为车厂调度员审批，其他流程不变。

2. AF 类作业请销点时不需经行车调度员批准及核销点，经值班员同意即可开始施工作业。

3. AF 类作业的日变更计划由值班员直接增加并审批。流程为：开始→增加作业计划→预请点→施工负责人工号及密码→施工作业→施工负责人工号及密码→销点→结束。

3）运营期间临时抢修计划流程图（图 3.7-3）

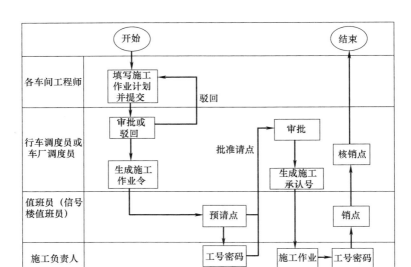

图 3.7-2　非运营期间临时抢修计划流程图

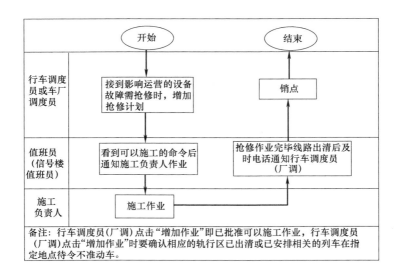

图 3.7-3　运营期间临时抢修计划流程图

（2）流程详细说明

1）周计划由各车间主管工程师/专业工程师根据工程进度，工程配合需求和已接收设备的维修周期做出下周的施工计划，对已经编写的施工作业计划提交给综合技术室工程师进行审批，对（综合技术室、施工管理部门施工计划工程师、安全技术部等）取消的作业返回到车间工程师。

2）综合技术室工程师对车间主管工程师提交的施工作业计划，进行删除、修改、取消（主要是对一些作业相冲突的作业），对已经修改好的作业提交给施工管理部门施工计划工程师进行审批，对不合格的作业取消，并返回到车间工程师。

3）施工管理部门施工计划工程师对各部门综合技术室工程师提交上来的作业进行协调、删除、修改、取消（主要是对一些作业相冲突的作业），对已经修改并审批的作业提交给综合技术室工程师生成施工作业令，（如需要动火或危险作业，提交给安全技术部或各部门安全工程师（员）进行审核），对不合格的作业取消，并且返回到车间工程师。

4）如需要动火或危险作业，需安全技术部或各部门安全工程师（员）对相关作业进行审批，对获批准的作业提交至综合技术室工程师生成施工作业令，对未批准的作业取消，并且返回到车间工程师。

5）综合技术室工程师（DCC检修调度）对已经审批的作业签发施工作业令并自动生成作业令号（如：［维］字（0322）-1号）。

6）施工管理部门施工计划工程师发现有冲突的施工作业时，可以对相关的内容进行调整、修改和删除，删除的作业返回给车间工程师。

7）车站控制室或车厂信号楼根据实际情况对某一个作业令或者多个作业令进行预请点，预请点时必须由施工负责人输入的工号和密码（外单位的输入工号"WDW"，密码为"888888"，凡使用该工号和密码的必须在施工登记簿上签名确认），点击

"增加请点"后提交给行车调度员或车厂调度进行批准。

8）行车调度员或车厂调度根据车站或车厂信号楼提交的预请点作业进行审批，对不合格的请点进行删除，对已经批准的作业令自动生成一个施工承认号，对不合格的请点取消，并且返回给车间工程师。

9）对于已经生成施工承认号的作业令，车站值班员（信号楼值班员）和施工负责人共同确认行车调度员（车厂调度）批准后方可进行作业，作业完成后进行销点，并且提交给行车调度员（车厂调度）进行核销点。

10）行车调度员或车厂调度对全部销点的作业进行核销点后该项作业结束（AF类作业在值班员处销点后该作业结束）。

4. 用户操作部分（以下某某地铁为例）

图 3.7-4 操作界面

（1）用户登录

各用户登录 http：//10.10.22.101/ 网页，点击"施工作业令管理（正式系统）"进入操作界面。

1）操作界面（图 3.7-4）

2）说明

① 用户名为自己工号，用户密码为"地铁资产管理系统"中设置的用户密码。

② 点击确定，进入自己的主页。

③ 错误提示：用户名或者密码不正确（图 3.7-5），必须输入正确的用户名和密码重新登录。

（2）各用户相同的操作界面

图 3.7-5 错误提示

1）各用户进入自己的主页后，在页面左上角显示用户的姓名、部门和职名。在右上角有"我的主页"、"全部作业""系统日志"、"退出系统"的操作按钮（图 3.7-6）。

图 3.7-6　作业界面

① 点击"我的主页"按钮，界面可以从其他页面直接返回到本岗位的主页面。

② 点击"全部作业"按钮，直接进入所有施工作业的页面（包括已批准、删除、取消的所有作业）。

③ 点击"系统日志"按钮，直接进入系统日志页面，可在页面中查找到所有用户的操作记录。

④ 点击"退出系统"按钮，页面返回到操作界面（图 3.7-4）。

2）排序方式和查询条件的使用

在用户的姓名、部门和职名的下方有"排序方式"和"查询条件"的选择按钮，各用户可以根据自己选择的排序方式和查询条件选择自己所需的作业项目，并且可以保存记录，在下次登录时不会改变，直至重新选择或取消排序方式和查询条件后，回到新的选择页面或回到自己的主页。

（3）车间工程师

1）登录进入后的主页为（图 3.7-7）

序号	作业代码	作业名称	作业区域	分类	作业时间	供电安排	状态	操作

施工作业流程管理列表　　增加作业时间为：星期一到星期三上午12点之间

增加作业　　复制作业

图 3.7-7　车间工程师登录

2）点击"增加作业"按钮进入的页面（图 3.7-8）

操作说明：

① 主工单号为"资产管理系统"中工单编号，点击 **···** 按

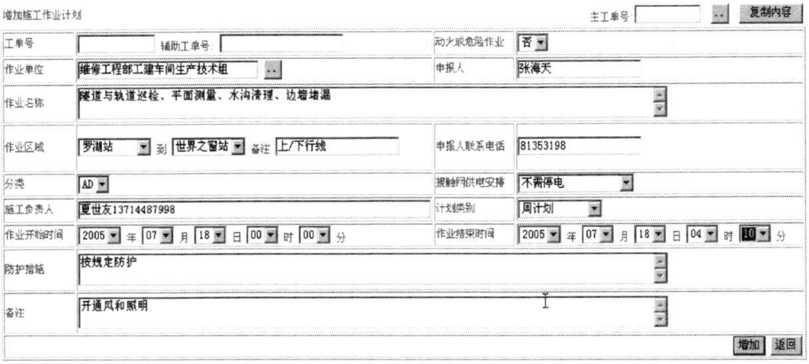

图 3.7-8 "增加作业"

钮，即可选择相对应的工单号。

② 选择好工单号后，点击 复制内容 按钮，系统自动填写"工单号、作业名称"，以上内容也可以手工填写。

③ 作业单位和申报人以登录人的用户单位和登录人的中文名称为默认值，其中作业单位可在系统所列单位中选择修改，不可以手工填写修改，申报人则不可修改。

④ 写好相关内容后，然后点击"增加作业"即增加一项施工计划。

⑤ 配合要求、施工或停电影响的范围等需说明的事项在备注栏中填写。

⑥ 增加作业成功后的页面（图 3.7-9）。

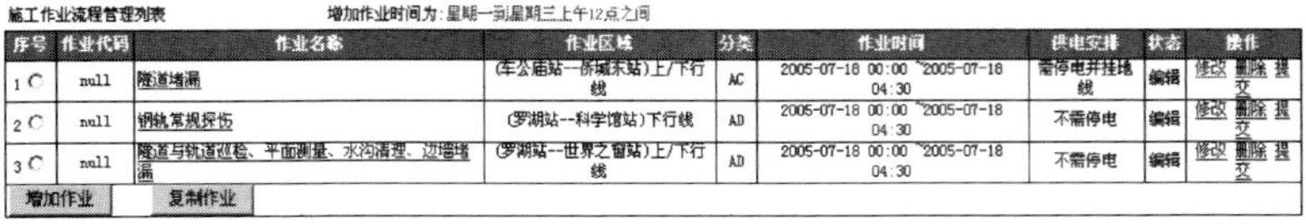

图 3.7-9 成功后的页面

修改：重新编辑修改此施工作业计划，修改好相关内容后，点击"保存"即可保存此修改的施工作业计划（图 3.7-10）。

删除：删除此施工作业计划。

提交：对已经编辑好的施工作业计划，提交给"综合技术室"进行审批。

复制作业：点击需复制的作业序号后，点击"复制作业"，可复制该项作业的各项内容，并可通过"修改"、"删除"按钮完成相关操作。

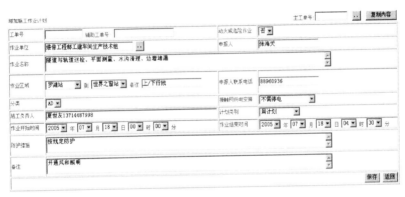

图 3.7-10　修改

3）说明

① 申报人不可以修改。

② 作业日期和作业时间只能选择，且计划开始时间不能小于当前时间、计划开始时间不能小于计划结束时间。

③ 只有提交后的作业才能审批，没有提交的作业，不能审批。

④ 填写施工负责人后，应在其后填上施工负责人的联系电话。

⑤ 作业区域选择完相应的站名后，应在作业区域备注栏中填上线别或具体作业地点，如需在罗湖至世界之窗站上/下行线以及存车线、渡线、备用线等区域作业的，应填"罗湖站"到"世界之窗站"备注"上/下行线（含存车线、渡线、备用线）"，如需在如在罗湖站牵引变电所作业的，应按"罗湖站"到"罗湖

站"备注"牵引变电所"选择填写。

（4）综合技术室工程师

1）登录进入后的主页为（图 3.7-11）

施工作业流程管理列表

批准全部作业

序号	作业代码	作业类别	作业令号	作业名称	作业区域	作业时间	状态	作业单位	申报人	操作
1	null	AC	null	隧道堵漏	(车公庙站－侨城东站)上/下行线	2005-07-18 00:00 ～2005-07-18 04:30	提交	维修工程部工建车间生产技术组	张海天	修改 删除 审批 取消
2	null	AD	null	钢轨复瓶探伤	(罗湖站－科学馆站)下行线	2005-07-18 00:00 ～2005-07-18 04:30	提交	维修工程部工建车间生产技术组	张海天	修改 删除 审批 取消
3	null	AD	null	隧道与轨道疏结、平面测量、水沟清理、边墙堵漏	(罗湖站－世界之窗站)上/下行线	2005-07-18 00:00 ～2005-07-18 04:30	提交	维修工程部工建车间生产技术组	张海天	修改 删除 审批 取消

图 3.7-11　技术室工程师登录

2）操作说明

① 修改：修改由"车间工程师"提交上来的施工作业计划。

② 删除：删除由"车间工程师"提交上来的施工作业计划。

③ 审批：把此施工计划提交给"施工管理部门施工计划工程师"进行审批。

④ 取消：把此施工计划提交给"车间工程师"重新进行修改。

⑤ 生成作业令：此操作由施工管理部门施工计划工作师审批通过（如果有动火或危险作业必须经安全工程师审批通过，图 3.7-12 右下角有一空格为安全工程师没有审批的动火作业，审批后操作栏中也显示"生成作业令"），为每一个施工作业计划生成一个作业令号，作业令号为自动生成，格式如同［维］字（月日）-本日编号。

施工作业流程管理列表

批准全部作业

序号	作业代码	作业类别	作业令号	作业名称	作业区域	作业时间	状态	作业单位	申报人	操作
1	AC1-01	AC	null	隧道堵漏	(车公庙站－侨城东站)上/下行线	2005-07-18 00:00 ～2005-07-18 04:30	车务部审核	维修工程部工建车间生产技术组	张海天	生成作业令
2	AD1-01	AD	null	隧道与轨道疏结、平面测量、水均清理	(罗湖站－世界之窗站)上/下行线	2005-07-18 00:00 ～2005-07-18 04:30	车务部审核	维修工程部工建车间生产技术组	张海天	生成作业令
3	AD1-02	AD	null	钢轨复瓶探伤	(罗湖站－科学馆站)下行线	2005-07-18 00:00 ～2005-07-18 04:30	车务部审核	维修工程部工建车间生产技术组	张海天	生成作业令
4	AD1-03	AD	null	更换钢轨	(罗湖站－国贸站)上行线	2005-07-18 00:00 ～2005-07-18 04:30	车务部审核	维修工程部工建车间生产技术组	张海天	生成作业令

图 3.7-12　生成作业令

（5）施工管理部门施工计划工程师

1）登录进入后的主页（图 3.7-13）

增加作业　复制作业　批准全部施工计划　作业令审核

施工作业列表

序号	作业代词	作业类别	作业单位或部门	作业区域	作业名称	作业时间	接触网供电安排	防护措施	施工负责人	备注	操作
1 ○	null	AC	维修工程部工建车间生产技术组	(车公庙站-侨城东站)上/下行线	隧道堵漏	2005-07-18 00:00~2005-07-18 04:30	需停电并挂地线	按规定防护	李四	开通风和照明	修改删除驳回审批生成作业令
2 ○	null	AD	维修工程部工建车间生产技术组	(罗湖站--科学馆站)下行线	钢轨窗视探伤	2005-07-18 00:00~2005-07-18 04:30	不需停电	按规定防护	张三	开通风和照明	修改删除驳回审批生成作业令
3 ○	null	AD	维修工程部工建车间生产技术组	(罗湖站--世界之窗站)上/下行线	隧道和轨道巡检、平面测量、水沟清理、边墙堵漏	2005-07-18 00:00~2005-07-18 04:30	不需停电	按规定防护	王五	开通风和照明	修改删除驳回审批生成作业令
4 ○	null	AD	维修工程部工建车间生产技术组	(罗湖站-国贸站)上行线	更换钢轨	2005-07-18 00:00~2005-07-18 04:30	不需停电	按规定防护	某某人	开通风和照明	修改删除驳回审批生成作业令

图 3.7-13　计划工程师登录

2）操作说明

① 施工作业列表"操作"栏中的操作按钮：

修改：即修改该项施工作业计划。

删除：即删除该项施工作业计划。

驳回：即取消该项施工作业计划并返回到车间工程师。

审批：即批准该项施工作业计划并提交给综合技术室生成施工作业令，审批后的施工作业计划自动生成作业代码。

生成作业令：对已审批的施工作业计划生成施工作业令（原则上只生成施工管理部门提报的施工作业计划）。

② 施工作业列表右上角的操作按钮：

增加作业：点击"增加作业"按钮进入的页面，具体操作说明见车间工程师的操作说明。

复制作业：点击需复制的作业序号后，点击"复制作业"，可复制该项作业的各项内容，并可通过"修改"、"删除"按钮完成相关操作。

批准全部施工计划：对当前页面上显示的已修改、审核的施工作业计划可以一次性全部批准，并自动生成作业代码，如选择了查询条件则按查询条件显示的作业项目一次性全部审批。

作业令审核：点击"作业令审核"按钮，进入的页面（图3.7-14）。

点击"修改"按钮，可对作业令的内容进行修改，如对作业日期和作业类别进行修改后作业代码也随之改变，修改其他各项作业代码不会改变。

点击"取消"按钮，则该项作业取消并返回到车间工程师。

序号	作业代码	作业类别	作业单位或部门	作业区域	作业名称	作业时间	接触网供电安排	防护措施	施工负责人	备注	操作
1	AC1-01	AC	辅修工程部门工建车间生产技术组	(车公庙站—侨城东站)上/下行线	隧道堵漏	2005-07-18 00:00~2005-07-18 04:30	需停电并挂地线	按规定防护	赵炳顺 28043704	开通风和照明	修改 取消
2	AD1-01	AD	辅修工程部门工建车间生产技术组	(罗湖站—世界之窗)上/下行线	隧道与轨道返修、平面测量、水沟清理、边坡维修	2005-07-18 00:00~2005-07-18 04:30	不需停电	按规定防护	夏世友 13714487998	开通风和照明	修改 取消
3	AD1-02	AD	辅修工程部门工建车间生产技术组	(罗湖站—科学馆站)下行线	钢轨探伤探伤	2005-07-18 00:00~2005-07-18 04:30	不需停电	按规定防护	张良贵 81175366	开通风和照明	修改 取消
4	AD1-03	AD	辅修工程部门工建车间生产技术组	(罗湖站—国贸站)上行线	更换钢轨	2005-07-18 00:00~2005-07-18 04:30	不需停电	按规定防护	林刚 13751138572	开通风和照明	修改 取消

图 3.7-14　作业令审核

（6）安全工程师（员）

1）登录进入后的主页（图 3.7-15）

作业代码	作业名称	状态	申报单位	申报人	作业时间	操作
AD1-03	更换钢轨	车务部审核	辅修工程部门工建车间生产技术组	张海大	2005-07-18 00:00~2005-07-18 04:30	审批 驳回

图 3.7-15　安全工程师登录

2）操作说明

① 审批：由施工管理部门计划工程师审批通过，如是动火或危险作业的施工计划，作业部门必须到安全技术部或各部安全工程师（员）处办理书面的动火或危险作业许可证，由安全工程师（员）点击审批按钮，再由"综合技术室"生成施工作业令。

② 驳回：对此施工计划表示不能进行，即可以取消并直接返回到"车间工程师"。

（7）车站值班员（信号楼值班员）

1）登录进入后的主页（图 3.7-16），但信号楼值班员没有增加 AF 类作业的权限。日变更计划、抢修计划以及动火、危险作业的显示颜色不同：日变更计划为蓝色、临时抢修计划为紫色、动火、危险作业为黄色。

2）操作说明：

① 预请点：点击"预请点"按钮，进入的页面（图 3.7-17），此时施工负责人必须输入工号和密码，输入的工号密码不正确则

作业代码	作业令号	施工承认号	类型	施工部门	施工区域	作业内容	作业时间	是否停电	已请点处数	已销请点处数	操作
ACS-01	[增]字(0715)-1	null	AC	维修工程部工建车间生产技术组	(车公庙站一侨城东站)隧道上/下行线	隧道墙漏	2005-07-15 00:00 ~2005-07-15 04:30	需停电开接地线	0	0	预请点
ADS-01	[增]字(0715)-2	null	AD	维修工程部工建车间生产技术组	(罗湖站一科学馆站)下行线	钢轨伤损探伤	2005-07-15 00:00 ~2005-07-15 04:30	不需停电	0	0	预请点
ADS-02	[增]字(0715)-3	null	AD	维修工程部工建车间生产技术组	(罗湖站一国贸站)上行线	更换钢轨	2005-07-15 00:00 ~2005-07-15 04:30	不需停电	0	0	预请点
ADS-03	[增]字(0715)-4	null	AD	维修工程部工建车间生产技术组	(罗湖站一世界之窗站)上/下行线	隧道与轨道检修、平面测量、水沟清理、边墙墙漏	2005-07-15 00:00 ~2005-07-15 04:30	不需停电	0	0	预请点

图 3.7-16 值班员登录后的主页

显示（图 3.7-18），输入正确点击"确认"后进入的页面（图 3.7-19），车站值班员（信号楼值班员）选择或填写相关内容后，点击"增加请点"按钮，该项计划将送往行车调度员（车厂调度）审批，行车调度员（车厂调度）审批后，会出现施工承认号，操作栏变为"销点、增加请点"，车站值班员（信号楼值班员）和施工负责人共同确认行车调度员（车厂调度）批准后，且符合相应的作业区域后，方可进入作业区域作业。

图 3.7-17 预清点 图 3.7-18 不正确提示

图 3.7-19 预请点登录后的界面

② 加入请点：一项作业分多组人员进行，行车调度员（车厂调度）批准后，相关的车站加入请点（但一定要确认符合批准

的作业区域）后即可进入作业区域作业。

③ 销点：作业完毕后，所负责的作业区域出清后，施工负责人到车站值班员（信号楼值班员）处销点，车站值班员（信号楼值班员）点击"销点"按钮进入的页面，此时施工负责人必须输入与请点时工号和密码一致，点击"确认"后进入的页面（图3.7-20），页面上出现"销点"按钮，点击"销点"按钮，销点完成。如销点时输入的工号和密码与请点时不一致时，页面上不会出现"销点"按钮，不能进行销点。

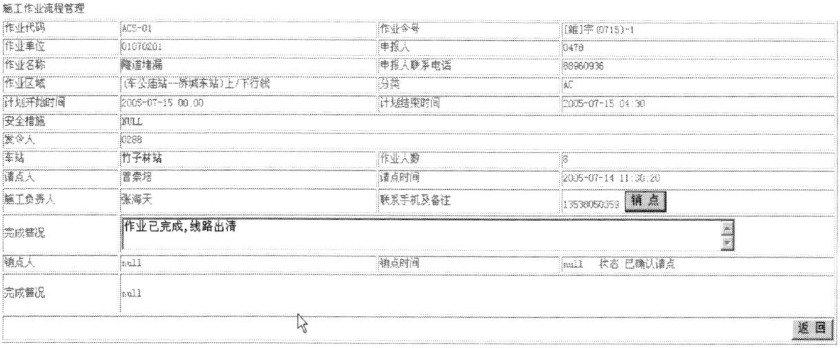

图 3.7-20 销点登录后的界面

④ 增加 AF 类施工作业：车站值班员有增加 AF 类作业的权限，点击"增加 AF 类施工作业"按钮进入的页面（图3.7-21），车站值班员填写完相关内容后（施工负责人及联系手机在备注栏中填写），点击"增加"按钮即可增加批准作业，增加的作业项目在值班员的主页面显示并可预请点。

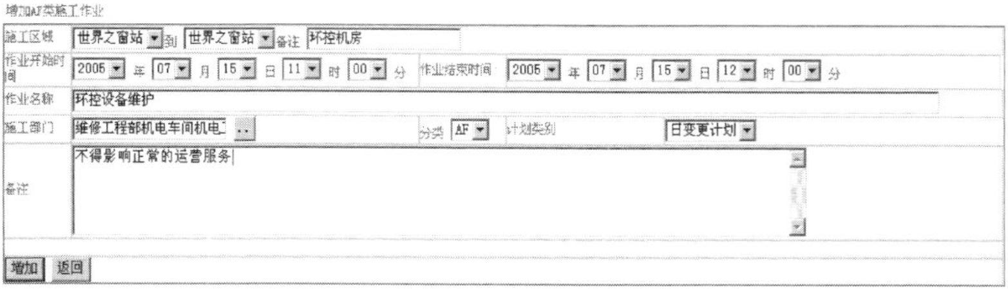

图 3.7-21 增加 AF 类施工作业进入的页面

3）说明

① 需要增加作业人数时，可按“加入请点”办理，如输入的施工负责人的工号和密码与原请点时输入的工号和密码一致时，进入的页面出现“删除”按钮，此时值班员（信号楼值班员）可点击“删除”按钮删除，并重新选择或填写相关内容后，点击“增加请点”按钮即可。如输入的施工负责人的工号和密码与原请点时输入的工号和密码不一致时，进入的页面不会出现“删除”按钮，可选择或填写相关内容后，点击“增加请点”按钮增加一个请点（但必须要销点）。

② 请点时输入的工号、密码不正确或涉及外单位的作业没有工号、密码时，可输入工号“wdw”及密码“888888”进行请点，切记请、销点时的工号和密码必须一致才能销点。凡使用工号“wdw”及密码“888888”进行请销点的必须在《施工登记簿》上签名确认，且在电子流程中的施工负责人的“联系手机及备注”栏中填上施工负责人的姓名，采取的防护措施也在该栏中填写。

③ 如发现错误填写或选择相关内容而“增加请点”后，可“删除”该预请点，步骤为：点击“加入请点”按钮，输入的工号和密码与原预请点时输入的工号和密码一致，进入的页面出现“删除”按钮，此时值班员（信号楼值班员）可点击“删除”按钮删除，并重新选择或填写相关内容后，点击“增加请点”按钮即可。如行车调度员或车厂调度确认请点时发现错误填写应电话通知相关车站或信号楼删除重新请点。

（8）行车调度员或车厂调度

1）行车调度员（车厂调度）登录后进入的主页（图 3.7-22）

增加施工登记

施工作业流程管理列表

作业代码	施工承认号	作业令号	施工部门	施工区域	作业内容	作业时间	状态	是否停电	已请点站数	已请销点站数	操作
AC5-01	未批准	[维]字(0715)-1	维修工程部工建车间生产技术组	(车公庙站--侨城东站)上/下行线	隧道堵漏	2005-07-15 00:00 ~2005-07-15 04:30	确认请点	需停电并挂地线	1	0	确认请点
AD5-01	未批准	[维]字(0715)-2	维修工程部工建车间生产技术组	(罗湖站--科学馆站)下行线	钢轨常规探伤	2005-07-15 00:00 ~2005-07-15 04:30	确认请点	不需停电	1	0	确认请点
AD5-02	null	[维]字(0715)-3	维修工程部工建车间生产技术组	(罗湖站--国贸站)上行线	更换钢轨	2005-07-15 00:00 ~2005-07-15 04:30	已发令	不需停电	0	0	等待中
AD5-03	null	[维]字(0715)-4	维修工程部工建车间生产技术组	(罗湖站--世界之窗站)上/下行线	隧道与轨道巡检、平面测量、水沟清理、边墙堵漏	2005-07-15 00:00 ~2005-07-15 04:30	已发令	不需停电	0	0	等待中

图 3.7-22　行车调度登录后进入后的主页

2）点击"确认请点"后进入的主页（图 3.7-23）

图 3.7-23　"确认请点"后进入的主页

3）点击"增加施工登记"后进入的主页（图 3.7-24）

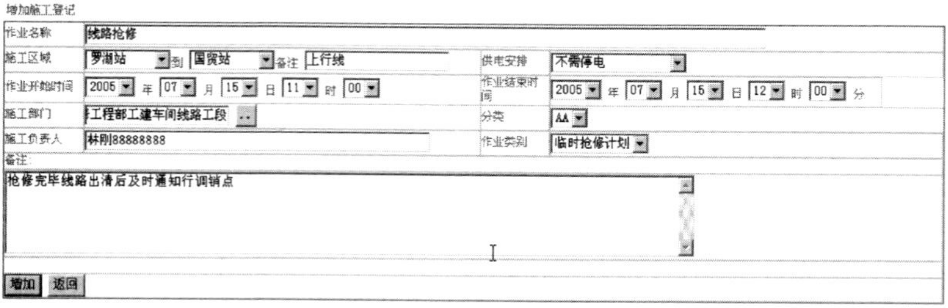

图 3.7-24　"增加施工登记"后进入的主页

4）点击"核销点"后进入的主页（图 3.7-25）

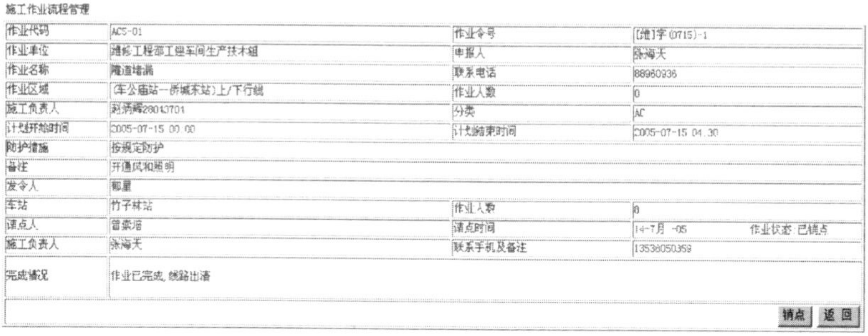

图 3.7-25　"核销点"后进入的主页

5）操作说明

① 确认请点：车站值班员（信号楼值班员）已经预请点，行车调度员（车厂调度）可以对此施工作业进行确认请点。

② 批准：确认作业令的内容正确后，同意施工作业，点击"批准"按钮，生成施工承认号（施工承认号为自动编号）。

③ 驳回：如确认该项作业与其他作业相冲突不能进行作业，点击"驳回"按钮，该项作业取消并返回给"车间工程师"。

④ 返回：如确认请点站不属于作业区域的车站时，点击"返回"按钮，并电话通知值班员（信号楼值班员）"删除"并重新预请点。

⑤ 核销点：车站已经销点，行车调度员（车厂调度）要进行核销点，因考虑到一项作业有多组人员在不同区域或一组人员在不同区域进行作业，行车调度员（车厂调度）核销点时间要尽量接近计划结束的时间。

⑥ 已销点：核销点完成后操作状态显示已销点，图标显示变为笑脸（图3.7-26）。

施工作业流程管理列表　　　　　　　　　　　　　　　　　　　增加施工登记

作业代码	作业承认号	作业号	施工部门	施工区域	作业内容	作业时间	状态	是否停电	已销点站数	已请点站数	操作
日常类作业	SZMC-624	未批准	null	(罗湖站-罗湖站)111	222222222	2005-07-14 18.00 /2005-07-14 00:00	已销点	null	2	2	三销点
AC5-01	SZMC-621	[维]字(0715)-1	维修工程部工建车间生产技术组	(车公庙站-侨城东站)上/下行线	隧道清通	2005-07-15 00.00 /2005-07-15 04:30	已销点	需停电并接地	1	1	三销点
AC5-02	SZMC-623	[车务]字(0715)-3		(罗湖站-罗湖站)	11111111111	2005-07-15 00.00 /2005-07-15 04:30	已批准	需停电但不需接地线	2	2	核销点
AD5-01	SZMC-622	[维]字(0715)-2	维修工程部工建车间生产技术组	(罗湖站-科学馆站)下行线	钢轨探伤	2005-07-15 00.00 /2005-07-15 04:30	已批准	不需停电	1	1	等待中
AD5-02	null	[车务]字(0715)-6	维修工程部工建车间生产技术组	(罗湖站-国贸站)上行线	更换钢轨	2005-07-15 00.00 /2005-07-15 04:30	已发令	不需停电	0	0	等待中

图3.7-26　"已销点"界面

6）注意事项

① 增加施工登记：如遇运营期间的紧急抢修或其他特殊情况时，行车调度员（车厂调度）可点击该按钮增加并批准作业计划，由于一旦点击（图3.7-24）中的"增加"按钮成功，值班员（信号楼值班员）的页面即显示"可以施工"，允许进入作业区域作业，因此在点击"增加"时一定要确保作业区域出清或将列车扣停并下发不准动车的命令（注：行车调度员不能增加AF类的作业，如要增加在OCC范围内的AF类作业，可用车站值

班员的工号登录增加）。

② 行车调度员（车厂调度）的主页面 90s 自动刷新一次。

（9）常见错误

登录超时，将会出现（图 3.7-27）的显示，说明用户登录系统后，很长时间未进行操作，要重新输入工号和密码后再登录。

图 3.7-27　登录超时

4　信号楼值班员

4.1　信号楼值班员岗位

4.1.1　岗位介绍

（1）在行调和车厂调度的指挥下，负责办理列车出入车厂、调车进路的安排和正线 HMI、车厂 MMI 的操作，认真执行"一人监控、一人操作"，"无人监控、禁止操作"的制度，确保车厂运作安全。

（2）合理运用车厂内线路，充分利用平行作业，确保列车出入车厂和调车作业有序进行。

（3）严格执行车辆调试、试验的有关规定，监控好车辆在试车线上调试、试验工作。

（4）严格执行施工防护规定，接到通知后及时对施工区域按要求进行防护，并将防护情况及时汇报车厂调度。

（5）监视信号显示和列车出入车厂运行状况，发现异常及时向车厂调度报告。

（6）发生设备故障立即通知有关人员，并做好记录。

（7）严格执行降级运营的有关规定，组织列车进出车厂。

（8）配合车厂调度员完成上级下达任务，组织好车厂运作，保证生产安全。

4.1.2　岗位职责

（1）根据列车运行时刻表、车厂施工计划、车厂收发车计划单及车厂调度员的命令指示，执行落实各项工作计划，完成车厂各项生产任务，保持车厂安全、高效、规范运作。

（2）执行信号楼微机连锁设备的操作程序，及时了解作业情况，掌握车厂内机车车辆运行动态及停放位置，掌握车厂内接触网的供电状态。

（3）设备故障时及时准确的向厂调报告，做好防护并登记。

（4）建立并记录各类生产台账，爱护设备，保管好行车备品，当班期间做好信号楼生产场所的卫生工作，认真执行交接班制度。

（5）完成领导交办的其他工作。

4.1.3 作业流程

1. 出勤

（1）信号楼值班员在休班时应妥善安排自己的生活。出勤前需充分休息，班前 8h 严禁饮酒和含酒精类的饮料，保证以充沛的精力投入行车工作。

（2）为保证行车工作连续性，信号楼值班员应按照规定提前到岗，办理交接工作。

（3）接班人员应认真听取交班值班员传达的有关行车工作的命令、指示和注意事项。

（4）交接班内容：

本班车厂内及正线行车概况；

列车、工程车开行计划；

车厂内股道运用及接触网供电情况；

洗车、试车作业计划情况；

车厂内行车设备施工、检修作业情况；

行车有关设备、施封铅封状态、备品使用情况；

行车有关命令、指示及台账情况等。

2. 当班期间

（1）操作微机设备时，严格执行操作规程；

（2）填写台账及时，填写内容规范准确；

（3）联控时标准用语，清晰正确；

（4）接收命令注意核对记录，口头通知时正确复诵；

（5）监控设备状态发现故障及时上报。

3. 退勤

（1）交班信号楼值班员完成交接班后，方可退勤。交接班必须将工作交清交明。

（2）若有异常情况时及时汇报。

（3）发生行车安全事件时填写行车安全信息事件报单，并主动协助事件调查。

4.1.4　岗位作业标准

在操纵道岔、信号按钮时，要眼看、手指、口呼，操作过程中必须严格执行"一人监控、一人操作"及"一看、二按（点）、三确认、四呼唤"的程序。

眼看：眼看所要按压的按钮；

手指：右手中指和食指并拢成剑指，指向所要按压的按钮；

口呼：使用普通话呼唤："某某道（信号机）"；

一看：眼看所要操作的设备或按钮；

二按：按下或操作设备；

三确认：确认设备按钮或操作无误；

四呼唤：使用标准用语进行呼唤。

4.2　信号设备

4.2.1　信号装置

1. 信号装置的定义

信号装置是指示列车运行条件的信号及附属设备。通过色灯的显示，提供列车运行的条件，拥有一系列显示的设备称为信号机。

（1）信号机由机柱、机构、托架、梯子、基础组成（此一般指高柱信号机，若矮型信号机则无梯子）。机构是由透镜组（聚焦的作用）、灯座（安放灯泡）、灯泡（光源）、机箱（安装诸零件）、遮檐（避免其他光线射入）、背板（增大色灯信号与周围背景的亮度）等组成。

（2）转辙机的功能有：转换道岔、锁闭道岔、给出表示。转辙机按用电性质，可分为直流电动转辙机和三相交流电动转辙机。转辙机按道岔锁闭位置，可分为内锁闭和外锁闭。转辙机按动力，可分为电动和液压。

（3）信号机的分类：信号机按高矮可分为高柱信号机与矮型信号机。信号机按作用的不同可分为：防护信号机、阻挡信号机、出段信号机、入段信号机、调车信号机、发车兼调车信号机。

（4）各种信号灯的显示意义：发车兼调车信号机有三种显示颜色（图 4.2-1），分别为红、黄、白。红灯显示意义为禁止列车越过该信号机。黄灯显示意义为进路开通，允许列车越过该信号机。白灯显示意义为进路开通，允许越过该信号机进行调车作业。阻挡信号机有一种显示颜色，为红灯。红灯显示意义为禁止列车进入该区段或禁止越过该信号机。

（5）走行线调车信号机有两种显示颜色（图 4.2-2），为蓝灯、白灯。蓝灯显示禁止调车，白灯显示允许调车。停车线调车信号机有二种颜色显示，为红灯、白灯。红灯显示禁止调车，白灯显示允许调车。

图 4.2-1　发车兼调车信号机　　图 4.2-2　走行线调车信号机

2. 信号开放的基本条件

（1）进路上的各组道岔位置要正确，且被锁闭。

（2）进路上的各个区段要空闲。

（3）敌对进路未建立而且要锁闭在未建立状态。

4.2.2 连锁装置

连锁装置是保证在车站、车厂范围内，行车和调车安全及提高通过能力的设备；道岔、进路和信号三者之间相互制约、相互依存的关系称为连锁。实现连锁的设备叫做连锁设备。连锁信息的采集：道岔的位置、区段的情况、信号机的开放状态。

信号机、进路和道岔相互制约的关系：

（1）进路上的有关道岔开通位置不对或敌对信号机未关闭时，防护该进路的信号机不能开放；

（2）防护该进路的信号机开放后，该进路上的道岔不能被扳动，其敌对信号机均不能开放；

（3）列车或机车车辆驶入进路后（调车进路为出清后），防护该进路的信号机立即关闭，禁止其他列车或机车车辆再驶入。

4.2.3 闭塞装置

闭塞装置是保证在区间内行车安全及提高通过能力的设备。由车站向区间发车时必须确定区间内无车，还要防止两个车站在同一线路上向同区间发车。这种按照一定的方法组织列车在区间内的运行，一般称为行车闭塞，用来联络的设备称为闭塞设备。常用的闭塞设备有自动闭塞、半自动闭塞及电气路签闭塞、电话闭塞等。

地铁正线采用移动闭塞设备。

信号系统通过轨旁与列车连续的无线通信来检测前后列车的位置，并计算相应的闭塞防护逻辑，实现对前后列车运行的安全防护和自动控制，这种闭塞方式称为移动闭塞法。移动闭塞时线路没有固定划分的闭塞空间，列车间隔是动态的，并随前一列车的移动而移动，列车防护区域由列车长度及其前后防护距离组成。

移动闭塞与固定闭塞的根本区别在于闭塞分区的形成方法不同。如图 4.2-3 所示，移动闭塞系统是一种区间不分割、根据连续检测先行列车位置和速度进行列车运行间隔控制的列车安全系统。这里的连续检测并不意味着一定没有间隔点。实际上该系统把先行列车的后部看作是假想的闭塞区间。由于这个假想的闭塞区间随着列车的移动而移动,所以叫作移动闭塞。在移动闭塞系统中。后续列车的速度曲线随着目标点的移动而实时计算,后续列车到先行列车的保护段后部之间的距离等于列车制动距离加上列车制动反应时间内驶过的距离。

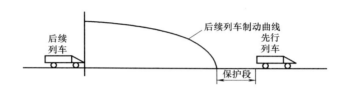

图 4.2-3 移动闭塞原理图

4.2.4 进路排列方法及解锁

1. 线路、道岔、进路

(1) 在车站上,铺设有许多条线路,线路之间用道岔连结。

列车在车站内运行的路径,叫做进路。进路由道岔位置决定。进路要有信号机防护,道岔位置不对,或者进路上有车,防护此条进路的信号机就不能开放,从而保证列车的运行安全。

(2) 车厂内线路按作业目的和用途分为运用线、维修线和其他线路。

1) 运用线包括:停车列检线、试车线、牵出线、洗车线。

2) 维修线包括:双周月检线、双周三月检线、定/临修线、镟轮线、吹扫线。

3) 其他线路包括:工程车线、材料装卸线、平板车线。

(3) 道岔、进路和信号三者之间相互制约、相互依存的关系称为连锁。实现连锁的设备叫做连锁设备。

(4) 把许多道岔、进路和信号机用电气方法集中控制和监督,并实现它们连锁的设备,叫做电气集中设备。

2. 进路锁闭解锁、进路的取消、进路人工解锁、故障解锁的条件进路锁闭进路在建立状态时进路上有关道岔不能转换，故对信号机不能开放。进路锁闭一般分为预先锁闭和接近锁闭两种状态。

接近锁闭也称完全锁闭，是指信号开放后，列车已进入接近区段时进路锁闭，此时若关闭信号，进路实行延时解锁。

预先锁闭是指信号开放后，其接近区段空闲没有车占用时的进路锁闭，即进路上的有关道岔不能被转换，解锁是指只要关闭信号，进路即可解锁。

进路的取消、进路人工解锁、故障解锁的条件是：

（1）列车进路办理错误。

（2）尚未使用的进路中某区段故障，出现了红光带。

（3）进路中某区段分路不良，列车通过后不能解锁。

4.2.5　名词解释

（1）连锁：连锁是道岔、信号机、进路三者之间，按照一定的程序和条件建立起来的，既互相联系，又互相制约的关系。

（2）连锁设备：为完成连锁关系而安装的信号设备称为连锁设备。

（3）闭塞：为保证列车运行安全，须保证列车间以一定的安全防护空间运行，这种安全防护空间称为闭塞。

（4）进路：车列从一点运行到某一点所经过的径路，进路分为列车进路和调车进路。

（5）信号机：保证行车安全指示运行条件，按作用的不同可分为：防护信号机、阻挡信号机、出段信号机、入段信号机、调车信号机。

（6）道岔：线路之间用道岔联结，实现列车转换股道。

（7）轨道电路：一段铁路线路的钢轨为导体构成的电路，用于自动、连续检测这段线路是否被机车车辆占用和钢轨的完整状态。

（8）超限绝缘：是当某一道岔区段与相邻轨道区段的绝缘节到该道岔警冲标距离小于 3.5m 时，此绝缘节为超限绝缘，经过该道岔区段办理进路必须检查相邻区段的空闲条件。

4.3 计算机连锁系统操作及信号显示

4.3.1 微机连锁简介

计算机连锁系统（以下简称计算机连锁）是一种新型的站场自动控制设备，在保证安全的前提下，以最经济、合理的技术措施提高运输效率，改善劳动条件，设备可靠，维修方便，便于联网。

计算机连锁根据作业目的可办理列车、调车作业，单独操作道岔和单独锁闭道岔，引导接车或引导总锁闭接车等。操作方式采用鼠标或单元控制台，所有作业均用鼠标在屏幕上按压按钮或单元控制台上按压按钮进行操作。通过 21 英寸的彩色监视器显示操作的控制命令和现场的控制状态。

采用鼠标和 21 英寸彩色监视器代替传统的控制表示合一的控制台，具有体积小、整洁、使用方便、可靠等特点。屏幕上有各种汉字提示，并通过语音代替电铃报警。若办理进路的操作有误时，在屏幕上将显示办理有误的提示。

计算机连锁系统是双机热备，在同步状态下，故障时可自动切换，切换时不影响进路的办理。亦可进行人工切换，非同步时人工切换必须由通号和行车组织人员共同确认全场没有办理任何进路时才能进行，并记录切换的原因。人工切换后全场锁闭，由通号和行车组织人员共同确认机车车列完全停止行走时，通过"上电解锁"按钮进行全场解锁。同步状态下进行人工切换不锁闭进路。图 4.3-1 为卡斯柯 ILOCK 微机连锁操作界面。

4.3.2 微机连锁操作说明

1. 屏幕显示　屏幕显示按站场图形布置，平时显示的浅蓝色光带为基本的轨道图形。行车组织设置的绝缘，在屏幕上用竖线表示，灰色为普通绝缘，红色带圆圈为超限绝缘。屏幕图形显示各种颜色的含义如下：

（1）轨道区段

1）浅蓝色光带：表示区段为空闲解锁状态；

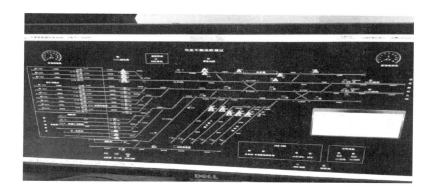

图 4.3-1 卡斯柯 ILOCK 微机连锁操作界面

2）绿色光带：表示区段为空闲锁闭状态，且所在进路正常，此区段没有被占用（包括轨道电路故障的情况）；

3）白色光带：表示轨道电路分路不良导致遗留的光带；

4）红色光带：表示轨道电路被占用或故障；

5）灰色光带：表示选路时该轨道电路所处的位置。

（2）道岔显示 道岔显示包括道岔现在所处的状态和道岔区段的状态。其岔根部的数字颜色显示含义为：

1）绿色数字显示：表示道岔此时处于定位位置；

2）黄色数字显示：表示道岔此时处于反位位置；

3）红色数字显示：表示道岔在单锁状态；

4）红色闪烁显示：表示道岔失去表示、挤岔或封锁；

（3）道岔光带显示含义为：

1）浅蓝色光带：道岔所在的轨道区段处于空闲状态；

2）灰色光带：在选路过程中，表明进路经过道岔的位置；

3）绿色光带：道岔所在的轨道区段处于空闲锁闭状态；

4）红色光带：道岔所在的轨道区段处于占用或轨道电路故障；

2. 按钮设置

（1）进路建立：在一般情况下，MMI 缺省状态为排列进路状态。用鼠标操作时，只要将鼠标的光标移至列、调车按钮上，单击鼠标左键即可。具体过程如下：

先用鼠标左键单击【进路建立】图标，此时【进路建立】图标显示灰色。在站场图上用鼠标左键单击所排进路的始端按钮，如操作有效，则发出一声声响同时始端按钮显示蓝色，所有相对于此按钮的有效的终端按钮或变更按钮均黄闪，用鼠标左键单击一下进路的终端按钮，如操作有效，则发出一声声响同时此始端和终端按钮白闪，其余黄闪按钮恢复常态，此时排列表示灯白闪，进路上道岔自动选排，转至规定位置上。

当连锁机检查并确认了进路选排一致、无敌对信号等条件后，进路锁闭，此时进路显示一条白光带，白闪的终端按钮恢复常态，进路始端的信号开放，选路工作完成。

如果排列的是变更进路，则按压按钮的顺序是：始端按钮，变更按钮，最后是终端按钮。

办理长调车进路时，先在站场图上单击所排进路的始端，再单击此长调车进路的最后一个终端按钮。

办理通过进路时，一般先按下始端通过按钮，然后按下对应的终端列车按钮；通过进路也可以分段办理，即先办理正线发车进路，后办理正线接车进路，进站信号机显示绿灯，指示列车通过本站。

（2）总取消：当进路已办理但未接近锁闭（接近区段有车、信号开放、进路空闲）时可以使用"总取消"按钮取消已经排列的进路，先点击【总取消】按钮，再将鼠标移动至进路始端信号（根据进路性质选择相应的列车或调车信号按钮位置）的位置，当鼠标变为十字状后再点压鼠标左键，进路即可被取消。

（3）总人解：当进路已处于接近锁闭状态（接近区段有车、信号开放、进路空闲）时，如果需要取消进路，则需要使用"总人解"。先点击【总人解】按钮，输入密码，再将鼠标移动至进路始端信号（根据进路性质选择相应的列车或调车信号按钮位置）的位置，鼠标变为十字状后再点压鼠标左键，总人解命令执行。当信号关闭后，根据进路性质延时解锁。接车进路及正线发车进路延时时间为3min，其他进路延时时间为30s。如果进入口令确认窗口状态后发现操作错误，可以通过右键'取消'选项取消本次操作。

（4）信号重开：当信号开放后由于轨道电路瞬时分路或其他原因而关闭，故障恢复后，开放信号的条件又满足，此时若需要重开信号，则用鼠标左键单击【信号重开】图标，此时【信号重开】图标显示灰色。然后用鼠标左键单击所需重开的信号机按钮，如操作有效，则发出一声声响，按钮白闪。同时【信号重开】图标恢复原色，【进路建立】图标显示灰色。在延时解锁期间，不能重复开放信号。

（5）引导信号：当接车进路的区段轨道电路故障并且道岔表示正常时，不能排列接车进路，需要办理引导接车时，先将进路中非故障区段的道岔单操到要求位置并单锁，然后用鼠标左键点击引导按钮，输入密码，再点击某某号信号机引导信号按钮，此时引导信号开放。若引导进路进站信号机内方第一区段轨道电路故障时，需在 15s 之内反复按压引导进路始端的进站信号按钮，方能保证引导信号的正常开放，否则，引导信号将关闭，这种情况下有 15s 倒计时的显示。当引导进路使用完毕，人工确认车列完全进入股道后，再用鼠标左键单击引导进路的始端按钮，即可人工解锁引导进路。

（6）引导总锁：当接车进路中的道岔失去表示，不能排列接车进路与引导进路时，需要办理引导总锁进行接车作业。将鼠标移动至功能栏中"引导总锁"按钮处，按压鼠标左键在弹出的菜单中输入密码，再点击一次功能栏上方的【引导总锁】按钮，本咽喉中所有道岔将被锁闭，然后用鼠标左键点击引导按钮，输入密码，再点击某某信号机引导信号按钮，引导总锁闭信号开放。进路信号机显示黄＋红色灯光。当引导总锁使用完毕，人工确认车列完全进入股道后，点击【引导总锁】按钮输入密码，即可取消引导总锁闭状态。

（7）扣帽：为了防止误操作按钮，误取消某列车进路，对所有的信号机均可设置

扣帽标记。将鼠标移到【扣帽】按钮处，鼠标变为十字状后

点击鼠标左键，再将鼠标移动至需要"扣帽"的信号按钮处点击左键即可。选择需要"扣帽"的颜色和形状，这时就不能通过此按钮办理列车（调车）进路。需要解除"扣帽"时，点击"扣帽"按钮，再点击相应的信号按钮即可。

（8）功能按钮：功能按钮主要用于以下几种按钮：

各种闭塞按钮：

半自动闭塞主要有闭塞、复原、事故按钮；自动闭塞主要有改变方向、接车辅助、发车辅助、总辅助按钮。

办理以上操作时，先单击【功能按钮】，再单击相应按钮，有些按钮还需要加密码。

"全站封锁"按钮

"全站封锁"按钮常态不显示，当连锁机在开机或不同步的状态下切换，全站封锁按钮出现并亮红灯。此时全站处于封锁状态，不能对室外的设备进行任何操作。此时必须取消"全站封锁"。

操作方法：值班员用鼠标左键单击【功能按钮】图标，再用鼠标左键单击"全站封锁"按钮表示灯，屏幕上弹出密码窗，值班员输入相应的密码，确认密码正确后，"全站封锁"按钮不显示，系统可继续操作。

（9）区段故障解锁：人工方式解锁进路漏解锁区段的一种手段。当进路的始端已经解锁，并且确认车已经不在该进路上时，可以对该进路上的区段逐个办理"区段故障解锁"；当进路的始终端均已解锁，可以对无车占用的区段办理"区段故障解锁"。当进路完好信号开放时，"区段故障解锁"只能关闭信号，而不能解锁区段。

3. 道岔操作

（1）道岔总定（＋某某号道岔）：（某某号道岔）单操道岔至定位。

（2）道岔总反（＋某某号道岔）：（某某号道岔）单操道岔至反位。

（3）道岔单锁（＋某某号道岔）：（某某号道岔）单独将道岔

锁在当前位置。单锁后，相应的道岔名称变为红色数字。此时道岔单操和进路操均无效，但可排列道岔单锁位置的进路。

（4）道岔单解（＋某某号道岔）：解除对（某某号道岔）道岔的单独锁闭。

（5）封锁（＋某某号道岔）：封锁（某某号道岔）道岔。道岔封锁后，相应的道岔会红闪，道岔名称数字颜色不变。此时不能排列通过本道岔的任何进路（包括列车进路，引导进路和调车进路），但可进行单操。注意：在同一个区段中的任何道岔（虽然不再进路中）有封闭，经过此区段的进路都不能排列。

（6）解封（＋某某号道岔）：解除对某某号道岔的封锁。

4. 洗车线的操作：

当需要向洗车线排列进行洗车时，信号楼值班员确认列车在某某号信号机前停妥后，联系洗车房值班员请求洗车。洗车机控制室值班员接到信号楼值班员洗车请求后，确认洗车线空闲后，按下同意洗车按钮（该按钮为非自复）。

洗车机控制室控制盘上同意洗车灯点亮，信号楼控制台上同意洗车表示灯点亮。信号楼值班员首先开放某某号信号机至某某号信号机，再开放某某号信号机至洗车线的调车信号。

另外，洗车线为单方向作业，不能排列反向洗车进路。

5. 试车线的操作：

当信号楼收到试车线的试车请求时，控制台上试车请求灯闪黄灯；

信号楼将试车线的道岔操至定位，按压"功能按钮"＋"非进路按钮"，再点击"功能按钮"＋"同意试车按钮"，办理某某号信号机至某某号信号机的非进路，某某号信号机至某某号信号机调车信号开放，"允许试车灯"亮绿灯，此时试车线可以利用非进路进行试车作业；"试车"灯亮绿灯。

试车完毕，"试车"灯灭灯，车列出清某某号道岔，信号楼方可再次按压"功能按钮"＋"非进路按钮"，再取消试车，某某号信号机上出现 30s 计时，计时结束后，信号关闭，进路解锁。

6. 进路办理

（1）列车进路办理

1）接车进路：信号楼值班员使用鼠标左键顺序点压进站信号按钮、变更按钮（若有变更）、相应股道列车信号按钮即可。

2）发车进路：信号楼值班员使用鼠标左键顺序点击发车股道列车信号按钮。

（2）调车进路办理

调车进路：信号楼值班员使用鼠标左键顺序点压调车进路始端调车信号按钮、调车进路终端调车信号按钮即可。但取消时须分段办理（取消的顺序为由远及近）。

（3）列车/调车进路的故障解锁

在进路不能正常解锁的情况下，值班员根据进路的情况可以采用以下两种故障解锁的办法解锁进路。

方式1：总人解

进路已处于接近锁闭（接近区段有车、信号开放、进路空闲）状态，如果需要取消进路时，或者是列车驶过以后从进路始端第一区段开始就没有解锁时，这时要用"总人解"命令解锁始端信号，解锁该进路。接车进路及正线发车进路延时时间为3min，其他进路延时时间为30s。

方式2：区段故障解锁

当进路的始终端均不存在，或进路始端已经不存在（已经解锁）且进路上没有解锁的区段全部被占用过并且全部出清后，沿进路方向依次选择区段的"区段故障解锁"命令解锁锁闭的区段。

注：进行"总人解"和"总取消"操作时一定要首先区分是对列车进路进行操作，还是对调车进路进行操作，然后选择正确的按钮进行操作。

（4）引导接车进路的解锁

引导接车进路的解锁和列车进路的故障解锁略有不同。

在引导接车进路不能正常解锁的情况下，可以采用以下三种故障解锁的办法解锁引导接车进路。

方式1：总人解

当引导接车进路使用完毕，人工确认车列完全进入股道后，在接车信号的列车始端按钮位置办理总人解，即可人工解锁引导进路。

未曾使用的进路引导接车进路要取消时，在接车信号的列车始端按钮位置办理总人解，即可人工解锁引导进路。

方式2：区段故障解锁

当进路的始终端均不存在，选择区段的"区段故障解锁"命令解锁锁闭的区段。在进路终端存在的情况下，事故解锁按钮解锁无效。

4.3.3　信号显示

信号是指示列车运行及调车作业的命令，有关行车人员必须严格执行。手信号昼间作业持信号旗，夜间作业持信号灯；遇有天气不良、辨认距离不足200m时，昼间改用夜间手信号。手信号显示应遵循"横平竖直、灯正圈圆"的原则。手信号在地下车站显示手信号时按夜间方式显示。

1. 正线地面信号机显示。

（1）正常情况CBTC模式下轨旁信号机灭灯。

（2）非CBTC列车及地面ATP故障情况下地面信号机点亮。

（3）绿色灯光：允许信号，表示道岔已锁闭，进路中所有道岔开通直股，列车可以越过此信号机运行到下一个顺向信号机。

（4）黄色灯光：允许信号，表示道岔已锁闭，进路中至少有一组道岔开通侧股，列车可以不超过道岔侧向限速的速度越过此信号机运行到下一个顺向信号机。

（5）红色灯光：禁止信号，不允许列车越过信号机。

（6）红色灯光＋黄色灯光：引导信号，准许列车以不大于规定的速度（15km/h）越过该架信号机并随时准备停车。

（7）灭灯：不允许非CBTC列车越过信号机。

2. 车厂信号机显示

（1）入段/场信号机采用高柱（高度根据车辆高度确定）黄、红三灯位信号机构，红灯为常态。其显示及意义如表 4.3-1。

入段信号机显示表　　　　　　　　　　表 4.3-1

序号	信号灯显示	行车指示	备注
1	黄色灯光	表明进场/段的进路开通，准许列车按规定的速度越过该架信号机进厂	
2	红色灯光	（禁止）不准列车越过该架信号机	
3	红色灯光和黄色灯光	表明开放引导信号，准许列车以不大于15km/h 的速度越过该架信号机并随时准备停车	

（2）车辆段内其他地点根据需要设矮型调车信号机，走行线调车信号机采用蓝、白两灯位信号机构，到发股道调车信号机采用红、白两等位信号机构。其显示及意义如表 4.3-2。

调车信号机显示表　　　　　　　　　　表 4.3-2

序号	信号灯显示	行车指示	备注
1	白灯	允许按规定的速度越过该架信号机进行调车作业	
2	蓝灯	禁止列车越过该架信号机	
3	红灯	禁止列车越过该架信号机	

（3）出段信号机采用高柱绿、红三灯位信号机构，红灯为常态。其显示及意义如表 4.3-3。

出段/场信号机显示表　　　　　　　　表 4.3-3

序号	信号灯显示	行车指示	备注
1	绿灯	允许越过该信号机运行	运行至正线转换轨一度停车
2	红灯	禁止列车越过该架信号机	

3. 手信号特殊情况下，列车运行时有关人员应遵守表 4.3-4 手信号的显示。

序号	手信号类别	显示方式	
		昼间	夜间
1	停车信号：要求列车停车	展开的红色信号旗，无红色信号旗时，两臂高举头上，向两侧急剧摇动	红色灯光，无红色灯光时，用白色灯光上、下急剧摇动
2	紧急停车信号：要求司机紧急停车	展开红旗下压数次，无信号旗时，两臂高举头上，向两侧急剧摇动	红色灯光下压数次，无红色灯光时，用白色灯光上下急剧摇动
3	减速信号：要求列车降低速度运行	展开的黄色信号旗，无黄色信号旗时，用绿色信号旗下压数次	黄色信号灯光，无黄色灯光时，用白色或绿色灯光下压数次
4	发车信号：要求司机发车	展开的绿色信号旗上弧线向列车方面作圆形转动	绿色灯光上弧线向列车方面作圆形转动
5	通过手信号：准许列车由车站通过	展开的绿色信号旗	绿色灯光
6	引导信号：准许列车进入车站或车场	展开黄色信号旗高举头上左右摇动	黄色灯光高举头上左右摇动

4.3.4 微机连锁系统操作安全卡控措施

微机连锁设备投入使用，车厂接触网带电，为了确保作业及设备人身安全，防止错排进路，防止电客车误进无电区，特制订以下安全措施：

微机连锁设备投入使用的前一个月由设备部门相关人员、厂家、信号楼值班员三方共同在场完成操作，信号楼值班员监控进路排列以及车辆运行情况。

1. 接车作业

（1）严禁向封锁、停电区域接入列车，接收接车计划时注意核对计划股道的正确性以及车厂施工、停电情况。

（2）掌握好列车回厂时间，及时通知相关施工人员，确保人员、设备在列车回厂前 10min 出清列车走行区域。

（3）接发列车时，暂停影响列车走行的作业。

2. 发车作业

（1）核对发车计划与所执行时刻表的正确性。

（2）办理双向平行出厂作业时，注意车次、车底、发车股道、进路的正确性。

3. 办理机车、车辆需在封锁区域往返运行的作业

（1）严禁擅自解封调车进路上封锁的道岔。

（2）能开放信号时及时开放信号；不能开放信号时需单操单锁道岔，确认进路正确后方可通知司机动车。

（3）严禁排列交叉进路。（微机上排不出来（除人工准备进路外））

（4）司机要求动车前，了解清楚需要走行的路径，确认机车、车辆停稳后，方可操作道岔。

（5）确认进路正确并加锁后，方可通知司机动车。

4. 调车作业

（1）接收变更计划时，坚持复诵并确认。

（2）严格执行"干一钩"、"划一钩"制度。

（3）司机未报列车停稳时严禁操作（该进路上的）相关道岔、信号机。

（4）确认进路与计划一致后，方可通知司机动车。

（5）防止错误排列电客车、工程车进入封锁（停电）区域，及时在微机上做好封锁、停电区域的防护，未得车厂调度同意，严禁擅自解除封锁；接收调车计划时核对车厂施工、停电区域有无冲突。

5. 施工封锁

（1）信号楼值班员接到车厂调度给出的施工作业时，在微机连锁设备上做好封锁。

确保施工作业人身安全，防止错排进路进入施工区域，防止信号楼值班员错封锁、漏封锁施工区域。

（2）防止信号楼值班员因调车、配合施工作业解封施工区域后忘记补封。信号楼值班员严禁擅自解封施工区域，需解封配合

作业时必须得到车厂调度的同意，并得到现场施工作业人员同意，并由当班信号楼值班员共同确认后方可操作。

（3）一次调车计划结束后，必须重新检查封锁防护设置的情况，确认无误后，方可开始下一批次调车作业。

（4）施工作业人员进入施工区域作业前必须用电台或对讲机通知信号楼，得到信号楼同意后方可进入作业区域。

6. 停电防护

（1）防止停电区域错、漏防护：接到车厂调度停电的通知以后，两名信号楼值班员共同确认停电区域的安全防护，并在停送电登记本上做好登记。

（2）防止因调车、配合施工作业撤除防护后忘记补设防护，当一次调车计划结束后，必须重新检查停电防护设置的情况，确认无误后，方可开始下一批次调车作业。

（3）防止错解封防护。接收撤除防护指令时，信号楼值班员认真核对，在接触网停送电登记本上做好记录。在两条或以上相邻的已设置停电防护的股道进行某条股道单独撤防护时，信号楼两名值班员应同时确认操作股道的正确性。

7. 试车线进路办理

信号楼值班员在排列电客车进入试车线的进路前，应与车厂调度员联系，确认试车线线路出清，试车线和电客车走行径路接触网供电正常。

8. 取消进路

信号开放后需取消时，信号楼值班员应通知司机或调车长，并得到应答及确认停车或未动车后，方可关闭信号取消进路。

9. 压信号调车

（1）压信号调车时，在原进路返回前将需要的道岔单锁。

（2）压信号调车时，信号楼值班员不得改变原进路上（包括已解锁区段）任何道岔（包括防护道岔）的位置。

（3）排列进路区段内的道岔实施单独锁闭，对已经解锁区段应重新排列进路并开放相关信号机，严禁排列短进路调车。

（4）进路准备完毕，必须逐付确认道岔位置正确，确认无误后方可通知司机动车。

4.4　通信设备

地铁通信设备是构成地铁各部门之间有机联系、实现运输集中统一指挥、行车调度自动化、列车运行自动化、提高运输效率的必备工具与手段。车厂通信设备包括有线通信系统和无线通信系统，有线通信系统包括电话，CCTV 及 ATS 人机接口等；无线通信系统包括车载电台，400M/800M 无线手持台、固定台，广播系统等。

4.4.1　无线调度台

行车调度设 2 台无线调度台，环控调度（简称环调）、维修调度（以下简称维调）、车厂信号楼各设了 1 台无线调度台，DCC 及正线各车站车控室设置 1 台无线固定台，电客车每端司机室内配置 1 套车载台设备，乘务派班室及设施设备部各室配置手持台若干。无线调度台作为信号楼与电客车车载台联控的主要设备。

4.4.2　其他通信设备

1. 800M 电台

800M 电台是车厂行车组织的主要通信工具，正常情况下调至"车辆段组"频道，特殊情况下根据需要调至"应急组"、"正线司机组"等需要的频道。

2. 400M 电台

400M 电台是车厂行车组织的辅助通信工具，主要用于联控工程车司机、监控车厂内行车作业等。

3. ATS 人机接口

ATS 人机接口设备（MMI）可以查看列车车组号、服务号和目的地码，监视列车运行。

4. CCTV 监控终端

CCTV 监控终端可实现对车辆段轨行区、道口、信号楼、主要通道等重点区域的实时监控。

5. 通信电话

（1）专用电话专用电话可实现与行调、电调、维调、环调、信号楼、派班室、生产调度、市体育中心站等岗位的一键呼叫及多方通话。

（2）调度电话分机可实现与OCC各调度岗位的直接通话。

（3）公务电话可实现公司内线及外线的公务通话。

（4）时钟系统为地铁各系统设备及乘客提供一个标准同步时间。

4.5 行车组织

4.5.1 接车作业

1. 核对收车计划

列车进厂前，由信号楼值班员根据《收车计划单》排列好车厂接车进路，开放进厂信号机。

2. 接车作业程序（表4.5-1）

接车作业程序 表4.5-1

作业程序		岗位作业标准		说明事项
程序	项目	（主控）信号楼值班员	（副控）信号楼值班员	
接车作业	核对接车计划	（1）根据接车计划核对车次、车号、线别、股道、时刻、命令等，填写《行车日志》	（1）根据接车计划核对车次、车号、线别、股道、时刻、命令等	列车回厂顺序、时刻、线别调整时，车厂调度员应及时通知信号楼。通过ATS设备监视列车在邻站到达情况
	确认接车条件	（2）确认接车进路空闲、接触网有电（非升弓运行的列车除外），无影响进路的调车、施工作业	（2）确认接车进路空闲、接触网有电（非升弓运行的列车除外），无影响进路的调车、施工作业	
	开放信号	（3）口呼："准备（某某次）某某车，某某道至某某道（某某段）接车进路"	（3）听取无误后复通："准备（某某）次某某车，某某道至某某道（某某段）接车进路"	

续表

作业程序		岗位作业标准		说明事项
程序	项目	(主控)信号楼值班员	(副控)信号楼值班员	
接车作业		(4)监视副控操作,确认光带、信号显示正确,口呼:"信号好"	(4)开放进厂信号,眼看、手指进路始端,口呼:"某某号信号机",按下(点击)按钮,眼看、手指进路终端,口呼:"某某道(某某段)",按下(点击)按钮。确认光带、信号显示正确后,口呼:"信号好"	
	列车接近	(5)邻站发车后,填写《行车日志》		通过 MMI 监视列车在邻站发情况
		(6)通过计算机连锁单元控制台(显示屏)监视进路和信号表示	(5)通过计算机连锁单元控制台(显示屏)监视进路和信号表示	
	列车到达	(7)确认列车在信号机前停妥后,填写《行车日志》		
		(8)确认列车在接车股道停妥	(6)确认列车在接车股道停妥	

3. 接车时注意事项

(1) 注意车次、车底、接车股道、进路的正确性。

(2) 排列升弓运行的客车或其他车辆的进路前,应认真确认所经过的线路是否有接触网和接触网的供电状态,避免其进入无电区或无网区。

(3) 严禁向封锁区域、接入列车,接收接车计划时注意核对计划股道的正确性以及车厂施工情况。

(4) 掌握好列车回厂时间,及时通知相关施工人员,确保人员、设备在列车回厂前 15min 出清列车走行区域。

(5) 接列车时,暂停影响列车走行的作业。

(6) 接列车时,除危及行车和人身安全外,严禁改变列车进路。遇必须改变进路时,必须与司机联系彻底,得到司机列车停妥报告后方可关闭信号改变进路，绝对禁止联系不彻底，盲目操纵道岔，擅自改变进路。

4.5.2 发车作业

1. 核对发车计划

列车进厂前，由信号楼值班员根据《发车计划单》排列好车厂发车进路，开放进厂信号机。

2. 发车作业程序（表4.5-2）。

发车作业程序

表4.5-2

作业程序		岗位作业标准		说明事项
程序	项目	（主控）信号楼值班员	（副控）信号楼值班员	
发车作业	核对发车计划	（1）根据发车计划核对车次、车号、股道、线别、时刻、命令等，填写《行车日志》	（1）根据发车计划核对车次、车号、股道、线别、时刻、命令等	列车出厂顺序、时刻、线别调整时，厂调应及时通知信号楼。
	确认发车条件	（2）确认发车进路空闲、接触网有电（非升弓运行的列车除外），无影响进路的调车、施工作业	（2）确认发车进路空闲、接触网有电（非升弓运行的列车除外），无影响进路的调车、施工作业	
	开放出厂信号	（3）口呼："准备（某某次）某某车，某某道（某某段）至车厂某某信号机发车进路"	（3）听取无误后复诵："准备（某某次）某某车，某某道（某某段）至某某信号机发车进路"	
		（4）监视副控开放出库信号，确认光带、信号显示正确，口呼："信号好"	（4）开放出库信号，眼看、手指进路始端，口呼："某某道（某某段）"，按下（点击）按钮，眼看、手指进路终端，口呼："车厂某某道"，按下（点击）按钮。确认光带、信号显示正确，口呼："信号好"	
	列车出发	（5）通过计算机连锁单元控制台（显示屏）监视进路和信号表示。列车动车后，填写《行车日志》	（5）通过计算机连锁单元控制台（显示屏）监视进路和信号表示	
		（6）列车到达邻站后，填写《行车日志》		通过MMI监视邻站列车到达情况

3. 发车时注意事项

（1）核对发车计划与所执行时刻表的正确性。

（2）注意车次、车底、发车股道、进路的正确性。

（3）排列升弓运行的客车或其他车辆的进路前，应认真确认所经过的线路是否有接触网和接触网的供电状态，避免其进入无电区或无网区。

（4）严禁向封锁区域、发出列车，接收发车计划时注意核对计划股道的正确性以及车厂施工情况。

（5）掌握好列车发出时间，及时通知相关施工人员，确保人员、设备在列车发车前 15min 出清列车走行区域。

（6）发出列车时，暂停影响列车走行的作业。

（7）发出列车时，除危及行车和人身安全外，严禁改变列车进路。遇必须改变进路时，必须与司机联系彻底，得到司机列车停妥报告后方可关闭信号改变进路，绝对禁止联系不彻底，盲目操纵道岔，擅自改变进路。

4.5.3 列车出入场办法

1. 电客车出入车厂

（1）电客车出、入厂作业原则上在车辆段停车列检库办理，特殊情况需在车辆段月检库办理接发列车作业时，车厂调度员必须得到检修调度同意，方可布置信号楼值班员准备进路，并提前告知乘务派班员及司机。

（2）电客车出厂凭发车股道信号机的黄灯和信号楼值班员的口头通知（指令）动车，运行到出厂信号机前一度停车，按行调指令和出厂信号机的显示动车。

（3）电客车进厂时，司机驾驶电客车进入出/入段（场）线转换轨一度停车，改用 RM（人工驾驶模式）模式，车载电台转换至车厂模式与信号楼联系后，凭信号楼指令和进厂信号机显示的开放信号进入车厂，按上述信号机显示的黄灯动车。

（4）信号楼值班员和行调或邻站值班员在组织电客车进出厂时，应尽量避免电客车在出、入段线停车。特殊情况下列车在出、入段线停车时，司机应立即向行调报告。

（5）在车辆段停车列检库办理电客车接车作业时，接车线 A 段必须空闲。特殊情况在车辆段月检库办理接车作业时，整条接车股道必须空闲；定/临修线、吹扫库、镟轮线、牵出线、试车线和其他股道禁止办理回厂电客车的接车作业。

（6）电客车司机在运行中，要不间断进行瞭望，确认进路和信号，并注意运行前方线路情况。

（7）发车前，在列车出厂前 15min 停止影响发车进路的调车作业。根据当日运营时刻表和模板核对发车计划单，主要核对出厂列车车底号、股道、车次、出厂列车要求等。列车司机汇报整备作业完毕后，应根据出厂次序、进路运用状况，及时开放列车出厂信号。遇车辆故障需要变更车底号时，应通知司机并确认列车尚未动车或已停妥后，方可关闭已开放的信号。

2. 工程车出、入车厂办法

（1）工程车原则上在工程车库内运用线办理接发车作业，特殊情况下需在其他股道办理接发车作业时应经车厂调度员同意，并确保不影响电客车作业和行车安全。

（2）工程车从车厂发车的凭证为行调的《调度命令》和发车股道信号机的显示和信号楼值班员的允许及车厂调度的发车手信号，《调度命令》在发车前由车厂调度员交给车长和司机。工程车在车厂发车时根据发车股道调车信号显示的白灯（文本中为黄灯）和车长的发车指示开车（单机凭调车信号机的白灯和信号楼值班员的口头通知动车），运行至出厂信号机前一度停车，按行调指令和出厂信号机的显示运行。

（3）信号楼值班员和行调或邻站值班员在组织工程车进出厂时，应尽量避免工程车在出、入段线停车。特殊情况下在出、入段线停车时，司机应立即向行调报告。

（4）工程车进厂时，必须在进车厂信号机前一度停车（无论上述信号是在开放还是关闭状态），司机用无线台与信号楼值班员联系确认接车股道和注意事项后，按上述信号机显示的回厂信号动车。如直接接入有车线，信号楼值班员应向司机说明。

3. 列车在出入段线退行办法

电客车、工程车在出入段线运行时，原则上不得后退，特殊情况需退行时，司机应向行调报告，并根据不同的情况按下述办法办理：

（1）列车自车厂开行后，因故被迫停车需要退行，尾部未越过进车厂信号机时，经信号楼值班员同意，换端（或车长引导）后退至发车股道出车厂信号机外方；尾部已越过进车厂信号机时，经车厂调度员同意确定接车股道后，信号楼值班员按照接入列车办理，通知司机凭进车厂信号退行入车厂。

（2）信号楼值班员接到列车需退行时，应立即向车厂调度员汇报，确认接车股道空闲和延续 B 段的列车或机车车辆停稳后方可同意退行。

（3）因列车本身故障无法继续运行时，按《行车组织规则》相关规定办理。

4. 开行救援列车、备用电客车的规定

（1）开行救援列车或备用电客车时，由车厂调度员与检修调度应迅速准备，按 OCC 行调要求时间组织救援列车或备用电客车出厂。

（2）车厂调度员接到开行救援列车或备用电客车命令时，应认真核对命令内容无误，落实开行车次、时间、（停车地点、接近被救援列车的运行速度、返回的车次）故障列车回车厂情况，并向相关岗位布置清楚。乘务派班员接到通知后，向司机传达注意事项和交路安排。

（3）救援列车开行前，司机和车长应认真确认救援命令内容，明确救援任务、区段、地点、注意事项等，确认行车凭证、出厂信号显示正确后，方可动车。

（4）车厂调度员接到命令后，立即与 OCC 行调落实救援列车或备用电客车出厂和故障列车回厂的进路安排，并指示信号楼值班员及时办理接发车作业。

（5）工程车救援电客车或两列电客车连挂回厂时，为避免列车在出、入段线停车，信号楼值班员应排列完整的入库接车进路，司机进厂后凭信号机显示的进厂信号和信号楼值班员的指令运行至指定股道。

5. 往出（入）段线开行工程（调试）列车的规定

（1）车厂调度员必须按照施工计划或《调度命令》的要求及时组织开行工程（调试）列车。往出（入）段线开行工程（调试）列车时，按车厂往正线开行工程车的有关程序办理，以OCC行调发布的书面调度命令为准。

（2）工程车（调试）列车出车厂时，应在出厂信号机前一度停车，用车载无线电台或800M无线便携台与行调核实运行有关事项，确认信号机开放正确后方可动车。

（3）工程（调试）列车作业完毕后，如直接从出（入）段线返回，信号楼值班员应与厂调联系确认清楚后，按规定排列接车进路接车。

（4）司机应严格控制速度，认真确认进路，进厂后在进厂信号机前一度停车，与信号楼值班员联系后，按信号楼值班员指令及相关信号机显示的进厂信号进入停车股道。

6. 办理机车、车辆需在封锁区域往返运行的作业

（1）严禁擅自解封调车进路上封锁的道岔。

（2）能开放信号时及时开放信号；不能开放信号时需接通光带确认进路正确后方可通知司机动车。

（3）严禁排列交叉进路〔微机上排列不了（人工准备进路除外）〕。

（4）司机要求动车前，了解清楚需要走行的路径，确认机车、车辆停稳后，方可操作道岔。

（5）接通光带确认进路正确并加锁后，方可通知司机动车。

4.5.4 联控用语

列车进出厂联控用语表（表4.5-3）

列车进出厂联控用语表 表 4.5-3

序 号	呼唤时机	联控用语		备注
		呼唤者	应答者	
1	列车开始整备作业	司机:信号楼某某车某某道某某段整备作业	信号楼值班员:某某车某某道某某段整备作业信号楼明白	
2	列车整备完毕准备出库时	司机:某某车某某道某某段整备作业完毕	信号楼值班员:某某车某某道某某段整备作业完毕,信号楼明白/某某道某某段至某某信号机信号好,某某车司机确认安全后凭地面信号显示动车	
			司机:某某车某某道至某某信号机信号好,司机确认安全后凭地面信号显示动车,司机明白	
			信号楼值班员:某某车某某道某某段原地待令	
			司机:某某车某某道某某段原地待令,司机明白	
			信号楼值班员:某某车某某道某某段至某某或某某信号好某某车司机确认安全后凭地面信号显示动车	库内至发车进路信号机的进路已排好,但后续出厂进路未准备好时
			司机:某某车某某道某某段至某某或某某信号好,司机确认安全后凭地面信号显示动车,司机明白	
3	回厂列车进入转换轨时(车载台转为车厂模式)	司机:信号楼某某车在转换轨某某道停稳	信号楼值班员:某某车在转换轨某某道停稳,信号楼明白/转换轨某某道至某某道某某段入厂信号好,某某车司机确认安全后凭地面信号显示动车	
			司机:转换轨某某道至某某道某某段入厂信号好,某某车司机确认安全后凭地面信号显示动车,司机明白	

序 号	呼唤时机	联控用语		备注
		呼唤者	应答者	
4	调车过程	司机	司机:信号楼某某车在某某信号机前停稳并换端完毕	列车回厂需进洗车库洗车
		信号楼值班员	信号楼值班员:某某车在某某信号机前停稳并换端完毕,信号楼明白。/某某道至某某道调车信号白灯好,某某车凭地面信号及洗车信号显示洗车	
		司机	司机:某某道至某某道调车信号白灯好,某某车凭地面信号及洗车信号显示洗车,司机明白	
		司机	司机:信号楼,某某车在某某道停稳并换端完毕	洗车完毕后回库
		信号楼值班员	信号楼值班员:某某车在某某道停稳并换端完毕,信号楼明白。/某某道至某某道调车信号好,某某车司机确认安全后凭地面信号显示动车	
		司机	司机:某某道至某某道调车信号好,确认安全后凭地面信号显示动车,司机明白	
		司机	司机:某某车某某信号机前停稳,信号机显示红灯/蓝灯/灭灯	需越过关闭,红(蓝)灯时
		信号楼值班员	信号楼值班员:信号楼同意某某车越过某某信号机红灯/蓝灯/灭灯进入某某道(某某段)	
		司机	司机:信号楼同意某某车越过某某信号机进入某某道(某某段),司机明白	
5	列车停稳	司机:信号楼某某车在某某道(某某段)停稳	信号楼值班员:某某车在某某道(某某段)停稳,信号楼明白	列车在指定股道停稳后汇报

说明：1. 正常情况下，回厂列车在转换轨将车载电台转换至车厂模式，与信号楼取得联系。

     2. 列车回厂由司机先呼信号楼，特殊情况信号楼也可以主动呼叫司机。

4.5.5 调车作业

1. 领导与指挥

调车工作必须贯彻统一领导、单一指挥的原则。车场调车作业，车厂调度是调车领导人，信号楼值班员为调车负责人，调车员为调车作业指挥员。

（1）调车作业由车厂调度统一领导，具体作业由调车员、调车司机、司机及信号楼值班员相互配合共同完成。调车作业人员应按调车作业计划单执行。

（2）以调车机车为动力进行调车作业时调车作业的安全由调车员负责，以电客车为动力进行调车作业时由电客车司机负责调车作业安全。根据调车作业计划单，正确、及时地显示信号，指挥调车机运行，并注意行车安全。调车司机应根据调车长的信号准确、平稳地操纵机车，时刻注意确认信号，不间断进行瞭望，正确、及时地执行信号显示要求，负责调车作业安全。

2. 调车计划的编制、传达、变更

调车作业通知单由车厂调度编制，以书面形式下达。

（1）调车工作的领导和指挥，调车工作由厂调统一领导，调车作业由调车员单一指挥。

（2）调车计划的编制、传达和变更，调车作业计划由厂调编制、审核，厂调向调车员下达调车作业计划并说明具体要求和注意事项。

（3）调车计划必须书面下达，三勾及以下时可以口头传达，计划一旦制定，变更计划三勾及以下时，可以由厂调以口头方式布置，有关人员应复诵。变更计划三勾以上时，必须重新编制调车作业单。变更作业计划应停车传达，厂调应确认有关人员清楚变更内容。

3. 调车作业规定

（1）禁止越出场界调车。

（2）禁止调车的规定设备或障碍物侵入线路设备限界；禁止提活钩、溜放调车和手推调车（特殊情况下，经运营公司主管安全的负责人同意方可手推调车）；

作业客车转向架液压减振器被拆除或空气弹簧无气时；禁止两列车同时在同一条股道上对向移动时。

（3）线路旁堆放货物的规定

线路两旁堆放货物，距钢轨头部外侧不得少于1.5m。站台上堆放货物，距站台边缘不得少于1m。货物应堆放稳固，防止倒塌。不足上述规定距离时，不得进行调车作业。

（4）禁止影响列车进路时机车场内的调车作业，不得影响进出车场列车的正常运行。信号楼值班员于收发车时，提前15min停止影响收发车进路的调车作业。

（5）取消调车信号的规定。取消调车进路时，信号楼值班员必须通知调车作业本务司机或调车员，在得到调车作业确已停止的回答后方可关闭调车信号，严禁联系不彻底擅自关闭信号。

（6）机车车辆的停留列车及机车车辆必须停在警冲标内方。调车作业中，车辆临时停在警冲标外方时，一批作业完工后，应立即送入警冲标内方。因特殊情况需在警冲标外方进行装卸作业时，须经值班主任准许，在不影响列车到发及调车作业的情况下方可进行，装卸完了后，应立即送入警冲标内方。调车作业完毕后，应将车辆或列车停于线路警冲标内方，做好防溜措施，防止车辆或列车自动溜走。安全线及出入场线上，禁止停留机车车辆。

（7）调车作业方法，仅限牵引、推进调车，禁止溜放调车和手推调车。调车作业必须按照调车信号机和调车手信号的显示要求进行。没有信号不准动车，信号不清立即停车。调车作业时，调车员必须正确及时显示信号，司机要认真确认信号，并鸣笛回示。没有回示时，应立即显示停车手信号。

（8）连挂车辆规定：

1）连挂车辆，调车长应显示连挂信号和距离信号三、二、一车（三车约60m，二车约40m，一车约20m）。没有显示连挂信号和距离信号不准挂车。单机连挂车辆，不需显示三、二、一车距离信号。

2）距离被连挂车辆一车时应一度停车，调车长确认被连挂车辆无作业防护标志，车上、车下无人作业，无侵限的障碍物，两车车钩状态及被连挂车辆防溜良好后，方可指挥司机挂车。

（9）调车进路确认：

1）单机或牵引运行时，前方进路由司机确认。

2）推进运行时，由调车员确认。

（10）遇下列情况禁止调车作业：

1）设备或障碍物侵入线路设备限界时。

2）电客车转向架液压减振器被拆除，且空气弹簧无气时。

3）两组车组或列车同时在同一条股道上相对移动时。

4）机车车辆制动系统故障影响到行车安全时。

5）有维修人员正在机车车辆上作业，影响行车或机车车辆两端车钩处挂有"禁止动车"警示牌时。

6）机车车辆底部悬挂装置脱落时。

7）客车停放股道接触网挂有接地线时。

8）货物装载、加固不符合相关规定时。

9）车厂调度、信号楼值班员、调车员、司机发现其他异常情况影响到调车作业安全时。

10）恶劣天气等环境因素，如：台风、暴雨等

（11）组织两列电客车或机车在同一股道作业时，信号楼值班员应先通知一列电客车或机车在指定位置停车待令，再向另一列电客车或机车司机布置安全注意事项及存车位置情况后，方可进行作业。

（12）工程车调车作业牵引、推进运行或连续连挂前，应进行试拉。

（13）车厂内调车作业原则上不得越出厂界。

（14）电客车、工程车在车厂内通过平交道口及库门前，应一度停车，瞭望平交道口是否有障碍物或行人，库门是否完全打开，确认安全后方可通过平交道口或进出库门。

（15）调车信号机开放后，需要取消时，信号楼值班员应通知司机或调车长，并得到应答及确认列车停车或未动车后，方可关闭信号机。

（16）调动车辆或列车前要先检查线路及车辆。调车作业时，应将车辆或列车停于线路警冲标内方，在确认调车车列已停妥后，做到摘车时先做好有效的防溜措施后再摘车，连挂时，应待与停留车挂妥后再撤除防溜措施。

（17）车厂的调车作业原则不得影响接发列车作业，如影响接发列车时应事先征得行调的同意。

4. 信号楼调车作业规定

（1）接收变更计划时，坚持复诵并确认。

（2）信号楼值班员根据调车作业计划单和现场作业情况、机车车辆停放股道，正确、及时地排列调车进路、开放调车信号，全程监控机车车辆的移动轨迹，执行"干一钩、划一钩"的作业规定。

（3）司机未报列车停稳时严禁操作相关道岔、信号机。

（4）确认进路与计划一致后，方可通知司机动车。

（5）防止错误排列电客车、工程车进入封锁（停电）区域，及时在微机上做好封锁、停电区域的防护，未得车厂调度同意，严禁擅自解除封锁；接收调车计划时核对车厂施工、停电区域有无冲突。

（6）调车作业时，信号楼值班员应排列完整的长进路，如特殊情况需排列短进路时，信号楼值班员必须在作业前通知司机（调车长），得到司机应答后方可通知司机动车，司机（调车长）应加强确认进路和信号，严格控制速度。

5. 调车速度

（1）调车作业要准确掌握速度，在瞭望条件差、天气不良等非常情况下应适当降低速度。调车允许速度见表 4.5-4。

（2）在尽头线上调车时，距线路终端应有 10m 安全距离，遇特殊情况小于 10m 时，应加强联系，严格控制速度。

调车允许速度表　　　　　　表 4.5-4

序号	项　　目	速度(km/h)
1	车辆段内空线牵引运行	25
2	车辆段内空线推送运行	15
3	调动装载超限货物的车辆	10
4	在尽头线调车时	10
5	在停车库内及维修线	5
6	对货位时	3
7	接近被连挂的车辆时	3

6. 压信号调车

(1) 压信号调车时，在原进路返回前将需要的道岔单锁。

(2) 压信号调车时，信号楼值班员不得改变原进路上（包括已解锁区段）任何道岔（包括防护道岔）的位置。

(3) 排列进路区段内的道岔实施单独锁闭，对已经解锁区段应重新排列进路并开放相关信号机，严禁排列短进路调车。

(4) 进路准备完毕，必须双人双岗逐副确认道岔位置正确，确认无误后方可通知司机动车。

4.5.6　试车进路办理

(1) 信号楼值班员在排列电客车进入试车线的进路前，应与车厂调度员联系，确认试车线线路出清，试车线和电客车走行径路接触网供电正常。

(2) 防止误碰"非进路锁闭"按钮，将该按钮封闭。

(3) 以下说明是针对车辆段：当信号楼收到试车线的试车请求时，控制台上试车请求灯闪黄灯；信号楼将某某号道岔操至定位，按压"功能按钮"＋"非进路按钮"，再点击"功能按钮"＋"同意试车按钮"，办理某某号道岔与某某号道岔间的非进路，某某号道岔和某某号道岔调车信号开放，"允许试车灯"亮绿灯，此时试车线可以利用非进路进行试车作业；"试车"灯亮绿灯；试车完毕，"试车"灯灭灯，车列出清某某号道岔，信号楼方可再次按压"功能按钮"+"非进路按钮",再取消试车,出现 30s 计时,计时结束后,信号关闭,进路解锁。

信号楼值班员在排列客车进入试车线的进路前,应与车厂调度联系,确认试车线出清,试车线和客车走行经路接触网供电正常,做好联控互控。

4.5.7 洗车作业

根据车辆段电客车洗车作业要求,为规范信号楼值班员在洗车作业中能正确操作微机设备,确保洗车机设备和车辆安全,特制定以下洗车作业流程。

1. 洗车机设备

(1) 洗车机安装在洗车线的中段,洗车机容许单向(往牵出线某某道方向)清洗电客车,当不洗车时,严禁机车车辆通过洗车线。洗车机设备只允许单向通过电客车,信号楼值班员严禁反向排列洗车进路(从洗车线西端进入洗车线的进路)。

(2) 洗车机的主要功能

1) 洗车设备为室内单向通过式布置,列车的移动靠列车本身动力,由司机控制以不超过 3km/h 的速度洗车。

2) 对车辆的清洗分为清水清洗和清洁剂清洗两种。

3) 洗车机具有自动进行侧面、侧顶面、端面仿形洗刷的功能。洗车线洗车洗车方式(侧洗、端洗、全洗)由检调决定。

2. 操作流程洗车线操作

下面以车辆段为例进行说明。当需要向洗车线排列进行洗车时,信号楼值班员确认列车在某某信号机前停妥后,在微机连锁设备上点击相应按钮,请求洗车。洗车机控制室值班员接到信号楼值班员洗车请求后,确认洗车线空闲后,按下同意洗车按钮。

洗车机控制室控制盘上同意洗车灯点亮,信号楼控制台上同意洗车表示灯点亮。信号楼值班员首先开放某某信号机至某某信号机的信号,再开放某某信号机至洗车线的调车信号。另外,洗车线为单方向作业,不能排列反向洗车进路。

4.6 施工防护

4.6.1 施工作业防护

（1）信号楼当值人员接班后应首先查看当天的施工作业计划、日变更计划和车辆，中心周生产计划。

（2）将当天的施工计划记录到《信号楼施工登记本》内，对当天的施工计划提前，做好预想。

（3）施工作业防护人员到达信号楼后，应向厂调告知此情况。

（4）接到厂调通知，同意施工请点后，应与厂调认真核对计划并在《信号楼施工登记本》内做好记录，然后根据作业计划在控制台上做好防护。

（5）在施工人员作业期间，当值人员应密切注意控制台上施工区域信号设备的状态，做好与施工防护人员的配合。

（6）需要经过施工区域进行调车时，应首先确认该施工没有涉及接触网停电作业，然后让施工防护人员通知室外施工人员恢复设备的正常状态，出清作业区域，信号楼与施工防护人员共同确认设备试验良好后，进行调车作业。

（7）施工作业完成后，当值人员应会同施工防护人员对施工涉及的设备进行试验，确认设备试验良好后，报告厂调。

（8）接到厂调施工销点的通知后，确认无误后在《信号楼施工登记本》内做好记录，撤除控制台上对该施工设置的防护。

4.6.2 停电防护

（1）防止停电区域错、漏防护：接到车厂调度停电的通知以后，两名信号楼值班员共同确认停电区域的安全防护，并在停送电登记本上做好登记。

（2）防止因调车、配合施工作业撤除防护后忘记补设防护，当一次调车计划结束后，必须重新检查停电防护设置的情况，确认无误后，方可开始下一批次调车作业。

（3）防止错解封防护。接收撤除防护指令时，信号楼值班员认真核对，在接触网停送电登记本上做好记录。在两条或以上相邻的已设置停电防护的股道进行某条股道单独撤防护时，信号楼两名值班员应同时确认操作股道的正确性。

4.7 常见故障处理

4.7.1 故障处理原则

1. 处理原则

参与应急事件处理的员工都应紧急行动起来，早汇报，早处理，迅速开展工作，坚持"先救人、后救物，先全面、后局部、先通后复"的原则，优先组织人员疏散、伤员抢救，同时兼顾重点设备和环境的防护，将损失降至最低限度。

2. 发生故障时

（1）确认故障现象；

（2）通知相关人员并做好防护登记；

（3）配合处理故障；

（4）处理完毕会同维修人员试验良好后销点。

4.7.2 道岔故障

（1）信号楼值班员在办理客车出入车厂时，道岔区段出现红光带，按引导办法接车或降级运营行车法办理接发车手续。

（2）在办理接发车开放信号时，发生挤岔铃响。

（3）将故障道岔恢复原位，单独操作几次确认良好后继续使用。

（4）如果故障未排除，立即通知通号、线路值班人员、车厂调度，现场检查处理后，能正常时可继续使用。（如影响发车，预计会造成列车出厂晚点时，还需通知行调）

（5）如果故障还未排除，采取人工排列进路的方法管理接发列车。

1）道岔发生故障时，需在微机上按规定设置相关防护封锁，防止错办进路。

2）发生道岔尖轨不密贴时，立即通知工建人员、通号值班人员到现场确认，车厂调度负责向各专业维修人员确认，并经各专业维修人员同意后，方可通知信号楼值班员采取人工加锁道岔的方法组织列车进出车厂。

（6）手摇道岔执行下列 6 步骤：

1）一看：看岔心、岔尖有无障碍物或异常情况，道岔开通位置是否正确，是否需要改变位置（如正确，则转至第四步；如不正确，则转至第二步）。

2）二开：用转辙机钥匙打开转辙机遮断器（如已上勾锁器的道岔，先断开安全接点再拆下勾锁器）。

3）三摇：插入手摇把，摇动道岔转向所需的位置，在听到"咔嚓"的落槽声后停止，取出手摇把（如听不到落槽声时，则确认尖轨密贴即可）。

4）四确认：确认尖轨与基本轨密贴（间隙不大于 4mm）。手指尖轨，口呼"某某号道岔某某（左/右）位，尖轨密贴，开通某某道至某某道方向"，（如从第一步直接转到本步骤时，确认完毕后必须断开该道岔转辙机的遮断器）。

5）五加锁：确认道岔位置开通正确，遮断器断开后，用勾锁器锁定道岔尖轨并锁好挂锁。

6）六汇报：确认道岔位置正确后，向信号楼汇报道岔和进路开通位置，信号楼值班员复诵并核对。

7）人工准备进路时由近及远准备，准备完毕由远及近检查进路。

4.7.3 轨道电路故障

（1）股道轨道电路故障时，线路有机车车辆占用，但轨道电路无显示时，必须在微机相关区段上设置占用标志。

（2）线路无机车车辆占用，而轨道电路显示红光带时，通知厂调，经相关专业人员到现场确认线路空闲、钢轨未断裂，相关专业人员签认后，才能办理行车。

（3）照查电路故障，在微机上不能确认转换轨空闲状态时，信号楼值班员必须严格执行行车相关规定，办理列车出入车厂。

4.7.4 信号机故障

（1）进厂信号机故障。

1）确认进路道岔位置正确，并逐个锁闭进路上所有道岔，开放引导信号接车。

2）如引导信号开放不了，可使用引导总锁闭或派人到现场人工引导接车。

（2）出厂信号机故障，但微机连锁设备正常时，确认进路空闲后，授权司机越过关闭的信号机。

（3）调车信号机故障，但微机连锁设备正常时，确认进路空闲后，授权司机越过关闭的信号机。

（4）灯丝报警。

1）微机上进出车厂信号机表示灯均能正常显示时，进出车厂信号机可正常使用，按正常行车办理。

2）控制台上出车厂信号机表示灯熄灭，而室外对应信号机黄灯可以正常使用时，开放信号发车。信号机开放后，微机上无显示时，在确认地面信号机显示正确后，可继续使用。

3）控制台上进车厂信号机表示灯熄灭，而室外对应信号机黄灯可以正常使用时，开放信号接车。信号机开放后，微机上无显示时，在确认地面信号机显示正确后，可继续使用。

4）控制台上进、出车厂信号机表示灯熄灭，室外对应信号机不能显示黄灯时，按相关规定办理。

4.7.5 微机连锁设备故障

（1）在进行收发列车或调车作业工作时，信号值班员须立即通知司机不准动车或立即停车。

（2）与司机联系彻底，得到司机已停妥的回示后，信号值班员应立刻通知车厂调度，并报告发生断电的情况和微机使用状况。

（3）将故障发生时间、具体情况做好记录。

（4）信号楼值班员在收到处理完毕的汇报后，在维修人员的监控下对微机设备进行反复试验，确认良好后方可使用。

（5）维修人员须登记设备修复时间和使用状态，信号楼值班员应及时将修复情况向车厂调度汇报。

（6）事故处理完毕后，待信号人员检查设备签名确认后，方可排列有关进路。信号楼在作业中突然发生紧急情况时，为避免延误抢修时间，防止行车事故，组织相关人员及时、有效的调配车辆，争取在短时间内恢复正常行车。

（7）主要工作：

1）及时终止车厂内正在进行的收发车和调车作业。

2）及时向车厂调度汇报现场情况和当时作业情况。

3）配合相关部门作好救援准备。

4）做好恢复正常后的工作准备。

5）紧急情况解除后，及时向车厂调度汇报。

6）恢复正常的收发车作业和调车作业。

7）保证列车准点出厂。

8）及时合理配合车厂调度调配车辆，保证正线运行不受影响。

4.7.6 接触网故障

1. 车厂线路接触网故障停电时

为防止将电客车接入接触网停电的线路，信号楼值班员要严格执行登记制度，对停电区域进行封锁；扣停即将经过该线路的列车；将道岔扳到不能进入停电股道的位置并加锁；对停电区域两端的信号机扣上防护安全帽；直至该线路恢复供电后撤除。

2. 电客车临时停于无电（无网）区时

电客车在调车作业或牵引列车运行中，临时停于无电（无网）区的情况时有发生，应区别不同情况，予以妥善处理。

（1）电客车牵引列车运行中因采取紧急制动措施而停于分相绝缘等无电区时，可升起机车另一受电弓接通电源，确认具备运行条件后，按有关规定继续运行。

（2）电客车及其牵引的列车停于车厂无电区或无网区而不能

移动时，应立即通过无线调度通信设备等报请车厂调度员封锁线路，请求救援。

4.7.7 基本闭塞设备故障

电话闭塞法是当基本闭塞设备不能使用时，由区间两端站（线路所）车站值班员利用站间行车电话以发出电话记录号码的方式办理闭塞的一种方法。

电话闭塞法由于没有机械、电气设备控制，全凭制度约束来保证闭塞作用，因此，办理手续必须严格。为保证同一区间在同一时间内不会用两种闭塞方法，避免一个区间同时放入两个列车，在停用基本闭塞法改按电话闭塞法或恢复基本闭塞法时，都必须确认区间空闲，并须根据调度命令办理。遇列车调度电话不通时，闭塞法的变更或恢复，应由该区间两端站的车站值班员确认区间空闲后，直接以电话记录办理。

1. 电话闭塞法组织行车的启动条件

（1）一个或多个连锁区发生连锁故障时；

（2）中央及车站工作站上一个或多个连锁区均无法对线路运行车辆进行监控时；

（3）正线与车厂信号接口故障时；

（4）行调认为有必要时。

2. 电话闭塞法组织行车的原则

（1）控制权限：采用电话闭塞法行车的区段内，行车指挥权在车站。

（2）执行电话闭塞法区段，车厂内能排进路则正常排列进路（包括反排进路），不能排列进路的按人工手摇道岔方式准备进路。进路上的道岔优先使用 ATS/LCW 工作站锁定，当 ATS/LCW 工作站电子锁定无法使用时，由车站人员现场确认进路正确后使用钩锁器锁定（折返道岔钩锁器只挂不锁）。

（3）采用电话闭塞法行车的各车站不得办理通过列车。

（4）闭塞车站：正线全线信号连锁故障时所有车站均为闭塞车站，局部信号连锁故障时故障区域所有受影响的车站为闭塞车站。

（5）闭塞区段：闭塞区段为一站两区间。

（6）区段占用：每一个闭塞区段内只允许一趟列车占用。

（7）发车凭证：发车凭证为路票及车站发车信号。

（8）驾驶模式和限速：闭塞区段内各站发出的首列车采用 NRM 模式限速 25km/h 运行，后续列车采用 NRM 模式限速 45km/h 运行。

（9）折返方式：执行电话闭塞法组织行车的区段内，列车若在本站内折返时，按调车方式限速 15km/h 运行。司机与车站人员共同确认线路安全及道岔位置正确后，凭车站人员道岔开通信号进行折返作业。

3. 电话闭塞法接发车要求

（1）接发列车作业要求

1）发车站请求闭塞的条件：发车站进路准备完毕、人员到达安全位置后，向接车站请求闭塞。

2）接车站同意闭塞的条件：非折返站同意闭塞的条件为本次列车接车进路及到下一站线路的全部进路准备完毕、同方向前次列车到达前方站站台。折返站（站后折返）同意闭塞的条件为本次列车的接车进路准备完毕、前次列车驶出折返线到达折返台停稳。折返站（站前折返）同意闭塞的条件为本次列车的接车进路准备完毕、前次列车到达折返站的下一个车站站台停稳。

3）发车站行车值班员接到前方接车站同意接车的电话记录号，（进路准备好后）填写路票安排人员交与司机。

4）司机确认路票且核对无误后，确认安全后凭车站人员发车信号动车。

5）列车停稳后，接发车人员向司机收回路票并及时打"×"作废，按规定保存。

（2）报点要求

闭塞车站之间相互报到、发点，采用电话闭塞法的报点站须及时向行调报列车到、发点，行调须人工铺画列车运行图，掌握全线列车运行状况。

5 车厂派班员

5.1 岗位概述

1. 车厂派班员岗位定义

车厂派班员是指持有运营分公司颁发的《运营分公司员工上岗证》，负责派班员本职工作，并对运行信息和司机驾驶里程等数据进行统计，对司机使用的行车备品进行日常管理的专职人员。

上岗证：由运营分公司统一印制、对运营分公司内通过相关岗位资格鉴定人员核发的上岗凭证，仅在运营分公司范围内使用有效。

车厂派班员负责所在车厂乘务员的出/退勤作业和乘务员排班表，制定和组织实施乘务员的派班计划，遇突发事件及时调整交路、调配好司机的派班。协助主管分中心乘务经理管理乘务员日常事务，检查落实各项管理制度和作业安全规定。

乘务系列分电客车司机、车厂调度、信号楼值班员、车厂派班员、电客车队长和车厂组组长6个主要生产岗位。

2. 车厂派班员职责

（1）根据《运营时刻表》和《施工行车通告》公布的工程车调试任务、作业计划，编制客车司机排班表、备班司机日常工作安排。

（2）根据客运要求、工程车调试任务及人员变动，及时调整人员安排，做好当日司机的运用计划，并通知、落实有关人员。

（3）认真执行出/退勤制度，及时向出/退勤司机传达上级有关指令、指示和行车注意事项，检查《司机日志》及各种登记本填写内容是否齐全、正确。

（4）负责保管、派发电客车钥匙等行车备品，并检查出勤司机精神状态、文明状态及随身携带备品情况。

（5）认真听取、记录司机汇报的问题，及时向上级汇报。

（6）负责司机报单的核对、工时统计、公里数和考勤记录，按规定办理司机的请、销假手续。

（7）协助车厂调度管理车厂运作安全。

（8）利用 800M 负责监听、利用 ATS 监控正线各次列车运营情况，发现异常情况应及时了解清楚并向有关领导进行汇报。

（9）认真填写、复核《乘务日报》并正确、及时完成各种台账。

3. 车厂派班员任职条件和要求

（1）敬业爱岗、忠于职守；勤奋学习、精通业务；遵章守纪、廉洁自律。

（2）应具有专科及以上学历。

（3）熟悉相关规定，职业道德规范、质量管理知识；熟悉人员派班管理；取得车厂派班员岗位合格证。

（4）工作能力要求：具备良好的心理素质、团队协作能力、工作责任心。

4. 车厂派班员警戒线

（1）班前 10h 严禁饮酒；严禁当班期间擅自离岗或在岗位上做与工作无关的事情。

（2）未传、漏传调度命令，打印错误的调度命令。

（3）未及时监督司机整点出勤时间。

（4）司机班前饮酒未发现仍给予办理出勤的。

（5）未按规定进行信息汇报。

（6）不掌握调车班司机的去向。

（7）严禁错、漏通知调班司机。

（8）未及时更换时刻表、交路表。

（9）严禁统计司机的工时、公里数错误。

（10）严禁擅离职守、做工作无关的事情。

5.2 车厂派班员工作事项

1. 编制并转达运转计划

（1）根据列车运行图或调度命令要求，合理编制司机运转计划；

（2）将司机运转计划交由乘务队长进行审核，并及时公布。

2. 车厂派班员运转管理

（1）车辆段司机出勤工作

根据前一日的"司机叫班表"，督促司机公寓管理员及时叫班；

及时向车厂调度员了解当班行车安全注意事项及作业内容；

检查司机出勤前的行车备品齐全良好，行车备品包括，时刻表、手持台、方孔钥匙、电客车主控钥匙、司机报单等；

司机出勤时，负责向本班出勤司机传达行车安全事项，及调度命令；司机出勤时，负责检查司机精神状态，派发行车备品并检查司机随身携带用品、备品是否齐全；

负责监督出勤司机认真填写各种"登记簿"情况；

负责核对出勤司机运转交路。

（2）车辆段司机退勤工作

负责司机报单回收；

负责随车行车备品的检查与收回工作，行车备品有时刻表、手持台、方孔钥匙、电客车主控钥匙、司机报单及事故事件报单等；

根据司机退勤情况，及次日运转需求，合理安排司机公寓入住情况，编制"司机叫班表"；

告知退勤司机次日运转交路、叫班时间点及入住房间号；

将"司机叫班表"交给公寓管理员，并提醒公寓管理员做好次日叫班工作；

督促公寓管理员做好公寓管理工作。

（3）其他事项

安排司机进行车厂内调车、洗车、调试工作；

遇正线突发事件，须调整交路时，调配好司机的运转交路；

遇司机出勤迟到，或者出勤时司机身体不适，及时做好人员调整，确保列车准点发车；

检查司机抄录及台账填记情况，发现问题及时向队长反映；

检查行车备品数量、性能及摆放位置。数量不足配置标准时，要及时汇报中心安排补充或申领；铁质的行车备品（如方孔钥匙等）要做好防锈措施，充电式行车备品（如无线手持台）电压不足时要及时进行充电，确保处于有电状态，检查主控钥匙良好；

爱护和正确使用各种设备，搞好岗位卫生，认真执行交接班制度；

负责乘务员工的考勤工作，办理员工的请假、销假手续。

3. 报表统计

（1）公里数统计

负责收集每日"司机报单"，按班组进统计整理；

负责对每位电客车司机当班走行公里数进行统计与存档；

负责编制电客车司机运行公里数月度报表，上报至中心进行审核。

及时公示已审核通过的电客车司机运行公里数月度报表。

（2）信息通报

负责司机汇报的安全信息统计工作；

负责汇总、保存司机、工程车司机上交的"运营事件自述报告"；

负责将安全信息按照信息通报要求，每日上报至乘务分中心。

负责将每天的乘务日报发送乘务分中心相关上级领导以及汇

总上传运营日报至运营系统。

（3）用餐数统计

每天中午前正确统计好次日当班司机正线（午餐、晚餐）用餐数量并发送食堂负责人。

突发情况时做好人员用餐安排。

4．其他工作

协助中心做好劳保用品、办公用品及其他备品的发放工作；

协助车长组做好生产类台账的申请、领用、发放及保管工作；

协助客车队检查、督促司机按章行车和标准化作业；

协助班组做好现场 6S 管理；

完成上级交办的其他工作。

5.3　车厂派班员与客车司机接口

1．客车司机出乘作业规定

（1）车厂出乘

1）提前 10min 到派班室抄写当日行车注意事项，带齐备品（驾驶证、规章文本、荧光衣、电筒），按规定时间到车厂派班员处出勤（出勤时司机主动拿出手机与车厂派班员一起确认手机状态），领取《司机报单》、时刻表、400M 电台、800M 电台和客车钥匙等行车备品，检查好数量及备品状态并做好登记，做好当班的行车预想，并听取车厂派班员传达有关行车指示及注意事项；

2）领取《客车状态记录卡》，了解客车状态和停放股道位置；

3）到达相应股道后按规定完成列车整备作业。

（2）车厂调车班、调试司机出乘

1）提前 10min 到派班室抄写当日行车注意事项，带齐备品（驾驶证、规章文本、荧光衣、电筒），按规定时间到车厂派班员处出勤（出勤时司机主动拿出手机与车厂派班员一起确认手机状态），领取《司机报单》、时刻表、400M 电台、800M 电台、客车钥匙等行车备品，检查好数量及备品状态并做好登记，做好当班的行车预想，并听从车厂派班员传达有关行车指示及注意事项、《调车作业单》、《调试任务书》（调车班司机在《司机日志》上记录当天调车作业计划及施工计划内容；

2）领取《客车状态记录卡》或《调试任务书》，以及了解客车状态和停放位置；

3）到派班室待令或到相应股道整备列车。

（3）电话出勤

1）出勤机班人员到齐，精神状态良好，着装符合上岗要求，带齐行车物品（工作包、驾驶证、规章文本、荧光衣、电筒），按出勤时间提前 10min 到换乘室（或车控室）打内线电话给车厂派班员出勤。

2）车厂派班员确认来电显示为电话出勤地点，传达行车揭示内容给出勤机班。

3）出勤司机记录下车厂派班员所传达的行车揭示并复诵给车厂派班员，并传达到本机班人员。

4）车厂派班员确认出勤司机记录正确，允许该机班出勤，出勤完毕。

5）出勤完毕，出勤机班按要求到达接班地点接班值乘。

2. 客车司机退勤作业规定

（1）回厂退勤作业

1）客车到达指定股道对标停稳后，施加停放制动、分主断、分空调、分客室照明，确认空压机停止工作；

2）降弓、关主控钥匙、分蓄电池；

3）记录列车走行公里，确认消防备品齐全下车，锁好驾驶室侧门；

4）到车厂派班员处退勤，归还《客车状态卡》并说明列车状态；

5）填写《司机报单》，发生事件时填写《好人好事、事故事件登记表》并且记录好时间、地点、故障现象及详细处理过程等，并在《司机日志》上记录好下个班的出勤地点及时间，向车厂派班员汇报当班的运营情况，并归还行车备品；

6）车厂派班员了解清楚《好人好事、事故事件登记表》、《司机日志》核对抄写下个班的出勤时间和地点是否正确、行车备品数量，盖章确认后，方可允许司机退勤。

（2）正线退勤作业

1）退勤司机到换乘室与接班司机进行行车注意事项和行调命令的交接；

2）在正线交接班完毕后，到正线派班室处填写《司机报单》，发生事件时填写《好人好事、事故事件登记表》，并在《司机日志》上记录好下个班的出勤地点及时间，向正线车厂派班员汇报当班的运营情况，并归还行车备品；

3）正线车厂派班员了解清楚《好人好事、事故事件登记表》、《司机日志》核对抄写下个班的出勤时间和地点是否正确、行车备品数量，盖章确认后，方可允许司机退勤。

3. 预备人员的管理

（1）预备人员包括客车司机预备，主要负责休假、临时请假人员的替班工作和担任临时工作任务。

（2）预备人由车厂派班员统一负责管理。车厂派班员必须按照计划（或突发的情况）的轻重缓急，灵活掌握人员安排，保证行车需求。

（3）客车队须调整个别人员时，不得随意调动，由队长决定并通知车厂派班员，未能达成共识的，汇报分中心经理解决。

（4）预备人员原则上在宿舍（或家中）待乘，早上9：10和下午16：10必须打电话到派班室报到，其他时间处于随时待命状态，随叫随到。

（5）车厂派班员原则上必须提前3h通知预备人员。若打电话通知不到预备人员时，20min之内，车厂派班员应不少于3次联系预备人员。20min 仍未能接电话者，按违纪处理。车厂派班员应立即联系次一位预备人员。

（6）预备人员必须在 3h 内赶到规定地点，未能赶到者，按漏乘处理。

（7）预备人员需请假时必须在车厂派班员处领取请假单，按照规定办理有关请假手续。

（8）预备人员必须把有效的家庭电话、手机等通信联系方法留给派班室。

（9）预备人员遇有急事须离开本市时，必须电话通知派班室和班组长（留下外地联系电话），由车队长做好安排并通知车厂派班员。

（10）预备人员连续上班超过 5 天时，如有人的情况下则安排其休息一天。

（11）预备人员担任临时任务晚于 24 点后退勤，原则上安排其在公寓休息，休息够 10h（按退勤点计算）后，在人员紧张情况下可安排其值乘。

5.4 车厂派班员与车厂调度接口关系

1. 车厂派班员职责：协助车厂调度管理车厂运作安全；协助客车队检查、督促正线值乘司机按章作业。

2. 车厂调度职责：认真执行车厂行车组织及施工管理审批。巡厂遇特殊情况无法脱离岗位时，可适时往后延时或及时安排符合资格的其他同等资格人员（如：车厂车厂派班员等）顶替。

3. 车厂作业添乘规定下列情况，车厂调度员必须安排合格人员进行监控、添乘。

（1）客车、工程车上试车线进行调试、试验、测试作业；

（2）工程车调动电客车或单元电客车转线作业；

（3）外单位机车车辆的转线作业；

（4）工程车运输石碴、长大货物作业；

（5）未进行过洗车作业的司机进行洗车作业；

（6）进入尽头线车厂调度安排人员添乘；

（7）非固定车厂调车班司机进行转线作业时；

（8）在大雨、大雾天等特殊天气的作业；

（9）其他情况，车厂调度员视作业情况进行添乘或安排添乘。

（10）添乘人员职责：

1）添乘人员必须熟悉车厂线路、信号机、道岔情况，熟悉车厂运作及车厂作业有关规定；

2）负责监督、监控作业人员按章作业，监控该项作业关键环节，监控、提醒司机确认进路、道岔、信号和确认是否具备行车条件，确保作业安全；

3）监控、提醒司机使用驾驶模式、运行速度、运行区段等；

4）工程车挂电客车转线作业时，监控、提醒司机切除或恢复客车B05，监控防溜措施的执行（包括放、撤铁鞋及施加停车制动）；

（11）发现行车、人身安全问题时，立即采取措施停车。

5.5 乘务日报填写

1. 乘务日报填写要求

《车辆中心生产日报》为乘务分中心运作信息的载体，具有较强的规范性和严肃性，是分中心及中心人员了解、掌握信息的来源，解决处理各类事件、针对性地制定各种防范措施地依据；乘务日报的填写需遵循准确、真实、完整的原则，做到内容准确真实、版面整齐有序。

2. 乘务日报填写的分工（图5.5-1、图5.5-2）

（1）红圈内为车厂派班员填写，主要填写《乘务日报》，每日报告事件任务信息；

（2）车厂派班员在输入《乘务日报》时要认真负责，避免出现错别字或修改格式及字体；

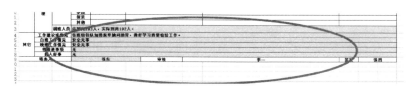

乘务日报

2016年10月18日　星期XX　安全运营XXX天　本日运行XXXkm

类别	项目		序号	姓名	班组	车体号	年/月/日	时间	事件名称	事件概况	事件类别	细分类别	事件影响
生产情况	南宁地铁一号线运营情况	列车故障/行车事件	1	张三	客车四队	0120	2016.10.18	6:56	信号系统	06:56分司机值乘11086次01206车以CBTC-ATO模式在南职院上行对标停车时冲标约80cm，列车无开门使能信号，司机手动后退对标，确认有开门使能后进行开关门作业，动车后报行调，行调命令司机加强监控，司机复诵并执行。	信号系统	其他	安全无事
			2	李四	客车三队	0120	2016.10.18	14:32	屏蔽门故障	14:32分司机值乘10210次01206车运行至民族大学上行停稳时，司机发现上行站台屏蔽门头端端门呈45度角打开，司机报车站，并关好端门，站台作业完毕后确认无人员进入轨行区后动车，将情况报行调，行调令司机加强监控，司机复诵。15:20分列车准点到达终点站火车东站。	屏蔽门故障	端门	安全无事
			3	王五	客车三队	0101	2016.10.18	16:18	安全隐患	16:18分司机值乘10312次01016车以ATO-CBTC模式限运行至朝阳广场上行进站前100米处发现右侧水沟有长约10米积水，且漫过道床，未漫过轨面，暂不影响行车，在站停稳后将情况报告行调。16:19分行调询问司机有无上涨趋势，司机确认无上涨趋势，司机回复行调。	安全隐患	渗漏水	安全无事
			4	刘一	客车一队	0115	2016.10.18	20:54	车辆故障	20:54分司机值乘11316次01156车以ATO-CBTC模式运行至南职院上行，发现CCTV卡屏。司机报行调，申请复位ACSU。行调同意。20:55分司机复位ACSU后，CCTV恢复正常，动车后报行调。	车辆故障	安防系统	安全无事
		关键人员	客车一队	张三									
			客车二队	李四									
			客车三队	王五									
			客车四队	刘一									
			屯里车厂	无									
			西乡塘车	无									
		关键时段	早上	司机、车厂组当班精神状态良好，作业情况良好。									
			中午	无									
			下午	司机、车厂组当班精神状态良好，作业情况良好。									
		关键地点	联合检修库2楼办公区（本部门）	正常，无人迟到，无人违纪，卫生状态良好。									
			联合检修库1楼办公区（本部门）	正常，无人迟到，无人违纪，卫生状态良好。									
			试车线	WJ101车									
			停车列检棚	状态正常									
	关键卡控		联合检修库	状态正常									

图 5.5-1　填写内容（一）

理		探亲				
		其他				
	调班人员	应到岗203人，实际到岗192人。				
其它	工作建议或意见	各班组各队加强规章抽问抽背，做好学习质量检验工作。				
	白班工作情况	安全无事				
	晚班工作情况	安全无事				
	待报送事项	无				
	好人好事	无				
填表人		张东	审核	李一	签发	张四

图 5.5-2　填写内容（二）

（3）发送《乘务日报》前，认真核对日报，发现有司机未写事件单时，及时采取补救措施；

（4）车厂派班员在接收司机填写的事件单时必须了解情况并询问清楚。

3.《车辆中心生产日报》填写的分工（图 5.5-3、图 5.5-4）

车辆中心生产日报

2016年10月17日 08:00 至次日08:00　　运营时刻表 XXX# 安全运行 XXX天

	班次	车辆段						停车场				石埠站驻站	火车东站驻站
		车厂调度	检修调度	信号楼值班员	派班员	轮值工班	工程车组	车厂调度	检修调度	信号楼值班员	轮值工班		
值班人员	白班				张三								
	夜班				李四								

图 5.5-3　填写内容（三）

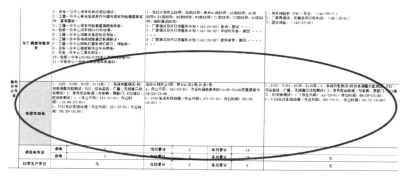

图 5.5-4　填写内容（四）

（1）红圈内为车厂派班员填写，主要填写《乘务日报》，每日报告事件任务信息；

（2）车厂派班员在输入《车辆中心生产日报》时要认真负责，避免出现错别字或修改格式及字体；

（3）发送《车辆中心生产日报》前，认真核对日报，发现有司机未写事件单时，及时采取补救措施；

（4）车厂派班员在接收司机填写的事件单时必须了解情况并询问清楚。

4．事件单的书写要求

（1）填写事由：在当班过程中原则上遇下列情况，客车司机/工程车司机退勤时或车厂调度员、信号楼值班员在下班前必须填写《安全事件报告单》，把信息反馈到屯里车厂派班室处，由车厂派班员统一反映在《车辆中心生产日报》上，再反馈到分中心：

1）车厂加开或晚开列车；

2）正线客车延误 2min 及以上时（包括故障或其他原因造成的）；

3）列车发生故障并处理时；（不影响行车、乘务服务的故障，如车次牌故障、司机座椅损坏等，司机可不必填写《安全事件报告单》，但必须及时报行调并在状态卡上记录。）

4）正线/车厂信号故障（包括车载、轨旁、连锁系统或信号机故障等）；

5）洗车过程中发现洗车信号显示不正常、洗车设备异常、洗车机不能或非正常工作时；

6）正线出现无折返或折返失败等非正常折返的情况下时；

7）正线非正常行车、换车、转备用、退出服务、清客、救援等现象时；

8）列车自动前、后溜、正线列车进站过程中运营停车点取消、客车在站自动停车越过停车标 1m 或以上时；

9）正线运营列车产生紧急制动；

10）行调发布调度命令时（包括口头和书面命令），由当班正线队长下班前总结填写；

11）正线或车厂发现危及行车/人身或设备安全时；

12）列车过线或换车或正线列车调试时；

13）正线或车厂信号机不能正常开放信号时；

14）屏蔽门故障不能打开/关闭、自动关闭/打开等；

15）正线或车厂出现好人好事现象时；

16）其他影响正常的作业程序，车厂派班员认为有必要填写时。

（2）填写原则及要求：

1）填写的标准

①"填报单位"栏为当事人所在中心及分中心；

②"标题"栏为发生事件简题；

③"发生日期"栏为发生的具体时间（年、月、日）；

④"发生时间"栏为发生的具体时间（时、分、秒）；

⑤"车次"栏为发生事情的车次或当事人所驾驶的车次、"车号"（没有涉及到列车时，可不填写车次）；

⑥"运营时刻表"栏为当时事件发生所采用的时刻表；

⑦"发生地点"栏为发生的地点（车厂、车站、上/下行线、区间/站、公里、百米标）；

⑧"编组"为相应车次的车底号；

2）《安全事件报告单》中"事件经过"栏的填写：

① 事件当班机班；

② 事情发生的时间；

③ 相关车次（车号）；

④ 列车的驾驶模式；

⑤ 发生情况的具体地点；

⑥ 列车产生的现象或当事人发现的现象；

⑦ 相关人员的处理过程、处理结果；

⑧ 列车的晚点情况或事情的影响。

3）车厂派班员接到《安全事件报告单》后，认真检查、核实当事人填写的内容，发现填写内容有漏、错或不明确的内容时，车厂派班员应向当事人指出填写问题后并要求当事人重新补充或修改相关的内容，当事人重新补充或修改相关的内容后，车厂派班员确认无误后，盖章/签名确认。

4）值班人员必须填写时间（年、月、日、时、分）地点（上、下行、区间百米标或者站台位置信息）驾驶模式、驾驶的司机室号、800M电台号码、信号机开放状态距离位置、道岔开通状态距离位置、当前开通进路以及事件经过。

（3）事件单填写模板（表5.5-1）

安全事件报告单

表 5.5-1

填报单位：

标题						
发生日期		发生时间		车次		运营时刻表
发生地点					编组	
事件经过			事件经过填写栏			
报告人		报告日期			值班人员	

5. 《司机报单》填写

《司机报单》是司机记录当天上班所值乘的车次、车底、出退勤时间等基本信息的一种表单，其所包含的内容主要有：日期、职务、代号、姓名、出退勤时间、车厂派班员的名字、列车出发和到达的时间（表 5.5-2、表 5.5-3）。

《司机报单》填写样板   表 5.5-2

职务	代号	姓名		出勤时间		退勤时间	
				出勤车厂派班员		退勤车厂派班员	
序号	车号	车次	始发站	时间	终到站	时间	
1							
2							
3							
4							
5							
6							
7							
8							
9							
10							
11							
12							
人公里							
行车记事							

司机报单样板 表 5.5-3

职务	代号		姓名	出勤时间		退勤时间
中级司机	0708		张三	08：00		18：00
				出勤车厂派班员		退勤车厂派班员
				李四		李四
序号	车号	车次	始发站	时间	终到站	时间
1				08：20		08：50
2				09：00		09：50
3				10：00		10：50
4				11：00		11：50
5						
6						
7						
8						
9						
10						
11						
12						
人公里						
行车记事						

6. 《客车状态记录卡》填写

《客车状态记录卡》是记录列车状态的卡片，由车辆检修调度提供给车厂调度，车厂派班员从车厂调度处领取，司机在每天早上出勤时在车厂派班员取得所值乘列车的状态卡，从而了解列车当前的状态是否良好；在正线运营中，当列车出现故障时，司机应及时记录在状态卡上，从而方便工作人员检修。

《客车状态记录卡》主要包括的内容有：日期、车次、停放位置、出厂方向、列车状态、故障描述等（图 5.5-5）。

客车状态记录卡

XX 年 XX 月 XX 日

车次	1001	停放位置	X 道 X 段	出厂方向	出1

	0108 客车技术状态良好，符合运行条件：		
		检修调度：张三	XX 时 XX 分
		车厂调度：李四	XX 时 XX 分
检车司机：王五		回厂司机：赵六	
出厂公里数	1 车驾驶室 XXX km		6 车驾驶室 XXX km
回厂公里数	1 车驾驶室 XXX km		6 车驾驶室 XXX km
备注	列车故障登记栏		

图 5.5-5　状态卡填写模板

6 车厂（停车场）应急处理

6.1 总则

（1）参与应急事件处理的员工都应紧急行动起来，早汇报，早处理，迅速开展工作。

（2）坚持"先救人、后救物，先全面、后局部、先通后复"的原则，优先组织人员疏散、伤员抢救，同时兼顾重点设备和环境的防护，将损失降至最低限度。

（3）兼顾现场的保护工作，以利于公安、消防和事件调查部门的现场取证。

（4）各岗位在应急事件处理时应沉着冷静，及时通知相关抢修部门及行调，严格按应急流程组织抢修，确保安全，尽快恢复、开通线路，尽量减少对收发车作业的影响。

（5）员工在应急事件处理时，坚持对外宣传归口管理的原则，不得擅自发布相关信息。

6.2 汇报流程及内容

1. 汇报要求

（1）车厂发生应急事件，车厂调度员/信号楼值班员应立即报 OCC，按应急流程组织抢修，并尽快汇报车厂组组长，车厂组组长立即汇报分中心分管副经理，车厂组组长及分管领导应尽快前往事发地点，了解有关情况，指导后续处理。

（2）应急事件处理完毕，当值车厂调度员填写安全事件单，并由车厂组组长审核后交分中心安全员。

2. 汇报流程示意图（图 6.2-1）

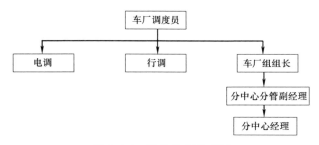

图 6.2-1 汇报流程示意图

3. 汇报内容

（1）口头汇报可简要说明事件概况、原因（若能初步判断）及造成的影响。

（2）行车事件单应详细记录以下内容：

（3）当事人姓名、职务。

（4）事件发生的时间、地点、经过和处理的结果。

（5）事件发生的初步原因分析。

6.3 信号设备故障应急处理

1. 车厂（停车场）信号设备故障应急预案关键指引

（1）本预案启动时机是车厂（停车场）范围内信号机、道岔及微机连锁控制系统的行车技术条件因故不能满足或降低，需停止使用设备或降级使用行车组织方法，影响列车上线运营或行车中断。

（2）信号设备故障分类及处理方式：

信号设备故障按故障现象分为：轨道电路红光带、道岔无表示、微机连锁故障瘫痪无连锁、信号机不能显示进行信号。

轨道电路红光带，接车时按引导进路锁闭方式接车。道岔区段红光带，道岔位置正确时，无需加钩锁器锁闭准备进路，但是必须在 MMI 上将该付道岔单锁；需改变道岔位置时按"道岔无表示"方式准备进路。

进出厂咽喉道岔无表示，不采用引导总锁闭方式接车，故障道岔现场人工手摇准备进路，非故障区段道岔单操单锁及排列调车信号，信号楼值班员口头允许司机越过关闭的信号机。

进厂信号机及发车进路信号机因故障不能显示进行信号，开放引导信号或调车信号办理接发车；引导信号或调车信号不能开放时，进路采用单操单锁方式，信号楼值班员口头允许司机越过关闭的信号机。

微机连锁故障瘫痪无连锁时，按人工手摇道岔准备进路。

（3）故障发生后，信号值班员（厂调）立即通知相关区域列车停车（包括停止故障区域相关作业），做好相关区域的安全防护，通知通号、维修调度及行调。

（4）必要时与行调、检调及邻段厂调调整收发车计划（含客车队长调整司机安排）。

（5）行车组织原则为：

设备故障后应遵循"先通后复"的行车组织原则；

优先考虑接发非故障区域列车，合理利用变更进路，需通过人工准备进路的最后办理。

车厂咽喉岔区道岔是车厂接发列车的关键区域，咽喉岔区道岔故障行车调整原则见表 6.3-1。

咽喉岔区道岔故障行车调整原则　　　　表 6.3-1

道岔	故障现象	行车调整原则	应急处理
车厂进出厂咽喉道岔（其中一副或多副故障）	道岔红光带	（1）优先准备不经过该道岔的接发车进路；（2）其次办理不改变故障道岔位置即可接发车作业的进路；（3）最后办理需改变故障道岔位置进行接发车的进路	（1）在 MMI 单锁该道岔；（2）需改变道岔位置时，通知人工准备进路人员提前准备好工器具，在故障道岔附近安全位置待令

道岔	故障现象	行车调整原则	应急处理
车厂进出厂咽喉道岔(其中一副或多副故障)	道岔失去表示	(1)优先准备不经过该道岔的接发车进路; (2)其次手摇故障道岔人工准备接发车的进路	(1)故障发生时,单操试验,故障未消失,单锁故障道岔; (2)需现场手摇道岔人工准备进路接发车时,通知人工准备进路人员提前准备好工器具,在故障道岔附近安全位置待令

人工准备进路前须工建部门确认线路状态具备行车条件,通号部门对故障设备连锁关系办理了停用手续。

进路准备应按列车经过的第一副道岔开始由近至远准备进路,由远至近确认进路。

在未得到维修人员的检查确认前,厂调不得在故障区域组织行车。

2. 车厂/停车场信号设备故障行车组织应急预案应急行动指引(表6.3-2)

车厂/停车场信号设备故障行车组织应急预案应急行动指引

表 6.3-2

岗位	行动指引
信号楼值班员	发现信号设备故障后,立即呼叫相关范围内的列车停车待令 通知厂调并做好登记; 停止故障区域的相关作业,按规定在 MMI 做好防护; 根据厂调指令及时准备列车进出厂进路; 按规定与司机进行联控
厂调	通知通号调度、维修调度及行调,并做好登记; 通知胜任人员对故障现场进行检查; 与行调、检调、邻段厂调共同调整收发车计划; 通知车厂派班员故障情况和调整后的收发车计划; 按规定组织胜任人员及时准备进路; 听取相关部门的故障检查结果及处理意见,及时向上级领导汇报; 如需人工准备进路时,提前做好相关准备工作; 需人工准备进路时与胜任人员一起现场手摇道岔准备进路

岗位	行动指引
行调	与厂调、检调协商调整收发车计划； 必要时向正线回厂司机传达有关命令
胜任人员	按规定检查故障现场并将故障情况向厂调汇报； 需人工准备进路时，按规定配合厂调现场手摇道岔准备进路
车厂派班员	将故障信息向司机传达； 通知所有出乘司机提前到岗将电客车整备完毕； 向厂调了解列车计划调整情况，做好司机安排
电客车司机	提前到岗做好准备工作； 根据信号、命令指示行车，及时与信号楼及行调联控
邻段厂调	必要时，配合邻段厂调、检调及行调共同调整收发车计划

6.4 轨道设备故障应急处理

1. 车厂（停车场）轨道设备故障应急预案关键指引

（1）本预案启动时机是车厂内线路钢轨、道岔、枕木、路基及线路附近因故需停止使用或降级使用行车组织方法，影响列车上线运营或行车中断。

（2）影响轨道设备正常使用的故障或现象：

钢轨断轨或裂缝超过规定标准；

线路路基因塌陷、翻浆等基础故障造成线路技术条件降低；

相邻线路车辆停放或线路接近设备、物料等侵限。

（3）故障发生后，信号值班员（厂调）立即通知相关区域列车停车待令（包括停止故障区域相关作业），做好相关区域的安全防护。

（4）收发车期间的轨道设备故障时，应按"先通后复"的原则，视故障情况及行车需要及时组织抢修；因故障导致车厂影响电客车无法满足上线运营数量时，厂调应及时与检调、行调及邻段厂调调整上线运营电客车计划，并向上级领导汇报。

（5）轨道设备故障后，厂调及时通报通号及维修部门现场确认故障。如无法修复时，抢修负责人通知车厂调度员封锁相关区域，需行车限速要求时按维修和通号提供的限速要求执行。

2. 车厂/停车场轨道设备故障应急行动指引（表 6.4-1）

车厂/停车场轨道设备故障应急行动指引 表 6.4-1

岗位	行动指引
信号楼值班员	发现轨道设备故障后,立即呼叫相关区域的列车停车待令; 通知厂调、通号调度、维修调度及行调,做好登记; 停止故障区域的相关作业,按规定在微机连锁控制台做好防护; 配合准备调整后的列车进出厂进路; 需人工准备进路时与胜任人员一起现场手摇道岔准备进路; 按规定与司机进行联控
厂调	通知通号调度、维修调度及行调,并做好登记; 通知胜任人员对故障现场进行检查; 与邻段厂调、检调及行调共同调整收发车计划; 通知车厂派班员故障情况和调整后的收发车计划; 按规定组织有关人员及时准备进路; 向上级领导汇报故障情况
胜任人员	按规定检查故障现场情况并向厂调汇报; 必要时,做好故障现场的防护; 需人工准备进路时,配合厂调现场手摇道岔准备进路
车厂派班员	将故障信息及限速命令向司机传达; 通知出乘司机提前到岗做好准备; 向厂调了解列车计划调整情况
电客车司机	提前到岗做好准备工作; 根据信号、命令指示行车,及时与信号楼及行调联控
邻段厂调	必要时,配合故障车厂厂调及行调调整收发车计划

6.5 接触网设备故障应急处理

1. 车厂（停车场）接触网设备故障应急预案关键指引

（1）本预案启动时机为车厂牵引混合变电所、接触网设备设施故障等原因造成车厂全厂停电或分区停电，影响列车上线运营或行车中断。

（2）发生接触网故障后

汇报电调、行调，根据现场情况配合电调组织抢修；如在列车出/入厂时，优先组织非故障区列车进/出厂；

行调负责涉及正线运营的行车组织及命令指示的发布与传达；

电调根据接触网设备故障情况提报行车限行限速要求以及故障区段供电专业抢修命令及指示的发布；

车厂越区供电或正线支援车辆段运行方式下，车厂内允许升弓列车数量由电调根据设备的实际情况核定后通知车厂调度员、车厂调度员、检调合理安排车厂的升弓车数量；

终止相关区域内的行车，电客车降弓；

工程车司机做好救援准备，根据抢修方案配合进行抢修。

（3）故障发生后，由厂调下令封锁相关区域。抢修期间内，接触网停送电手续由抢修负责人与电调联系办理。

（4）故障区域的抢修作业原则上应安排在非故障区域的列车进/出场作业完成后再进行。

（5）列车调整原则

优先办理非故障区域的收发车作业。

与邻段厂调加强联系，调整两段间的收发车计划以减少对运营的影响。

必要时，使用工程机车进行救援时，应充分考虑工程机车折返能力、以利于后续列车运行组织。

2. 车厂/停车场接触网设备故障行车组织应急预案应急行动

指引（表 6.5-1）

车厂/停车场接触网设备故障行车组织应急预案应急行动指引

表 6.5-1

岗位	行动指引
厂调	（1）发现车厂接触网故障或接到接触网故障的报告时,应立即确认具体故障区域并向电调汇报,根据现场情况配合抢修; （2）停止相关区域内的行车作业,通知检调或电客车司机降弓; （3）通知工程车根据需要整备机车; （4）与检调、行调及邻段厂调共同调整收发车计划,并将调整后的计划传达至相关岗位; （5）优先组织非故障区域列车进出/厂; （6）分区停电时,根据行调指令及现场情况调整列车进/出厂计划; （7）全厂停电时,组织工程机车牵引电客车进/出厂; （8）及时向上级领导汇报
信号楼值班员	（1）立即停止相关区域作业,通知司机立即停车,降弓待令,报告厂调; （2）根据厂调调整后的收/发列车计划准备进路; （3）封锁故障线路及受影响区域,做好安全防护
电客车司机	（1）运行中的列车发现接触网设备故障,应立即停车待令并及时将故障情况及列车停留位置报告车厂调度; （2）接到厂调接触网故障的通知后降弓待令; （3）按信号楼值班员指令行车
车厂派班员	将故障信息及行车要求向司机传达; 通知出乘司机提前到岗做好准备; 向厂调了解列车计划调整情况
邻段厂调	必要时,配合故障车厂厂调及行调调整收发车计划

6.6 车辆冲突、脱轨、挤岔、倾覆应急处理

1. 处理原则

（1）发生挤岔事故时,车厂调度必须要到现场查看情况,严禁擅自指挥动车,及时汇报行调,通知相关专业抢修人员进行处置。

（2）车辆部门专业救援队和维修部门抢修人员到达现场后，由车辆部门专业救援队负责人和维修部门抢修负责人共同商讨救援方案，由车厂调度根据相关专业救援负责人的意见协调和指挥进行救援抢修。

（3）需要接触网停电时，车厂调度组织受影响区域接触网停电；需要工程车救援时，通知工程车司机做好救援准备工作。

（4）需要动车前，必须经车辆部门专业救援队负责人确认车辆状态和维修部门救援抢修负责人确认线路、道岔状况达到运行条件并同意后，车厂调度方可按要求指挥司机动车。

（5）当机车车辆移出事故地点，被挤坏的道岔已修复，经试验良好后，交付使用；维修部门抢修负责人到 DCC 补办登记手续和办理交付使用手续。

2. 应急行动指引（表 6.6-1）

应急行动指引　　　　　　　　　　　　　　表 6.6-1

岗位	行动指引
厂调	（1）接报后，要求司机严禁动车，并立即汇报行调、车厂组长、通知维修调度、通号调度； （2）停止调车作业，影响收发车时，应调整收发车计划并传达至相关岗位； （3）穿好反光背心，前往事故现场查看情况； （4）到达现场后，确认是发生挤岔，通知车厂厂派班员将情况通报，担任事故处理主任（在抢险负责人到位后，与抢险负责人交接事故处理主任权）； （5）维修救援人员到达现场后，确定抢险队负责人，与其协调，并指挥进行抢险； （6）需要动车时，经抢险队负责人确认车辆状态、线路、道岔状况达到运行条件，告知事故处理主任（车厂调度），明确限速要求，指示信号楼值班员排列好进路，指挥司机动车； （7）当机车车辆移出清事故地点，封锁事故现场进行抢修； （8）道岔修复，并经试验良好，给予抢险队负责人补办登记手续； （9）配合维修人员的抢修及车辆救援队的救援工作

岗位	行动指引
信号楼值班员	（1）微机连锁设备有提示声"挤岔报警"时，立即呼叫"车厂内所有司机紧急停车"，接着根据微机显示的光带和机车车辆动态，确认为挤岔时，向车厂调度汇报挤岔号码、发生挤岔的机车、车辆号码等； （2）确定的影响范围在微机上设置封锁防护； （3）与事故处理主任联系，配合按抢修时进路的排列、开放信号等； （4）当机车、车辆移出事故地点，被挤坏的道岔已修复，经试验良好后，与设备管理部门办理交付使用手续； （5）根据调整的收发车计划准备进路
车厂派班员	（1）车厂车厂派班员接到挤岔信息后，将情况报信息调度、检调和行调，并通知其他相关人员； （2）向出/退勤司机传达相关信息和安全注意事项； （3）协助厂调应急处理
电客车司机	（1）在车辆运行过程中发现走行部有异响或听到"紧急停车"的呼叫后，立即紧急停车； （2）判断为挤岔，机车车辆停机待令，降受电弓、关主控钥匙； （3）由其他乘务员替其岗位

6.7 车厂冒进信号机应急处理

1. 处理原则

发现或接到报告后，要求司机立即停车，并前往现场查看情况，视情况组织行车，防止挤岔或脱轨事故。

2. 应急行动指引（表 6.7-1）

车厂冒进信号机应急行动指引　　　　　　　表 6.7-1

岗位	行动指引
车厂调度	（1）接报后，要求司机严禁动车； （2）穿好反光背心，前往事故现场查看情况； （3）如车轮已压上道岔，按挤岔处置指引执行；如列车未压上道岔，组织车辆后退
信号楼值班员	根据车厂调度员指示进行相应的防护，并做好车辆后退的进路准备

岗位	行动指引
车厂派班员	(1)车厂车厂派班员接到信息后,将情况报信息调度、检调和行调,并通知其他相关人员; (2)协助厂调应急处理

6.8 自然灾害类应急处理

1.处理原则

出现雷暴雨、台风等恶劣天气时,必须加强车厂巡视,发现险情及时组织抢修,确保车厂行车安全。

2.应急行动指引(表6.8-1)

自然灾害类应急处理　　　　　　　　　　表6.8-1

岗位	行动指引
车厂调度	(1)加强车厂行车区域巡视,发现险情或影响收发车时报告行调; (2)配合维修部门的抢修施工; (3)停止车厂调车、调试作业,根据情况调整收发车计划
信号楼值班员	(1)封锁抢修施工区,做好进路防护; (2)根据调整的收发车计划准备进路
车厂派班员	(1)车厂派班员接到信息后,将情况报信息调度、检调和行调,并通知其他相关人员; (2)协助厂调应急处理

6.9 电客车进入无电无网区应急处理

1.处理原则

(1) 车厂调度员必须到现场查看、确认,根据现场情况,确定处理办法。

当接触网损坏或发生弓网故障,需要停电处置时,车厂调度员按施工管理程序做好停送电的审批。

（2）当故障影响收发车时，车厂调度应将情况汇报行调。

2. 应急行动指引（表 6.9-1）

电客车进入无电无网区应急处理 表 6.9-1

岗位	行动指引
车厂调度	（1）发现或接到电客车进入无电无网区，应立即通知司机停车并降弓； （2）确认受影响区域有无其他人员作业、有无人员伤亡，如有人员受伤应立即拨打 120 急救； （3）带好手持台，到现场查看情况，如有接触网损坏，应汇报行调，由行调组织抢修； （4）调整行车计划并传达至相关岗位，及时组织工程车将电客车牵引回库； （5）汇报车厂组组长、检修调度，组织检修人员检查受电弓状态
信号楼值班员	（1）按车厂调度员指示，通知故障区电客车司机立即停车并降弓； （2）根据调整的行车计划排列列车进路； （3）按车厂调度员要求组织工程车牵引电客车回库
车厂派班员	（1）车厂车厂派班员接到信息后，将情况报信息调度、检调和行调，并通知其他相关人员； （2）协助厂调应急处理
电客车司机	（1）运行中的列车发现接触网设备故障立即停车待令并及时将故障情况及列车停留位置报告车厂调度； （2）接到厂调接触网故障的通知后降弓待令； （3）按信号楼值班员指令行车

6.10 车厂火灾应急处理

1. 处理原则

（1）车厂发生火灾时，必须及时通报火情，及时组织灭火，在保障人身安全的情况下尽力抢救重要物资设备的安全，减少损失。

（2）车厂发生火灾时，车厂调度员担任临时应急处置负责人。

（3）若事发区域为危险品库区，应立即疏散该区域人员，不得擅自组织处理事故，服从事发库区所属部门领导到场指挥。

（4）如火灾发生在接触网高压区，应通知 OCC 电调切断该区域高压供电；如电气设备发生火灾应切断相应的电源。

（5）如有人员伤亡，应立即拨打 120，抢救伤员。

2. 应急行动指引（表 6.10-1）

车厂火灾应急行动指引 　　　　表 6.10-1

岗位	行动指引
车厂调度员	（1）发现火灾报警或接到火灾报告后，立即到现场确认火情； （2）根据火情动态，组织人员采取正确的方式灭火，视情况拨打 119，并安排人员引导消防人员； （3）火势不可控制时，通知车厂生产办公区域人员疏散； （4）如电客车发生火灾，应通知该车降弓，并组织邻线车辆调离
信号楼值班员	发现火灾报警或接到火灾报告后，立即报告车厂调度员； 根据车厂调度员要求及时准备进路，将邻线车辆调至安全位置
车厂派班员	（1）车厂车厂派班员接到信息后，将情况报信息调度、检调和行调，并按《应急信息报告程序》报其他相关人员； （2）协助厂调应急处理

3. 路票的规定

路票的填写内容包括：车组号、闭塞承认号、区间、行车专用章、日期，各站发出首列车须在路票左上方标明（图 6.10-1、图 6.10-2）。有关行车人员交接时必须核对清楚。

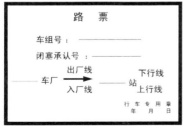

图 6.10-1　路票

注：黑框白底黑字，规格 75mm×
　　88mm、框宽 3mm。

图 6.10-2　入厂路票

注：黑框白底黑字，规格 75mm×
　　88mm、框宽 3mm。

7 检 修

7.1 检修调度

7.1.1 岗位介绍

　　每日，数百次列车穿梭于地下空间，在你体验安全运营的背后，可知道诸多岗位在为之坚守。司机、站务员、接触网工，或许大家已在或多或少的人物故事中看到了他们的身影，也知道了他们的岗位故事，但在更庞大的幕后，是更多"不出名"的地铁人为地铁系统"穿针引线"，这就是地铁车辆中电客车的大管家检修调度。

　　每列电客车的维护保养都将严格按照计划来执行，根据运行里程和时间进行相应级别的检修工作。电客车各系统在规定时间内完成相应修程由车辆检修调度统筹安排，运筹帷幄，精心布局，不仅让每一列电客车按时完成检修作业，还要不停处理各种接报信息，同时还要协调临时增加的专项作业。检修调度就是一个自带优化程序的CPU，输入的是待检修的电客车及检修人员，输出的是一列列保质保量完成检修任务的电客车。

7.1.2 岗位职责及工作内容

　　电客车检修调度，全面负责地铁电客车的计划检修、故障检修、电客车紧急事故处理、电客车调试、专项整改等一系列作业的安排和实施。同时，电客车检修调度也是电客车专业的窗口岗位，还要与调度指挥中心行车调度、维修调度，车厂调度及其他生产调度员对接工作，可谓不停的"穿针引线"，确保地铁车辆系统正常运转。

1. 检修调度岗位职责

（1）检修调度是电客车检修现场生产作业实施及日常生产管理者、组织者。负责电客车日常检修计划、施工作业、清洁、定修和临修工作控制，为地铁运营提供质量良好和数量足够的电客车。

（2）合理安排每天上线运营电客车，严格按电客车上线相关的要求执行。

（3）检修调度按检修计划安排生产任务，对计划外生产作业，检修调度应根据实际情况妥善安排。遇调整计划时，需及时与计划申报单位联系，并申明原因，协商变更作业时间。检修调度应组织电客车各类检修、调试、普查、改造等各项任务，掌握作业进度、监督检修质量。

（4）配合电客车主管部门技术管理相关管理部门做好电客车故障记录统计工作，组织落实整改措施。收集、整理及填写电客车各种检修台账、记录、日报及工作日志等各种生产类台账。

（5）掌握每日电客车状态，确保电客车状态信息收集及发布准确、及时。

（6）根据电客车故障相关应急处理文本为正线司机、行车调度提供电客车技术支持和处理建议，并做好正线电客车的故障记录，需技术支持时，负责通知相关技术人员。

（7）负责向车厂调度申请电客车转轨和动态调试作业计划，对不能按时完成的作业计划，车厂调度应及时与检修调度协调解决。

（8）检修调度应协调好电客车非电客车专业设备的检修作业，并做好电客车接口设备的信息收集工作。

（9）合理安排电客车清洁、管辖范围内库区清洁工作，确保电客车及生产场所的卫生整洁干净。

（10）组织电客车专业救援、抢险，传达紧急救援指令，启动应急预案，组织救援队伍，按程序上报电客车紧急救援情况。

（11）做好检修调度管辖范围专控钥匙、办公电脑的日常管理工作。

（12）负责接触网隔离开关及生产部门电源的使用审核。

（13）做好与车厂调度用车手续的办理，及时填写电客车状态记录。

2. 检修调度与各级调度的工作接口关系

为保障整个地铁车辆系统的正常运作及处理各种突发事件、列车故障等紧急事件检修调度在日常工作中与各级调度之间都有工作接口，主要有以下调度工作接口：

（1）行车调度

行车调度是正线行车和施工的组织和管理者，所有影响到正线的厂内行车和施工都必须提前与行车调度做好沟通。当正线运营电客车发生故障时，行车调度通过直通电话通知检修调度，检修调度复述完毕后，通知正线驻站人员上次确认电客车故障，检修调度通过直通电话回复行车调度，必要时给予相应的技术支持及处理建议。

（2）信息调度

检修调度每天按要求及时回复信息调度当日 OCC 运营日报初版中电客车故障处理情况。

（3）维修调度

检修调度管辖的车厂范围内行车及相关设备故障时，检修调度通过车厂调度向维修调度报修。

（4）车厂调度

1）调车/洗车作业、收发车作业，由检修调度向车厂调度提报计划。

2）联合检修库内单股道接触网断送电由检修调度开具操作票，车厂调度签字审核。厂内供电分区接触网断电由车厂调度开具停电通知单，检修调度安排工班确认后方进行。厂内供电分区送电由车厂调度以送电通知单书面告知检修调度。

3）遇库区列车动车时发生故障由车厂调通报给检修调度，检修调度安排给处理。

4）开行救援列车或备用电客车时，车厂调度与检修调度相互配合，按行车调度要求组织列车出厂。

（5）通号调度

1）按电客车接口关系属通信和信号系统主管部门负责的电客车故障，由检修调度与通号调度沟通确认。通信和信号系统主管部门管辖的列车车载设备进行各类检修原则上应结合电客车各类检修计划开展，以提高列车使用效率，如因故障需进行扣车，应提前1天，并经该中心经理级以上领导签字后向检修调度提交扣车凭证并注明扣修期限，经审批后方可扣车。

2）车厂、停车场内电客车、工程机车的车载设备（指信号、通信设备）故障时，由司机向车厂调度报修，车厂调度通过检修调度向通号调度报修。

3）通信和信号系统主管部门应于运营当日3：00前提交电客车通信状态记录、电客车信号状态记录等文本。

4）检修调度负责自己管辖内固定电话、直通电话、800M手持台等办公通信设备向通号调度的报修。

（6）设备检修调度

1）电客车需镟轮时由车辆部门主管电客车技术管理部门下发通知到电客车检修部门和设备检修管理部门。检修调度提转轨申请将列车调至镟轮线。调车完成由车厂调度通知设备检修调度列车到位。由设备检修调度安排具有镟轮资质的操作人员到设备检修调度处请点镟轮。镟轮完成后设备调度通知检修调度，检修调度安排检修技术人员对镟轮电客车进行验收，验收合格后，否则则重新进行镟轮作业，至验收合格。

2）有关电客车检修设备故障报修，及其他需设备生产部门配合的事项协调、沟通。

3. 日常工作管理

为保障电客车检修按计划进行维护保养，检修调度工作内容应包含工作制度、交接班制度、会议制度、文件、台账管理制度、安全管理制度。

（1）工作制度

1）各级电客车维修作业执行记名检修、验收制度。

2）车辆部门负责电客车检修的轮值人员（包括检修调度、电客车检修轮值班组等）实行 24h 不间断轮值工作制，轮值时间按公司相关考勤制度执行。

（2）交接班制度

1）当值检修调度应按时到岗接班，以保证工作的连续性和严密性。

2）执行交班会制度，由交班检修调度组织交班会，检修调度、轮值班长执行对口交接。

3）交班会上，交班者应尽量详细记录和传达交班内容，交班及接班者应当一一确认。接班检修调度应在相应的日志上签名，对不清楚的情况应主动询问了解。交接完毕后，交班者才能退勤。

4）交班应至少包括以下内容和要求：

① 电客车任务/状态显示屏内容清晰、正确。

② 所有列车的运用及技术状态（包括开行和备用计划、停放股道、防溜措施等）。

③ 列车的所有工作任务（包括：计划检修、故障检修、改造、调试、调车等）完成情况和执行情况。

④ 各种设备、设施（如隔离开关、静调电源柜、洗车机、平台等）的状态和使用情况。

⑤ 临时性任务的安排，重要事项及任务要提示列出。

⑥ 会议通知及安排。

⑦ 来往文件、通知的收、传、阅情况及登记情况。

⑧ 对地铁电客车的故障，由发现者填写故障报告，故障单中详细注明故障发现时间及故障描述，检修调度注明交接故障上报情况。

⑨ 检修调度配属的各种公用物品数量及借用情况的清点。

（3）会议制度

1）检修调度的交接班执行交班会制度，早上由电客车检修生产部门经理组织召开交班会，正常工作日下午由检修生产部门副经理负责组织。晚上执行对口交接，由检修调度负责组织。

2）定期召开检修调度组电客车检修工作例会及安全生产例会，会议由电客车检修副经理或检修调度班长负责召集。

（4）文件、台账管理制度

1）文件记录分纸质、电子文档两类，应做到及时传达、分类保管，填写规范。

2）各类办公文件应存放整齐、有序，方便取阅。文件的存档期限应符合上级部门的相关规定。

3）各类电子表格填写、信息记录的内容，应与文字表格、信息记录的内容相同，防止错漏造成工作失误。

4）所有列车故障数据，均按要求分类存放到指定电脑，以备查阅。

5）所有电子文档、资料、数据均应做好备份，以防丢失。

6）文件定期检查，并要求有对应目录。

（5）安全管理制度

1）正常情况下所有股道接触网都处于受电状态，即对应的隔离开关都处于闭合状态。隔离开关的管理参见隔离开关操作相关规定。

2）生产部门电源柜断送电管理参见生产部门电源柜断送电相关规定，严禁无证操作和人为简化操作程序。

3）严格执行登车作业申请制度，严禁私自登车作业，严格执行相关挂牌作业规定，严禁无挂牌进行电客车检修。

4）严禁实习人员单独进行电客车检修工作，作业时应确保人员、设备安全。

5）严格执行计算机使用管理制度，严格执行各种工作牌和计算机借用登记。检修调度和轮值组组长有义务管理好办公、生产电脑的使用，包括计算机，禁止无关人员滥用电脑，防止数据信息丢失、被盗、设备的损坏；设备故障后（包括计算机数据线），要及时报修。

7.2 电客车检修运作

7.2.1 电客车简介

1863 年世界上第一条地铁，英国伦敦地铁建成以来，已有 150 年的历史。地铁与城市中其他交通工具相比，除了能避免城市地面拥挤和充分利用空间外，还有很多优点。一是运量大，地铁的运输能力要比地面公共汽车大 7～10 倍，是任何城市交通工具所不能比拟的；二是速度快，地铁列车在地下隧道内风驰电掣地行进，行驶的时速可超过 100km；三是无污染，地铁列车以电力作为动力，不存在空气污染问题，因此，受到各国政府的青睐。

一列地铁车辆通常由 4～8 辆电动车和拖车组成。前者简称动车。牵引电动机装在动车下的转向架上。一般地铁车辆采用两台两轴转向架。动车的每一根轴上各装有一台功率约为 100～150kW 的直流牵引电动机，即每辆动车由 4 台牵引电动机驱动。为了运行灵活机动，整列地铁车辆也可全部由动车组成。动车与拖车均能载客，每辆车额定载客量约为 180～340 人。车长约 18～23m、宽约 2.5～3.6m、高约 4.1m。各车辆之间大多有门直接贯通，最前面的首车前端多数也有门，危急时可以打开。司机通过首车中的司机室控制设备，对整列车辆进行多机重联驾驶。随着卫星城镇的发展，地铁车辆还可驶出隧道，在地面轨道或高架轨道上运行，成为大城市和城郊联运的基本快速交通工具。

1. 电客车供电系统

驱动地铁车辆的电能来自牵引变电所，并经隧道顶部的接触网或路轨侧面的第三轨，送到动车上面或侧面的受流器。第三轨由高电导率的特殊钢轨连成，离地不高，可减少隧道高度。地铁接触网电压（或第三轨）有直流 750V 和 1500V 等规格。北京地铁车辆全部为动车，采用第三轨，电压为750V；上海地铁采用架空接触网，电压为1500V。

地铁车辆内的电工设备除直流牵引电动机外，还有电压调节装置、司机控制装置、电气制动装置、保护电器、辅助低压电源系统等。传统的电压调节装置是变阻控制器。由于在频繁的启动过程中电阻上的电能损耗大，同时引起隧道中温度的逐年上升，因此近代的地铁电压调节装置已逐步改用直流斩波器。直流斩波器是由可关断晶闸管（GTO）等电力电子器件构成的开关器件，可以调节电压。为了减少输出电流的脉动，并减小斩波器的滤波元件，可将几台斩波器并联，并把它们的相位错开，构成两相两重斩波电路。这种斩波电路可使合成的斩波频率成倍地提高。两台斩波器CH和CH向动车的4台牵引电动机供电。在CH、CH关断时，电动机经续流二极管形成感性负载的续流回路。若在续流回路里再串入牵引电动机的辅助串励绕组，可使电动机启动力矩加大，而高速时又有自动削弱励磁电流的作用。此外，地铁车辆内还有利用斩波器进行直流复励电动机的励磁平滑控制等电路。地铁动车的电气制动，除用电阻外，在车流密度相当高时，还采用再生制动，这时牵引电动机改接为发电机，把车辆的动能转变为电能反馈回电网，供给其他牵引运行中的地铁车辆使用。

2. 安全运行

由于地铁电动车辆运行于地下隧道中，客流量多，车速高，行车密度大，列车严格按事先规定的运行图运行，所以万一出现设备故障或灾害，影响很大。世界各国根据地铁运行的长期经验，对机电设备和车辆提出了很多严格的要求，如对设备材料要求具有难燃、低毒、低烟、低发热量的性能；车上设备不但要求可靠性高，而且还设有电工设备的短路、过载、超温、欠电压、再生制动过电压、防雷、漏电、轮对空转和滑行等保护。在运行安全性方面，一般都设有列车自动控制系统（简称ATC），它利用车下的信号系统将轨道线路分割成很多闭塞区段，当列车在某区段中运行时，对其后面的各区段都规定了其他列车进入时的限制速度，任何列车若高于此限制速度驶入该区段时，该车上的 ATC 系统即起作用，能自动降低车速，确保行车安全。

3. 特点和发展

地铁电动车辆的最高运行速度一般为 70～100km/h，平均运行速度为 35～50km/h，每隔 1～2min 即可发出一列地铁车辆。地铁单向载客量每小时约为 3 万～6 万人，双向每日平均载客量 30 万～60 万人，多的可达 100 万人，是解决大城市地面交通堵塞现象的重要手段，还能在很大程度上减轻城市污染。现代地铁电动车辆除重轨地铁外，还有功率较小的轻轨地铁和橡皮轮胎地铁车辆。后者为了能在隧道中准确定向运行，转向架上设有特殊的导向轮，这种车的特点是噪声低。此外，性能卓越的交流电动机驱动的地铁动车已经在欧洲一些地区获得推广。新型大功率电力电子器件的开发，直线电动机及微机的应用，新材料和新工艺的采用，都将使地铁车辆发生巨大的创新和变革。

7.2.2　检修生产组织管理

生产管理定义：生产管理（ProductionManagement）对企业生产系统的设置和运行的各项管理工作的总称。又称生产控制。其内容包括：①生产组织工作。即选择厂址，布置工厂，组织生产线，实行劳动定额和劳动组织，设置生产管理系统等。②生产计划工作。即编制生产计划、生产技术准备计划和生产作业计划等。③生产控制工作。即控制生产进度、生产库存、生产质量和生产成本等。④保证交付正常。根据生产计划安排，保证客户产品交付正常。生产管理的任务有：对客户产品交付异常情况进行及时有效的处理。通过生产组织工作，按照企业目标的要求，设置技术上可行、经济上合算、物质技术条件和环境条件允许的生产系统；通过生产计划工作，制定生产系统优化运行的方案；通过生产控制工作，及时有效地调节企业生产过程内外的各种关系，使生产系统的运行符合既定生产计划的要求，实现预期生产的品种、质量、产量、出产期限和生产成本的目标。生产管理的目的就在于，做到投入少、产出多，取得最佳经济效益。而采用生产管理软件的目的，则是提高企业生产管理的效率，有效管理生产过程的信息，从而提高企业的整体竞争力。

根据车辆主管部门实际情况，电客车检修生产管理包含：生产计划、日常生产管理、新线建设任务管理、生产任务管理等模块的管理。

1. 生产计划

定义：即编制生产计划、生产技术准备计划和生产作业计划等。

（1）生产计划按种类分为三类

一类计划主要有：年度运输计划、年度检修计划、年度运营新线建设计划等；

二类计划主要有：年度经营（或资源）业务主要工作计划、年度质量管理计划等；

三类计划是指中心自行制定的计划或分解上级部门层面计划的各类计划。

（2）各类计划的编制、发布、执行由车辆主管部门相应职能部门根据上级对口业务职能部门要求牵头生产部门组织完成。

2. 日常生产管理

日常生产管理指：检修计划、施工计划、运输计划、生产检查、生产信息、会议等工作的管理。

（1）检修计划

检修计划按预防性维修周期分为：年度检修计划、三月检修计划、双周检修计划或根据对应的检修策略进行电客车检修计划的编制的计划。

1）年度计划

① 年度检修计划编制

各生产部门负责按电客车专业技术标准和检修规程规定，完成下一年度各分生产部门的年度电客车检修计划编制，经由各生产部门分管领导组织审核，于每年定期前以书面和电子文件形式提交到车辆主管部门技术管理相关管理部门。

② 年度检修计划送审

车辆主管部门技术管理相关管理部门每年定期，将经中心分管领导审批的下一年度电客车检修计划报上级的安全技术管理部门组织审批（以书面和电子文件形式提交）。

③ 年度检修计划发布

电客车年度检修计划经中心、上级部门审批同意后，每年11月底前由车辆主管部门技术管理相关管理部门发布实施。

④ 所有年度检修计划均作为车辆主管部门编制年度预算的依据之一。

⑤ 车辆主管部门技术管理相关管理部门在接到上级部门下达的年度检修计划后，下达给各生产部门按年度计划细化。各生产部门根据本分中心的设备情况，遵循年度计划检修周期，细化为电客车专业的月度检修计划。电客车专业的月度检修计划由生产部门负责细化。

2）三月检修计划

① 车辆主管部门技术管理相关管理部门负责组织生产部门电客车专业三月检修计划编制，各生产部门经分中心经理审核后，定期上报，并将下月电客车月度检修计划及检修计划调整表（如有调整时），以电子文档及纸质文件上报车辆主管部门技术管理相关管理部门，由车辆主管部门分管领导审批后，定期下发各生产部门执行。

② 三月检修计划必须在对应年度计划的基础上结合设备实际情况进行编制，以电子格式编制。

3）双周检修计划

① 车辆主管部门技术管理相关管理部门负责组织生产部门电客车专业双周检修计划编制，各生产部门经分中心经理审核后，定期上报，并将下月电客车双周检修计划及检修计划调整表（如有调整时），以电子文档及纸质文件上报车辆主管部门技术管理相关管理部门，由车辆主管部门分管领导审批后，定期下发各

生产部门执行。

② 双周检修计划必须在对应三月检修计划的基础上结合设备实际情况进行编制，以电子格式编制。

4）检修计划执行

① 计划编制时如因特殊原因对应年度计划出现调整或变更时，需逐级上报审批，同时按要求填报。

② 缩短检修周期、增加检修内容（含新增设备检修计划）等的，以设备检修计划调整将调整的计划情况及原因报车辆主管部门技术管理相关管理部门组织审核，经中心领导审批。

③ 取消计划、延长检修周期、减少检修内容等的须提交设备检修计划调整，将计划的调整情况及原因报车辆主管部门的技术管理相关部门组织审核，由中心分管领导审批后，车辆主管部门技术管理相关部门备案。

④ 取消计划：是指年度或月度电客车检修计划因故无法实施（如设备办理了报废、设备外租且不受控、设备办理了封存、故障处理需要、试验调试需要、等待备品备件、技术改造、厂家整改等原因）应办理原计划取消。设备恢复使用前需启动检修计划，当其时间周期已达到高级别检修时间时，即按高级别的检修计划执行，如高级别修程不涵盖低级别修程的，高级别及低级别修程计划均需完成后才能投入使用。

⑤ 延长检修周期：使用中电客车因故无法按计划在周期内完成检修工作，需延长设备检修周期，必须上报办理计划变更，经批准后才可实施。

⑥ 减少检修内容：电客车检修计划，不能按检修规程实施，需减少其检修内容，或者降级执行，必须上报办理，经批准后才可实施。

⑦ 电客车需要架修、大修时，检修月度计划编制时须把电客车的架、大修年度计划分解到月度计划中安排，车辆主管部门技术管理相关管理部门与大修分部沟通落实具体扣修时间。

⑧ 电客车检修月度计划下达后各生产部门必须严格遵照执

行，其作业工单由各生产部门生产调度按时开具和下发作业工班，并按规定流程填报、流转，直至完成关闭。

⑨ 生产部门在执行计划检修时如出现变更，要提前 1 天通报设备使用部门，如检修计划影响到设备使用部门正常生产时，需双方协商检修时间。

⑩ 生产管理部门有权根据实际情况，调整月内电客车检修计划实施时间，并在调整计划后 24h 内向车辆主管部门技术管理相关管理部门报备。规定如下（例如）：

a. 双周检最大调整范围：±3 天；

b. 三月检最大调整范围：±7 天；

c. 年检最大调整范围：±15 天

⑪ 超出调整范围应及时报车辆主管部门技术管理相关管理部门，经车辆主管部门领导同意后方可执行。

（2）施工计划

以拟建工程为对象，规定各项工程内容的施工顺序和开工、竣工时间的施工计划。各生产部门所有施工作业计划必须按相关规定，进行施工计划的申报、审核及相关流程操作管理。

1）施工作业计划分类

按时间分为月度计划、周计划、日补充计划、临时补修计划，根据作业地点不同分为 A、B、C 三类。A 类为正线作业；B 类为电客车段作业；C 类为车站、主所、控制中心大楼范围内不影响行车作业。

2）施工计划申报

① 周计划

每周一上午前，各生产部门级计划员需完成下周的核心（正线开车计划）计划填报工作，提交后并电话通报电客车车辆主管部门计划员。每周一下午前车辆主管部门计划员完成本车辆主管部门核心计划审核后提交相关部门，计划审批后，每周五前发布。

② 日补充计划

工作日每天的 10：00 前，各生产部门计划员需完成第二天的日补充计划填报工作，提交后并电话通报车辆主管部门级计划员。12：00 前车辆主管部门级计划员完成审核，提交给相关部门（如遇当天为节假日前一天，各生产部门需将节假日以及节假日后上班第一天的日补充计划同时提交）。

③ 临时补修计划

临时补修计划应于作业前 4h，向车辆主管部门技术管理相关管理部门提交，工作日需 17：00 前。本生产部门计划员完成临修计划填报工作，提交后并电话通报车辆主管部门级计划员审核，并由其提交给相关部门。

a. 生产部门的施工作业如涉及需要其他专业的主管部门配合时，必须将相关配合要求（方案）发配合主管部门征求意见，配合部门主管同意后，作业的生产部门才能申报施工计划。

b. 涉及外单位的施工作业，主办及配合部门需审核施工方案，最终施工方案发布后负责主管部门和配合主管部门组织学习，配合主管部门按施工方案及管理规定做好配合工作。

④ 施工计划执行

a. 施工计划批准后，在作业前一天（节假日除外），根据不同作业分类，由车辆主管部门技术管理相关管理部门下达到施工部门执行。

b. 施工作业负责人按计划进场请点作业，作业完成后到车厂控制中心销点。

⑤ 施工计划统计

每月生产部门生产负责人或检修调度需把本生产部门上月的施工完成情况提交到车辆主管部门技术管理相关管理部门，主要为：各类计划的申报件数、实际完成件数、计划的兑现率及未按计划完成的原因等。车辆主管部门每月召开施工计划协调会，车辆主管部门技术管理相关管理部门组织各生产部门生产负责人或调度参加，并牵头协调相关施工计划。

（3）运输计划

1）年度运输计划（含各项配套方案和重点工作计划）的编制由车辆主管部门技术管理相关管理部门组织各生产部门完成，并负责审核、上报，年度运输计划发布后各生产部门严格按要求执行。

2）遇重大节假日或城市活动，车辆主管部门技术管理相关管理部门根据上级部门的要求，组织各生产部门编制车辆主管部门供车保障方案及总结，各生产部门按要求提交相关资料。

（4）生产检查

检查原则上以下达的各项生产计划、临时生产任务、会议布置的工作任务、车辆主管部门工作计划为检查内容。以抽查形式为主，以计划的完成记录为准。

1）检查过程中发现的问题，责任生产部门应立即按要求进行整改，并在整改完成后将结果报车辆主管部门技术管理相关管理部门备案。

2）例行的生产检查工作，车辆主管部门技术管理相关管理部门至少提前1个工作日通知生产部门，相关生产部门应按检查通知要求做好各项准备与配合工作，抽查则不提前通知。

3）各类计划完成情况检查

① 生产部门的员工在完成设备检修的同时应填写维修作业记录单及工单，以记录设备检修的情况。

② 生产部门的班组长在下属员工的检修完成后应检查他们的完成情况，最后班组长在维修作业记录单及工单上签名确认检查完成。

③ 生产部门经理对生产部门的各类计划完成情况负责，生产部门各技术人员对其所负责专业的设备检修完成情况及计划负责，对各类计划的完成情况进行检查确认，要求检查的比例为100%。

④ 由车辆主管部门技术管理相关部门每月组织对下达的各类计划进行抽查，对检查结果做好记录并归档保存。

（5）生产信息

生产信息主要为：生产交班会信息、生产设备信息、运营生产信息、新线建设信息等。生产信息有变化时，负责生产部门在次日（工作日）前以电子邮件形式提报车辆主管部门技术管理相关管理部门，车辆主管部门技术管理相关管理部门汇总后提报给相关部门。

1）生产交班会信息列入生产督办内容，由经营管理岗（或指定人员）负责督办，各生产部门应在规定时间内反馈完成情况。

2）生产设备信息，如：电客车过线运营、新车首次上线运营及新设备投入使用前，对应生产调度需及时把情况上报车辆主管部门技术管理相关管理部门，由车辆主管部门技术管理相关管理部门报相关部门。当电客车、设备发生永久性移交使用时，在做好移交记录同时，原检修生产部门的检修记录和检修计划需随设备一起办理移交接管后负责检修的生产部门，由其顺延执行。临时移交设备的检修计划仍由原检修生产部门编制，由接管后负责检修的生产部门执行检修，相应检修记录单需交回设备原检修生产部门存档。设备永久或临时移交后，均需及时把移交情况通报原检修及接管后负责检修的部门车辆主管部门技术管理相关管理部门备案。

3）运营生产信息分为：新线建设类，包括新车到货、新车完成电客车调试、签署电客车 PAC 等；设备状态类，主要包括车辆主管部门主办的电客车限速变化等；

4）新线建设信息主要指新车调试及新线电客车段设备安装、调试的进展情况，负责调试任务的生产部门每周一以电子邮件形式把上周的进展情况提报车辆主管部门技术管理相关管理部门。

3. 新线建设任务管理

车辆主管部门技术管理相关管理部门负责新线建设的总体牵头，各生产部门负责按制定的新线筹备总体工作计划组织开展各项新线工作；自新线筹备总体工作计划制定开始后，每月前由车辆主管部门技术管理相关管理部门经理定期向车辆主管部门分管领导汇报总体完成情况，各生产部门经理汇报新线筹备具体完成情况；若新线工作计划受特殊原因影响进度，不能按计划时间完成，各生产部门经理应及时将实际原因汇报给车辆主管部门分管领导。

4. 生产任务管理

生产任务原则上由车辆主管部门技术管理相关管理部门统筹管理，以书面、邮件形式下达，特殊情况下可以电话、口头形式下达，其中：

（1）对于有清晰业务流程的生产任务，按各职能对口业务，由相关生产部门进行统筹管理和跟进；如：

（2）对于没有清晰业务流程的生产任务，由车辆主管部门技术管理相关管理部门下达到相关生产部门执行；

（3）生产任务下达后，由项目负责生产部门按时间要求完成；

（4）在任务完成后，负责生产部门要及时反馈给车辆主管部门技术管理相关管理部门。

7.2.3 电客车故障处理

电客车故障，按故障发生时机可分为库内故障和正线故障2种情况。库内故障：电客车在车厂内进行计划性维修、车辆调试、车辆转轨等情况时发生的电客车故障。正线故障：列车在正线上运营、调试时发生的电客车故障。

1. 库内故障处理

（1）对发现或接报的故障应及时处理，原则上电客车故障不过夜。检修调度收集故障信息后向检修班长签发故障处理通知。检修班长接到故障信息后，安排作业负责人在规定时间内进行故障处理。如需读取故障数据，应将读取后的数据存到专用计算机的共享区，然后再进行故障分析、检查和处理。

（2）各作业人员必须严格执行记名检修制度，不能代签名，作业人员应认真填写检修记录，有数据要求的应填写实际数据。

（3）各类修程出现的故障，原则上由当值班组在交车前将故障处理完毕。

（4）班组不能排除的电客车故障，应及时报告检修专业技术人员请求技术指导。对暂不能排除但不影响短期运用的故障，应填写故障报单，并由专业技术人员在故障报告单上注明跟踪处理办法。检修调度根据专业技术人员批注的意见合理安排列车使用及组织后续故障处理。

（5）需扣修处理的电客车故障，由专业技术人员通知检修调度执行扣修，同时要做好扣车后的故障处理安排。车辆主管部门技术管理相关管理部门需对故障扣车原因进行分析，组织整改。

（6）原则上专业技术人员应组织检修骨干力量对电客车故障进行处理，若仍无法排除故障，向电客车车辆主管部门技术管理相关管理部门汇报并请求技术支持。

2. 正线故障处理

（1）电客车故障情况下行车组织由 OCC 全权负责，司机按故障处理相关流程处置，OCC 组织指导司机处理故障。检修调度接救援、事故信息后，应马上通过电话或信息传达，电话通知的内容应包括事故列车的车号、列车故障现象、抢修、救援作业的具体地点、抢修、救援作业的特殊要求。

（2）电客车救援作业人员由当班救援队队长及救援队队员组成。生产部门经理、专业技术人员、安全员等接报后应赶往现场参与救援，尽快恢复正常运营。

（3）检修调度收到各种生产信息后进行预判和处理，并根据严重程度，严格按照信息通报的相关要求上报各级领导及有关人员，有关人员收到信息后立即根据本岗位需要做出响应。

（4）检修调度接报脱轨、脱钩、撞车等对电客车造成严重破坏的事故救援信息并确认后，按应急预案相关要求启动应急响应，通过电话或其他方式传达紧急救援指令，组织救援队伍，安排电客车的救援工作。程序如下：

1）检修调度立即通知本生产部门经理、车辆主管部门技术管理相关管理部门负责人、安全员和当班救援队队长，申请出动救援汽车，必要时同时申请使用其他电客车，尽快完成救援准备工作。

2）视情况通知其他线路车厂控制中心支援。当班救援队队长接到通知后立即召集当班救援队队员。

3）在接报 10min 内组织救援队伍到指定地点集合并准备出发，救援队长组织全体救援人员随车赶到事故现场，展开救援工作。检修调度应不断跟进故障现场情况，及时通报最新信息。

7.2.4 电客车登车管理

电客车登车管理：车厂内所有电客车检修作业、故障处理、车辆调试等作业均由检修调度负责审批，任何单位及个人需登车进行电客车施工作业时，必须经检修调度同意，统一协调审批电客车相关作业。

1. 登车管理原则

（1）所有登车作业均需在检修调度处进行请销点，防止作业冲突和设备功能未恢复。检修调度负责做好登车人员及作业内容的审批并掌控作业进度。所有要求登车的作业人员，作业负责人必须与检修调度联系，获得检修调度同意后并填写作业申请，由检修调度审批后才允许登车作业。全体员工及外来人员必须严格执行登车作业管理要求。

（2）作业完毕后，作业负责人确保所有工具、材料、人员、检修作业牌出清及设备恢复好后，向检修调度报告场地出清及设备恢复情况并注销作业申请。

（3）需上车顶作业的人员，作业负责人必须向检修调度提出申请，待完成接触网断电挂接地线并征得检修调度同意后，作业人员方可上车顶作业。作业人员在车顶作业时必须按要求佩戴安全带、安全帽等劳保用品。未经检修调度同意，严禁任何人员擅自登上检修平台。

（4）电客车检修人员要求登上已交付运营的电客车上作业时，必须向检修调度申请，由检修调度向车厂调度协商，征得车厂调度同意后，严格按照登车作业管理要求的相关要求执行，作业人员必须在限制时间范围内完成作业，作业完成后须及时通知检修调度，由检修调度通知车厂调度作业完成情况。

（5）登车作业人员进行激活列车或升弓操作前，要与车上车下人员沟通确认。

（6）如无特殊要求，原则上登车作业人员在销点前需将列车恢复到登车前的状态，谁请点，谁负责销点。

（7）动火作业、临时用电、登高作业

作业单位在请点前必须做好如下工作，检修调度在作业审批时进行如下确认：

动火作业需按要求提交动火作业审批单。

需临时接电的需按规定提供临时用电审批单。

清楚本作业范围、作业条件、作业人数及作业时间等。

按不同工作需要准备好禁止动车牌、红闪灯、荧光衣、安全帽、禁止合闸牌等安全防护设备。

高处作业严格按作业高度级别进行申请审批，严防高处坠落。

所有高处作业均应按相关安全管理要求，做好高处作业申请和作业防护。

2. 外单位人员登车管理

所谓外单位人员，顾名思义：不属于本公司员工，主要包括承包商、各承包商的子承包商、派遣的保安、保洁人员等。

（1）外单位人员登车作业必须由与其相接口的作业部门或班组指定的作业负责人提出申请，并对检修调度负责；检修调度对作业负责人的身份进行确认。登车前，作业负责人到车厂控制中心向检修调度提出登车作业申请，报告作业内容和安全措施，并详细填写作业申请上的各项内容。

（2）检修调度收到登车申请后，需向作业负责人了解作业详细内容，评估该项作业的内容和时间是否对生产及供车的造成影响，如有必要可要求作业负责人在作业申请上补充说明。

（3）检修调度同意作业申请后需在作业申请上填写电客车初

始状态并签字，与作业负责人相互确认后，方可登车作业。

（4）登车作业需要使用电客车专用钥匙或方孔钥匙时，作业负责人必须按电客车钥匙相关管理规定要求，办理钥匙的借用和归还手续。

（5）作业负责人需掌控好作业时间，做到作业完成立即销点，如遇特殊情况无法按时完成作业时，作业负责人需提前 1h 向检修调度提出延长作业时间的口头申请，检修调度结合实际生产及供车情况进行审批，如同意申请，作业负责人需返回车厂控制车辆主管部门并在作业申请作补充注明，双方签名后生效。

（6）登车作业完成后，作业负责人需确保该项作业所有工具、材料、人员已出清，作业过程中所触及过的设备已恢复正常后，由作业负责人到车厂控制中心向检修调度申请销点，销点时需向检修调度汇报作业完成情况，并详细填写作业申请上销点部分的各项内容。

（7）检修调度收到销点申请后，需对电客车作业后的状态进行确认，如有必要可要求作业负责人在作业申请上补充申明，相互确认后检修调度签名完成作业销点。

7.2.5 电客车清洁

地铁不仅仅是运输工具，更是城市现代化的象征，是艺术、文化的载体，地铁车厢清洁卫生是市民、政府关注的焦点，是文明的体现。地铁运营有其特殊性：客流量大、污染严重、清洁难度大，而地铁车厢卫生要求又高，电客车清洁任务是电客车检修运行中重中之重的任务。

定义：为确保次日上线运营载客电客车干净、整洁，检修调度会在当日对次日所有上线列车进行清洁，电客车清洁分为人工清洗、洗车机清洗 2 种类别。

1. 人工清洗

（1）上线运营列车必须定期进行清洗，客室内每日清洁，外侧定期清洗，确保列车卫生质量。电客车的清洁工作由车厂控制中心检修调度负责计划和管理，检修调度安排落实每天的电客车的清洁工作。电客车内部的卫生清洁由保洁部门负责完成。电客车内部未经清洁的电客车，一律不得安排上线运营。

（2）电客车清洁工作必须在电客车出库前1h完成。电客车清洁完成后，检修调度安排人员对列车进行清洁质量验收，如发现卫生状况不良，由检修调度通报保洁班长组织人员返工。如电客车清洁完成且卫生情况良好，保洁班长需在《电客车清洁通知及验收单》上签名确认并通知检修调度，检修调度签名确认后，电客车才可交付运营。

1）对电客车日常清洁和定期清洁，由检修调度根据电客车运用情况和检修计划来安排，由保洁人员负责实施，轮值班长或者定修班长负责监督和检查，技术人员、检修调度亦有义务进行监督和抽查。

2）每天列车回库后，检修调度将《电客车清洁通知及验收单》发给保洁班长，保洁班长拿到《电客车清洁通知及验收单》后，应立即组织保洁人员按计划清洁。清洁完成后，保洁班长应在《电客车清洁通知及验收单》上签名，并通知检修调度，经检修调度确认验收签名后，电客车清洁作业正式完成。

2. 洗车机清洗

当天上线运营电客车，检修调度应做好外侧清洗安排，并在电客车回库前1h与车厂调度再次确认洗车车号。电客车回库时，车厂调度根据检修调度编排的洗车计划安排电客车司机进行洗车，检修调度应填写好外侧清洗记录。非上线运营电客车需过洗车机洗车时，检修调度应提前向车厂调度提交洗车计划，由车厂调度根据计划实行。洗车机不能正常作业时，检修调度可根据实际情况安排保洁部门对列车进行人工清洗。

7.2.6 电客车调车作业

电客车根据检修计划或者故障处理等情况时，由于原来停放列车的股道条件无法满足电客车正常检修或故障处理，所以需把电客车由原来停放的股道调至另外一条满足作业条件的股道就叫调车作业。

电客车调车作业包括：调车计划、工程车调车作业、电客车自身动力调车、电客车镟轮库调车。

1. 调车计划

车厂调度根据电客车及工程车的周检修计划扣车，并根据检修调度提交的转轨计划组织调车作业，电客车及工程车转轨计划需在当班日下班前提交次日电客车转轨计划。如计划有变时，检修调度应及时通知车厂调度，电客车在正常情况下电客车回库前1h（在非正常情况下由检修调度提前通知车厂调度）。如有临时检修任务时，检修调度应提前30min按规定填写电客车转轨申请。调车作业计划由车厂调度负责编制，车厂调度应亲自向派班员或司机下达调车作业计划并说明具体要求和注意事项，派班员接到计划后应亲自向司机和调车员传达。

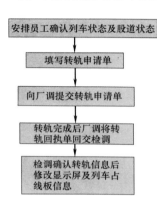

图 7.2-1　电客车自身动力调车流程

2. 电客车自身动力调车流程（图 7.2-1）

3. 工程车调电客车（含正线工程车救援与电客车连挂）作业流程（表 7.2-1）

工程车调电客车作业流程　　　　　　　　　　表 7.2-1

一、车厂内工程车调电客车作业流程		
工程车调车员	电客车司机	检修人员
（1）接到调车计划，工程车司机将车开至电客车 3m 前一度停车		

一、车厂内工程车调电客车作业流程

工程车调车员	电客车司机	检修人员
(2)与电客车司机联系,是否具备连挂条件,确认电客车无禁动牌,无作业。受电弓已降下,车门关闭,做好防溜(铁鞋及连挂端第一、二轮对已施加停放制动)。调车员、电客车司机、检修人员三方确认	(3)电客车司机与调车员和检修人员三方共同检查确认具备连挂条件:电客车受电弓已降下,车门关闭,做好防溜,切除转向架截断塞门(保留连挂端第一节车转向架截断塞门)	(4)检修人员与调车员和电客车司机三方共同确认具备连挂条件:检修人员做好防溜措施(铁鞋或连挂端第一、二轮对已施加停放制动)
(5)具备连挂条件后,已做好防溜、防护,调车员关闭连挂端的全自动车钩球阀、主风管截断塞门,指挥工程车司机连挂(连挂速度3～5km/h)	(6)负责监督调车员检查电客车(做好自控、互控)	(7)负责监督调车员检查电客车(做好自控、互控)
(8)连挂后试拉,调车员与电客车司机共同确认连挂状态	(9)电客车司机与调车员共同确认连挂状态	(10)试拉前检修人员撤除连挂端铁鞋(如有铁鞋防溜措施)
(11)人工逐个缓解停放制动(手动缓解),逐个确认轮对抱闸情况	(12)电客车司机切除剩余用于防溜的转向架截断塞门,负责监督调车员检查电客车(做好自控、互控)	(13)负责监督调车员检查电客车(做好自控、互控),检修人员撤除后端的铁鞋(调车员负责监督)
调到指定位置后		
		(1)检修人员经调车员同意后按规定放置铁鞋做好防溜
(2)调车员负责监控	(3)电客车司机负责恢复最近端第一节车的转向架截断塞门	
(4)调车员与电客司机和检修人员确认可以离钩后,调车员进行人工分钩,指挥工程司机进行离钩		

续表

一、车厂内工程车调电客车作业流程

工程车调车员	电客车司机	检修人员
调到指定位置后		
	（5）调车员恢复全自动车钩球阀、主风管截断塞门	（6）监督调车员恢复全自动车钩球阀、主风管截断塞门
		（7）检修人员恢复全自动车钩球阀、主风管截断塞门的铅封

二、正线工程车调电客车作业流程

工程车调车员	电客车司机	检修人员
	（1）施加停放制动，降弓	
（2）将工程车开到被救援的电客车15m前一度停车，与电客车司机联系	（3）电客车司机将电客车状态告诉调车员。重点说明：人员情况，受电弓已降，采用何种措施做防溜（转向架截断塞门的使用情况、气制动、停放制动），是否具备连挂条件	
（4）具备连挂条件后，指挥工程车司机将车开到距电客车3m前停车。关闭主风管截断塞门、全自动车钩球阀后连挂（连挂速度3～5km/h），试拉	（5）在操纵台缓解停放制动，切除剩余转向架截断塞门，具备动车条件后报调车员	
（6）具备动车条件后报行车调度，动车时按行车调度指示执行		
（7）到达指定位置后停车	（8）在正线存车线临时停放，工程车与电客车不分钩。电客车司机恢复最近一节车转向架截断塞门，施加停放制动（如在正线存车线停放不能施加停放制动时，由调车员临时使用工程车的随车铁鞋负责进行铁鞋的设置，电客车司机监督）	

二、正线工程车调电客车作业流程

工程车调车员	电客车司机	检修人员
	(9)返回车厂,电客车司机恢复最近一节车转向架截断塞门,施加停放制动(如回厂不能施加停放制动,且无检修人员当班时,由调车员负责铁鞋的设置,电客车司机监督)	(10)返回车厂,电客车司机开放转向架截断塞门,施加停放制动(如检修人员有人当班,则由检修人员负责铁鞋的设置,调车员监控)
(11)调车员与电客司机和检修人员确认可以离钩后,调车员进行人工分钩,指挥工程车司机离钩作业		
(12)调车员恢复全自动车钩球阀、主风管截断塞门	(13)如无检修人员,则由电客车司机监督调车员恢复全自动车钩球阀、主风管截断塞门	(14)如有检修人员,则由检修人员监督调车员恢复全自动车钩球阀、主风管截断塞门

4. 镟轮作业调车

列车出现轮对踏面磨耗、擦伤、剥离超限或轮径差超限时,需要进行镟轮作业。由生产部门下发通知到检修调度和设备生产部门。

(1)检修调度根据计划向车厂调度提交电客车转轨申请,车厂调度安排司机调车,调车完成后通知检修调度,检修调度通知设备检修调度列车已调到位,设备生产部门安排具有镟轮资质的操作人员持镟轮作业单到车厂控制中心检修调度处请点作业。

(2)检修调度核对作业人具备资质后批准同意作业。

(3)设备生产部门操作人员进行镟轮作业前,需撤除并保管好铁鞋。待镟轮作业完毕后,将电客车调回镟轮线原停车位置,并将铁鞋打回原位,做好防溜。

(4)由检修生产部门技术人员对镟轮客车进行验收,验收合格后,设备生产部门镟轮操作人员回车厂控制中心检修调度处销点。如果验收不合格，则重新进行镟轮作业，至验收合格再向检修调度销点。

（5）镟轮完毕后，检修调度向车厂调度提交电客车转轨申请。

（6）电客车转轨完成后，检修调度安排工班人员进行电客车轮径值校正。

（7）安装有轮缘润滑装置的车轮镟轮作业完成后还要检查调整轮缘润滑喷嘴位置。

7.2.7　隔离开关及其操作

1. 隔离开关介绍

一种开关器件，主要用于"隔离电源、倒闸操作、用以连通和切断小电流电路"，无灭弧功能。隔离开关（switch），即在分位置时，触头间有符合规定要求的绝缘距离和明显的断开标志；在合位置时，能承载正常回路条件下的电流及在规定时间内异常条件（例如短路）下的电流的开关设备。

隔离开关（俗称"刀闸"），一般指的是高压隔离开关，即额定电压在 1kV 以上的隔离开关，通常简称为隔离开关，是高压开关电器中使用最多的一种电器，它本身的工作原理及结构比较简单，但是由于使用量大，工作可靠性要求高，对变电所、电厂的设计、建立和安全运行的影响均较大。隔离开关的主要特点是无灭弧能力，只能在没有负荷电流的情况下分、合电路。隔离开关用于各级电压，用作改变电路连接或使线路或设备与电源隔离，它没有断流能力，只能先用其他设备将线路断开后再操作。一般带有防止开关带负荷时误操作的连锁装置，有时需要销子来防止在大的故障的磁力作用下断开开关。

2. 主要作用

（1）分闸后，建立可靠的绝缘间隙，将需要检修的设备或线路与电源用一个明显断开点隔开，以保证检修人员和设备的安全。

（2）根据运行需要，换接线路。

（3）可用来分、合线路中的小电流，如套管、母线、连接头、短电缆的充电电流，开关均压电容的电容电流，双母线换接时的环流以及电压互感器的励磁电流等。

（4）根据不同结构类型的具体情况，可用来分、合一定容量变压器的空载励磁电流。

高压隔离开关按其安装方式的不同，可分为户外高压隔离开关与户内高压隔离开关。户外高压隔离开关指能承受风、雨、雪、污秽、凝露、冰及浓霜等作用，适于安装在露台使用的高压隔离开关。按其绝缘支柱结构的不同可分为单柱式隔离开关（single-columndisconnector）、双柱式隔离开关（double-columndisconnector）、三柱式隔离开关（three-columndisconnector）。其中单柱式隔离开关在架空母线下面直接将垂直空间用作断口的电气绝缘，因此，具有的明显优点，就是节约占地面积，减少引接导线，同时分合闸状态特别清晰。在超高压输电情况下，变电所采用单柱式隔离开关后，节约占地面积的效果更为显著。

隔离开关在低压设备中主要适用于民宅、建筑等低压终端配电系统。主要功能：不带负荷分断和接通线路。

3. 特点

（1）在电气设备检修时，提供一个电气间隔，并且是一个明显可见的断开点，用以保障维护人员的人身安全。

（2）隔离开关不能带负荷操作：不能带额定负荷或大负荷操作，不能分、合负荷电流和短路电流，但是有灭弧室的可以带小负荷及空载线路操作。

（3）一般送电操作时：先合隔离开关，后合断路器或负荷类开关；断电操作时：先断开断路器或负荷类开关，后断开隔离开关。

（4）选用时和其他的电气设备相同，其额定电压、额定电流、动稳定电流、热稳定电流等都必须符合使用场合的需要。

隔离开关的作用是断开无负荷电流的电路，使所检修的设备与电源有明显的断开点，以保证检修人员的安全，隔离开关没有专门的灭弧装置不能切断负荷电流和短路电流，所以必须在电路在断路器断开电路的情况下才可以操作隔离开关。

4. 功能

（1）用于隔离电源，将高压检修设备与带电设备断开，使其间有一明显可看见的断开点。

（2）隔离开关与断路器配合，按系统运行方式的需要进行倒闸操作，以改变系统运行接线方式。

（3）用以接通或断开小电流电路。

一般在断路器前后两面各安装一组隔离开关，目的均是要将断路器与电源隔离，形成明显断开点；因为原来的断路器采用的是油断路器，油断路器需要经常检修，故两侧就要有明显断开点，以利于检修；一般情况下，出线柜是从上面母线通过开关柜向下供电，在断路器前面需要一组隔离开关是要与电源隔离，但有时，断路器的后面也有来电的可能，如通过其他环路的反送，电容器等装置的反送，故断路器的后面也需要一组隔离开关。

隔离开关主要用来将高压配电装置中需要停电的部分与带电部分可靠地隔离，以保证检修工作的安全。隔离开关的触头全部敞露在空气中，具有明显的断开点，隔离开关没有灭弧装置，因此不能用来切断负荷电流或短路电流，否则在高压作用下，断开点将产生强烈电弧，并很难自行熄灭，甚至可能造成飞弧（相对地或相间短路），烧损设备，危及人身安全，这就是所谓"带负荷拉隔离开关"的严重事故。隔离开关还可以用来进行某些电路的切换操作，以改变系统的运行方式。例如：在双母线电路中，可以用隔离开关将运行中的电路从一条母线切换到另一条母线上。同时，也可以用来操作一些小电流的电路。

5. 类型

（1）低压隔离开关。

（2）低压隔离电器。

（3）刀开关的用途及分类。

电气设备进行维修时，需要切断电源，使维修部分与带电部分脱离，并保持有效的隔离距离，要求在其分断口间能承受过电压的耐压水平。刀开关即作为隔离电源的开关电器。隔离电源的刀开关亦称作隔离开关。隔离用刀开关一般属于无载通断电器，只能接通或分断"可忽略的电流"（指带电压的母线、短电缆的电容电流或电压互感器的电流）。也有的刀开关具有一定的通断能力，在其通断能力与所需通断的电流相适应时，可在非故障条件下接通或分断电气设备或成套设备中的一部分。用做隔离电源的刀开关必须满足隔离功能，即开关断口明显，并且断口距离合格。刀开关和熔断器串联组合成一个单元，称为刀开关熔断器组合电器；刀开关的可动部分（动触头）由带熔断体的载熔件组成时，称为熔断器式刀开关。刀开关熔断器组合并增装了辅助元件如操作杠杆、弹簧及弧刀等可组合为负荷开关。负荷开关具有在非故障条件下，接通或分断负荷电流的能力和一定的短路保护功能。

6. 应用配置选型

（1）隔离开关的选择

隔离开关配置在主接线上，保证了线路及设备检修时形成明显的断口与带电部分隔离，由于隔离开关没有灭弧装置及开断能力低，所以操作隔离开关时，必须遵守倒闸操作顺序，即送电时，首先合上母线侧隔离开关，其次合上线路侧隔离开关，最后合上断路器，停电则与上述相反。

（2）隔离开关的配置

1）断路器的两侧均应配置隔离开关，以便在断路器检修时形成明显的断口与电源隔离。

2）中性点直接接地的普通变压器，均应通过隔离开关接地。

3）在母线上的避雷器和电压互感器，宜合用一组隔离开关，保证电器和母线的检修安全，每段母线上宜装设 $1\sim2$ 组接地刀闸。

4）接在变压器引出线或中性点的避雷器可不装设隔离开关。

5）当馈电线路的用户侧没有电源时，断路器通往用户的那一侧可以不装设隔离开关。但为了防止雷电过电压，也可以装设。

隔离开关选型考虑额定电压、隔离开关额定电压（kV）＝回路标称电压×1.2/1.1倍。额定电流、额定电流标准值应大于最大负载电流的150％、额定热稳定电流、选择大于系统短路电流的额定热稳定电流值。

7. 隔离开关的正确操作顺序

（1）首先在操作隔离开关时，应先检查相应回路的断路器确实在断开位置，以防止带负荷拉、合隔离开关。

（2）线路停、送电时，必须按顺序拉、合隔离开关。停电操作时，必须先拉断路器，后拉线路侧隔离开关，再拉母线侧隔离开关。送电操作顺序与停电顺序相反。这是因为发生误操作时，按上述顺序可缩小事故范围，避免人为使事故扩大到母线。

（3）操作中，如发现绝缘子严重破损、隔离开关传动杆严重损坏等严重缺陷时，不得进行操作。

（4）隔离开关操作时，应有值班人员在现场逐相检查其分、合闸位置、同期情况、触头接触深度等项目，确保隔离开关动作正确、位置正确。

（5）隔离开关一般应在主控室进行操作。当远控电气操作失灵时，可在现场就地进行手动或电动操作，但必须征得站长或技术负责人的许可，并在有现场监督的情况下才能进行。

（6）隔离开关、接地刀闸和断路器之间安装有防止误操作的电气、电磁和机构闭锁装置。倒闸操作时，一定要按顺序进行。如果闭锁装置失灵或隔离开关和接地刀闸不能正常操作时，必须严格按闭锁的要求条件检查相应的断路器、刀闸位置状态，只有核对无误后，才能解除闭锁进行操作。

8. 防误改进

将隔离开关控制接线与相应断路器闭锁，可有效地防止带负荷拉、合隔离开关。但是在操作母线侧隔离开关与线路侧隔离开关中，由于人为原因，有可能引起操作顺序颠倒，这是开关、刀闸操作原则所不允许的，也是电力系统中造成事故的原因之一。为防止隔离开关操作顺序颠倒，对没采用程序锁防误的厂、站，将其原有隔离开关控制接线加以改进，可防止误操作，减少不必要的事故发生。

（1）隔离开关控制闭锁回路改进原理

在隔离开关控制、闭锁回路中串入隔离开关辅助触点，即母线侧隔离开关控制闭锁回路中串入线路侧隔离开关常闭辅助触点，线路侧隔离开关控制回路串入母线侧隔离开关常开辅助触点。

（2）采用电磁锁防误的隔离开关闭锁接线（以单母线馈线为例）为原控制接线。此种接线能够有效防止带负荷拉、合隔离开关，但有可能引起隔离开关操作顺序颠倒。改进后单母线馈线隔离开关闭锁接线

停电操作：拉开断路器后，只能先拉开线路侧隔离刀闸，才能拉开母线侧隔离刀闸。

送电操作：断路器在断开位置，只能先合母线侧隔离刀闸，才能合线路侧隔离刀闸。此种接线不仅防止带负荷拉、合隔离开关，而且能防止违反开关、刀闸操作原则的违规操作。

（3）改进接线的优点

1）此种改进接线不仅保留了原有隔离开关控制接线的优点，最主要的是能有效防止违反开关、刀闸操作原则的违规操作，减少不必要的事故发生。

2）此种改进接线简单、可靠，投资也较少。适用于采用电磁锁防误的接线及气动操作、电动操作、电动液压操作的隔离开关的控制接线。

3）在没有采用程序锁防误的装置中，相当于程序锁的作用。

9.常见问题

（1）隔离开关常见故障。

隔离开关的常见故障有：①接触部分过热。②瓷质绝缘损坏

和闪络放电。③拒绝拉、合闸。④错误拉、合闸。

（2）隔离开关在运行中接触部分过热问题。

隔离开关在运行中过热，主要是负荷过重、接触电阻增大、操作时没有完全合好引起的。

（3）隔离开关接触电阻增大的问题。

接触电阻增大的原因为：刀片和刀嘴接触处斥力很大，刀口合得不严，造成表面氧化，使接触电阻增大。其次隔离开关拉、合过程中会引起电弧，烧伤触头，使接触电阻增大。

（4）隔离开关触头是否有问题

根据隔离开关接触部分变色漆或试温片颜色的变化来判断，也可根据刀片的颜色发暗程度来确定。一般根据红外线测温结果来确定。

（5）隔离开关触头、接点过热如何处理？

发现隔离开关触头、接点过热时，首先汇报调度，设法减少或转移负荷，加强监视，然后根据不同接线进行处理：

1）双母线接线。如果一母线侧刀闸过热，通过倒母线，将过热的隔离开关退出运行，停电检修。

2）单母线接线。必须降低其负荷，加强监视，并采取措施降温，如条件许可，尽可能停止使用。

3）带有旁路断路器的可用旁路断路器倒换。

4）如果是线路侧隔离开关过热，其处理方法与单母线处理方法基本相同，应尽快安排停电检修。维持运行期间，应减小负荷并加强监视。

5）一个半断路器接线的可开环运行。

6）对母线侧隔离开关过热触头、接点，在拉开隔离开关后，经现场检查，满足带电作业安全距离的，可带电解掉母线侧引下线接头，然后进行处理。

（6）隔离开关电动操作失灵应如何检查处理？

隔离开关电动操作失灵后，首先检查操作有无差错，然后检查操作电源回路、动力电源回路是否完好，熔断器是否熔断或松动。电气闭锁回路是否正常。

（7）隔离开关触头熔焊变形、绝缘子破损、严重放电应如何处理？

遇到这些情况应立即停电处理，在停电前应加强监视。

（8）隔离开关拒绝分、合闸应如何处理？

由于轴销脱落、楔栓退出、铸铁断裂等机械故障，或因为电气回路故障，可能发生刀杆与操作机构脱节，从而引起隔离开关拒绝合闸，此时应用绝缘棒进行操作，或在保证人身安全的情况下，用扳手转动每相隔离开关的转轴。

拒绝跳闸。当隔离开关拉不开时，如系操动机构被冰冻结，可以轻轻摇动，并观察支持瓷瓶和机构的各部分，以便根据何处发生变形和变位，找出障碍地点。如果障碍地点发生在隔离开关的接触部分，则不应强行拉开，否则支持瓷瓶可能受破坏而引起严重事故，此时只能改变设备的运行方式加以处理。

（9）隔离开关合不到位如何处理？

隔离开关合不到位，多数是机构锈蚀、卡涩、检修调试未调好等原因引起的，发生这种情况，可拉开隔离开关再合闸。对220kV隔离开关，用绝缘棒推入，必要时应申请停电处理。

10．车厂内的单股道隔离开关操作流程

（1）隔离开关操作目的为实现接触网断送电，由工班申请，检修调度、车厂调度审批。

（2）从事手动隔离开关操作的人员，必须认真贯彻"安全第一，预防为主"的方针，严格按规章制度和车厂隔离开关操作控制程序进行作业，严防接地线错挂、漏挂、错撤、忘撤。

（3）安装有微机防误闭锁系统的隔离开关，需由持有隔离开关操作资格证、并经过相应微机防误闭锁系统操作培训的人员负责操作。严格执行操作控制程序，严禁无证操作和人为简化操作程序。

（4）车厂调度负责保管电客车段运用库和检修库隔离开关钥匙。

（5）检修调度负责保管"五防"锁钥匙。

（6）所有隔离开关分闸、合闸操作人及监护人均需培训考核合格后，方可持证上岗作业。

（7）领取验电器、绝缘手套、绝缘靴必须确认验电器工作状态良好、无破损，绝缘靴、绝缘手套无破损，接地线无破损，所有设备设施仍处于使用期限范围。

（8）断电作业前必须确认股道、开关编号，检查开关状态和开关接地装置是否良好。挂接地线后需在接地线下方放置红闪灯。

（9）断电前，隔离开关监护人员必须确认该区段列车受电弓已降下。

（10）挂接地线前，操作人员必须先验电，必须确认接触网分段绝缘器位置，必须在正确的区域挂接地线。

（11）隔离开关监护人员负责整个操作过程进行监控和设置好作业现场安全防护措施，挂接地线后需在接地线下方放置红闪灯。

（12）送电前，隔离开关监护人员必须确认该区段所有人员、工器具已出清，严禁接触网带负荷时进行隔离开关合闸作业。

（13）挂接地线时必须先将接地线紧固在轨道上，然后再挂上接触网，并拧紧。拆除接地线时，必须先拆除接触网上连接的一端，然后再拆除与轨道连接的一端。

（14）隔离开关操作前应对绝缘手套做漏气检查，戴好安全帽和绝缘手套，穿好绝缘靴。

（15）隔离开关操作过程中如出现受阻、不能一次开合到位、中途发生冲击或停滞等意外现象，应马上向检修调度汇报。

（16）隔离开关分闸或合闸操作后，必须到隔离开关下方位置目测检查确认隔离开关是否处于断开或合上位置，隔离开关各部位技术状态是否良好。

（17）严禁在打雷、闪电的气候条件下进行隔离开关倒闸作业。

（18）所有操作应注意"五防"电子钥匙语音提示信息，严格按照步骤进行。

（19）作业过程中严禁操作与本断电作业无关的按钮。且操作过程中严禁逆向操作。

（20）车厂内检修/施工作业需停止接触网区域性或全厂停送电时，相关部门按计划提报停送电检修/施工作业计划，由车厂调度征得检修调度同意后统一审批；断、送电前由检修调度确认所有列车受电弓降下后通知车厂调度，然后由车厂调度向电调提出断/送电申请（如涉及正线还需向行车调度提出申请）。

（21）相关人员在进行接触网停/送电作业前必须到车厂调度处办理施工请点申请手续（电客车生产部门作业人员进行检修股道接触网停/送电作业以及静调电源柜停/送电作业，直接向检修调度办理申请手续，厂调签字确认即可），开具隔离开关操作票执行以下规定：

1）接触网隔离开关钥匙的收发由相应的管理部门负责，车厂调度、检修调度负责办理停送电相关手续。

2）遇"五防锁"故障时，操作人员应停止电子钥匙的操作，及时向车厂调度、检修调度报告操作到第几步。操作人员向检修调度办理借用隔离开关"万能"钥匙手续并签名确认，生产部门安全员（生产部门安全员不在时由班长负责）必须亲自到现场监督操作完剩下程序并向检修调度报告。检修调度必须在物品借用本上注明借、还"万能"钥匙时间及借用人姓名。

3）申请对接触网进行送电时，检修调度必须确保车顶及平台所有作业已完成、相应车顶平台、场地已出清等，方可批准该股道的接触网送电作业。

7.2.8 静调电源柜管理及操作

1. 静调电源柜

地铁车辆经过检修之后，需要对列车进行静态调试，在试车线上进行动态调试，合格后才能投入运营。根据检修工艺，静态调试分为辅助系统调试和牵引系统调试两部分。为避免因车辆短路对电网的破坏，辅助系统调试时不能升弓，这就需要在静调库（或月检库）接入 DC1500V 电源和 AC380/220V 电源，通过静调电源柜的控制系统，对地铁列车辅助电源装置（如空压机、空调机、通风机、照明、蓄电池及各系统控制电路等）进行调试。辅助系统调试合格后，断开静调电源柜的接线，列车升弓，再对主回路、牵引系统进行检测，合格后列车才能上试车线进行动态调试。

设备构成：静调电源柜主要由机械部分（电源柜体、库用插座连接器、不锈钢绕线盘等）、电气系统（主回路、控制回路、安全保护与报警系统）、设备电源、线缆及分布于车间内各处的急停控制单元组成。电气系统主回路分 DC1500V 电源和 AC380/220V，两部分，其中 DC1500V 电源引自库内接触网隔离开关，经过静调电源柜控制系统，输出至检修调试电源。AC380/220V 引至检修库内配电箱电源，用于控制 DC1500V 合闸与断开。

2. 静调电源柜管理

静调电源柜由设备生产部门负责维护，由检修生产部门使用及管理，当设备发生故障时由检修调度通报至设备生产部门调度，由设备生产部门组织维修人员进行抢修。

3. 静调电源柜操作

（1）车间电源使用由生产部门班组申请，检修调度审批，班组操作。

（2）车间电源柜的送、断电作业必须由两人进行，一人操作，一人监护，操作及监护人均取得车间电源操作资格方可操作。

（3）车间电源柜送、断电作业前，操作人员与监护人员必须检查绝缘靴、绝缘手套干燥、无破损，仍处于有效期内。操作人员必须穿戴好绝缘手套、绝缘靴和安全帽才能操作车间电源柜。

（4）送车间电源

1）作业申请人到车厂控制中心申请送车间电源，操作人、监护人填写车间电源柜断送电申请；

2）领取车间电源柜钥匙和"严禁操作"防护牌；

3）穿上绝缘靴、戴好绝缘手套和安全帽将申请使用的车间电源控制柜（按编号）连接插头接到列车的生产部门电源插座，拧紧直到锁扣锁上；

4）合列车激活开关；

5）观察车间电源控制柜的进线电压表应该有1500V左右的电压，合上车间电源控制柜控制电源的微动开关，用钥匙将电子锁打开，此时分闸按钮指示绿灯应亮；

6）确认列车处于可以送电状态后，戴好绝缘手套按压控制柜（或远程控制器）的合闸按钮合闸；如按钮红灯亮且出线电压表显示有1500V电压，表示送电成功，挂上"严禁操作"防护牌；

7）回车厂控制中心填写申请表，告知检修调度列车已经送上车间电源。

（5）断车间电源

1）作业申请人到车厂控制中心申请断车间电源，操作人、监护人填写车间电源柜断电申请单。

2）操作人、监护人需确认列车断电休眠，到车间电源控制柜检查电流表应没有电流显示，表示列车负载已切断；

3）确认列车处于可以断车间电源状态后，撤除"严禁操作"防护牌，戴好绝缘手套按压车间电源控制柜（或远程控制器）的分闸按钮分闸（并观察车间电源控制柜出线电压表应无电压显示，绿色按钮灯亮，表示断电成功；

4）将电子锁锁闭；

5）分断车间电源控制柜的控制电源微动开关；

6）穿上绝缘靴、戴好绝缘手套和安全帽将车间电源控制柜的连接插头与列车车间电源插座分离并放置回原位，盖好车间电源箱箱盖；

7）将车间电源柜电子锁钥匙和"严禁操作"防护牌交还车

厂控制中心，注销申请单。

7.2.9 信息通报流程

通报，在本节中的通报主要是指情况通报。情况通报是传达情况、沟通信息，指导当前工作的通报。这类通报具有沟通和知照的双重作用。通报虽与通知均有传达、告晓职能，但通知是传达"要求下级机关办理和需要有关单位周知或执行的事项"，而通报则是传达"重要精神或情况"。通报的发布范围，往往是在一个机关或一个系统内部使用。通报虽然具有公开"通"晓，广而"报"告之意，但发布范围仅仅限于本机关或本系统。通报具有以下两个特点：

（1）内容的真实性

真实是通报的生命。通报的任何情况、事实都必须是真实的，不能有差错，更不能编造虚假情况。因此，写通报时对正反两方面的事实都要认真核实，做到准确无误，没有水分。

（2）目的的晓谕性

通报的目的晓谕性是很明显的。表彰通报行文的目的是告晓有关单位和人员，有谁因何事受到了表彰，以表扬激励先进，号召学习先进；批评通报的目的则是让人们知道错误，认识错误，吸取教训，改正错误，引以为戒；情况通报的目的是让人们了解通报的事项。

通报的要求：

第一，通报的内容要真实。通报的事实，所引材料，都必须真实无误。动笔前要调查研究，对有关情况和事例要认真进行核对，客观、准确地进行分析、评论。

第二，通报决定要恰如其分。无论哪一种通报，都要做到态度鲜明，分析中肯，评价实事求是，结论公正准确，用语把握分寸。否则通报不但会缺乏说服力，而且有可能产生副作用。

第三，通报的语言要简洁、庄重。其中表扬和批评的通报还应注意用语分寸，要力求文实相符，不讲空话、套话，不讲过头的话。日常电客车运营及检修管理工作中，信息通报是一个不可或缺的重要组成部分。

电客车信息通报就是为了使得保障电客车在运营检修工作过程中发生的突发情况或者故障信息可以及时传达到相关的领导和同事手中，使得事件可以得到处理。为了保证处理的及时性和有效性，需要对信息通报的流程进行界定和理解。

1. 电客车信息通报流程

（1）信息通报原则：车辆主管部门生产信息及应急信息应以移动信息平台通报为主、电话汇报为辅，QQ/微信为后备平台的原则进行。

（2）移动信息平台通报要求

（3）移动信息平台上主要建立电客车车辆主管部门信息传递与通知群、电客车信息发布群两个群组，群组成员原则上由班长及以上人员组成（具体人员组成由车辆主管部门领导视情况确定）。

（4）电客车车辆主管部门各类质量安全应急信息统一通过移动信息平台的电客车信息发布群进行发布。

（5）涉及新线或计划修的电客车设备故障信息，车辆主管部门需及时作出判断并在电客车信息发布群内通报。

（6）发布的信息如需生产部门回复时，发布人必须在信息后注明回复要求（如生产部门及回复时间等），被点名生产部门需按要求进行回复。

（7）当发生正线电客车故障且原因不明需要后续检查跟进，或故障已造成生产或安全影响，或电客车设备部件丢失的，各生产部门调度应在第一时间进行移动信息平台通报。

（8）当正线发生非正常的下线、换车、退出服务、2min以上晚点、抽线、特殊气象预警、治安事件、电客车原因造成的乘客投诉及其他突发事件信息时，生产部门调度应在第一时间进行移动信息通报。

（9）当发生达到电客车车辆主管部门突发事件总体应急预案响应高级别事故/事件时，生产部门调度应在第一时间进行移动信息平台通报。

（10）各生产部门当接到晚点、抽线、特殊气象预警等事件信息时，生产部门调度需在接报规定时间内完成移动信息平台通报，当接到电客车清客、电客车故障救援、事故救援或出现事件苗头及以上事故/事件信息时，生产部门调度在接报后规定时间内完成移动信息通报。

（11）事发生产部门经理接报应急信息后应对信息进行梳理并进行车辆主管部门移动群组发布。

（12）任何最终版的信息，必须经车辆主管部门、生产部门信息员正式渠道通知，避免重要信息的遗漏和导致工作延误。

2. 电话汇报要求

（1）当发生达到电客车车辆主管部门突发事件总体应急预案响应高级别事故/事件时，事发线生产部门调度必须以电话方式通知本生产部门经理和车辆主管部门技术管理相关管理部门经理；并根据事件影响、涉及车辆主管部门和实际需要选择通报给车辆主管部门内相关生产部门调度、车厂调度、行车调度及其他线路车厂控制中心。

（2）当发生达到电客车车辆主管部门突发事件总体应急预案响应高级别事故/事件时，电客车车辆主管部门第一个到达事故/事件现场的员工不论职务高低，将自动成为电客车车辆主管部门的现场指挥负责人，负责将现场电客车设备的状态及损坏情况第一时间报告给车厂控制中心和车辆主管部门领导。直到事发生产部门经理或车辆主管部门领导到达现场后再进行指挥权的移交。

（3）事发生产部门经理接到突发事件信息报告后，负责将信息及时向车辆主管部门领导汇报。同时，需做好故障处理的人员安排，并将处理情况及反馈给车辆主管部门领导。

（4）车辆主管部门领导接到突发事件信息报告后，负责向上级部门分管领导汇报。同时，根据需要安排车辆主管部门其他人员前往现场处理。若需要后勤支援的，判断本车辆主管部门能否解决，若不能解决则向上级部门申请支援。

（5）车辆主管部门技术管理相关管理部门经理接到突发事件信息报告后，负责将信息及时向车辆主管部门主管安全的分管领导汇报。同时根据需要安排专业人员前往现场处理。

（6）车辆主管部门主管安全的分管领导接到突发事件信息报告后，负责根据需要协调车辆主管部门内专业人员前往现场处理。

（7）车辆主管部门各级岗位人员接收到突发事件信息后，应及时做出判断、响应和处理（含人员、物资）。

（8）车辆主管部门技术管理相关管理部门负责车辆主管部门对外的突发事件信息接口管理工作，其他未尽事宜按运营上级部门应急信息管理办法要求执行。

（9）QQ/微信汇报要求，当移动信息平台故障时，生产部门调度通过 QQ/微信电客车车辆主管部门群进行信息通报。

3. 电客车钥匙管理

为了使公司管理更为规范、合理，保证公司日常运转，以及紧急情况下的钥匙使用。我们需要对钥匙进行有效的管理。而电客车也和我们一般的汽车一般，启动是需要钥匙的，但是电客车是重要的公共交通工具，是地铁系统内最重要的组成部分之一。如何更好的管理电客车，钥匙管理就是其中的关键要点之一，为了保障钥匙可以得到有效有序的管理，需要做到以下几点：

（1）登车作业需借用列车钥匙时，必须到车厂控制中心向检修调度办理借用登记手续。

（2）经检修调度同意后，使用者在钥匙借用登记上填写清楚借用日期、时间、借用人、钥匙类型、钥匙数量，钥匙编号。

（3）检修调度确认后发放借用钥匙，双方当面点清，以防出错。

（4）使用完毕即退还检修调度，并在钥匙借用登记上填写清楚归放时间并签名。

（5）因工作需要，使用时间较长的，须下班前退还检修调度，并办理好退还手续，严禁将电客车钥匙带回家。

（6）发现电客车钥匙有质量问题必须立即报告检修调度，以便及时更换。因工作疏忽丢失钥匙，处罚相关责任人，并进行赔偿。

7.2.10 检修人员跟车、驻站管理

电客车在正线上运行，而检修人员都是在车辆段内对电客车进行检修工作，那么正线出现了问题如何可以得到及时的处理，或者可以使得故障信息得到专业的判断和确认，更好的保障电客车的运行呢？这个时候，就需要我们安排电客车检修人员到正线上去做保障工作了。有了电客车检修人员在正线上对不断开行的电客车进行定点（驻站）和不定点（跟车）的保障工作，我们就可以及时的了解到电客车正线运行的信息，而正线上发生了故障我们也可以及时安排人员上车进行确认和跟进。那么如何进行定点（驻站）和不定点（跟车）的管理工作呢？

1. 定义

驻站：列车运营期间，为了及时处理列车故障、了解电客车状态而在相关车站安排检修人员值班的工作制度。

跟车：跟车分流动跟车和驻站跟车。

驻站跟车：跟车人员为某一驻站点的驻站人员，并根据工作安排合理有序地对运营中的地铁电客车状态、卫生情况等进行巡查。

流动跟车：跟车人员设有固定的驻站点，运营时间内对正线列车进行轮流跟车，或按车厂控制中心指定要求对指定列车进行电客车运行状态实时监控。

折返线（存车线）：客车在折返站折返时用于客车折返换向所用的线路称为折返线；在运营线路中用于存放电客车的辅助线称为存车线。

2. 管理内容

跟车驻站管理总则：

（1）跟车驻站人员需按电客车车辆主管部门考勤管理办法规定时间到岗交接班，当班期间必须按要求穿着便服、禁止穿拖

鞋，携带证件（员工卡、登乘证），并保持良好的精神状态。

（2）跟车驻站人员上班期间必须在付费区内待令，且必须使用证件进出付费区；如吃饭等原因需暂时离开所在线路付费区的，必须请示检修调度，在征得检修调度的同意后方可离开，离开时间原则上最长不能超过1h。

（3）各检修生产部门专业技术主办每月正线跟车时间不少于4h，并在电客车车辆主管部门跟车驻站交接班记录上做好记录。

（4）如非突发故障需跟踪处理，跟车驻站人员的吃饭时间为规定时间，调度需合理安排各跟车驻站人员的吃饭时间，每次应只允一人外出吃饭，以保证正线有足够人员处理突发故障。

（5）早高峰晚高峰期间，必须跟车进折返线巡查电客车，正常情况下驻站人员在驻站室内每次休息逗留时间不可超过30min。流动跟车人员每次跟车距离为四个区间；终点站驻站人员需在列车折返时对当日上线电客车进行跟车巡查，巡车率为100%，中间站驻站人员正常情况下每次跟车距离为四个区间，巡车率100%且不管所跟列车有无故障，都必须在电客车车辆主管部门正线列车巡查记录表上注明跟车时间、电客车编号和跟车起止站等信息。

（6）正常情况下流动跟车人员按区段划分跟车责任区，以防止流动跟车人员扎堆跟车导致突发故障的延误处理。

（7）驻站人员每次登乘列车时需要携带随身工具包。

（8）跟车人员需进入司机室观察列车状态时，需向检修调度申请进入司机室，检修调度与行车调度沟通同意后，驻站人员主动出示工作证及登乘证并与司机做好沟通，经当值司机同意后方可进入。

（9）对于正线已退出服务的列车，如立即需要进行检修，需由行车调度发令：列车因清客退出服务，交由检修人员处理，司机做好配合。

（10）对于正线已退出服务的列车，涉及到施加缓解制动、升降弓和动车牵引的由司机按流程操作，其余的故障处理由检修人员操作，司机负责安全监控及配合处理。

（11）对于正线运营电客车的故障处理，检修人员禁止操作车上设备，可建议并由司机操作。

（12）为保证生产部门能快速响应正线故障的处理，避免因工具准备而耗费抢险时间，各生产部门需建立车厂控制中心应急工具包、跟车工具包和驻站工具箱，并做到包（箱）内工具专用。

3. 驻站管理

为了加强驻站人员的管理，确保驻站人员能及时处理电客车在运营中出现的各种故障，维持列车的正常运营，驻站人员必须按以下规定执行。

（1）驻站人员应跟最早班车出库，最迟班车回库，夜班驻站人员回库后将当天的驻站情况向当班检修调度汇报。

（2）驻站人员交接班地点设在驻站点，交班人员要将当天运营列车的状态及未完成的工作向检修调度汇报，并在电客车车辆主管部门跟车驻站交接班记录上填写清楚，与接班人员交接完成后，要求接班人员在电客车车辆主管部门跟车驻站交接班记录上签字确认，接班人员未到，不允许擅自离开岗位。

（3）驻站人员接到检修调度的故障信息通报后，要及时了解清楚列车故障情况及列车当时的位置，提前接车，接车后向当值司机询问当时列车的故障情况，并做出相应的处理，工作完成后及时向检修调度汇报并填写处理记录，如故障车涉及影响正线运营须立即向检修调度汇报情况。

（4）驻站人员接到检修调度的读取列车相关数据的命令后，必须及时读取列车数据，数据读取完毕后及时恢复列车状态。

（5）驻站人员同时是驻站点的备品备件、公用工器具的管理员，必须认真做好随身工具包和应急工具箱的保管和交接工作，交接班时双方要清点数量，接班人员确认后签字，如有丢失，需及时通知检修调度，并及时报生产部门安全员，生产部门需对事件进行调查，防止工器具遗留在线路或列车上，并及时补齐缺失物资。

（6）驻站人员同时是驻站点的卫生负责人，交班接前必须对驻站点进行清洁，保持良好的卫生状况交给下一班。如卫生状况不佳，接班者有权拒绝接班，并将情况反馈回检修调度。

（7）因工作需要离开驻站点时，必须请示检修调度，在征得检修调度的同意后方可离开，按计划完成工作返回驻站点后需知会检修调度，不得擅自离开驻站点。

（8）晚上收车时，驻站人员必须将驻站室门窗关好、切断所有电源、锁好门。

（9）各生产部门应安排检修技能较强的员工进行跟车驻站。

（10）对于电客车故障出现后对正线影响较大的驻站点，正常情况下生产部门应安排跟车电客车在正线上运行，而检修。

4．跟车管理

（1）驻站跟车

驻站人员在当班时间合理安排工作，各驻站点之间须加强联系，对正线运营列车状态进行信息共享。

（2）工作日在运营高峰期安排一名驻站人员进行流动跟车，非运营高峰安排两名驻站人员进行流动跟车；节假日根据生产情况适当增加正线跟车人员，对列车的运营状态、卫生情况等进行巡查，并立即填写电客车车辆主管部门正线列车巡查记录；如发现问题需立即向检修调度报告。

（3）驻站人员每天下午须将正线运营列车的状态、卫生及工具物料情况通过800M手持台向检修调度汇报，由检修调度在生产会上进行通报。

（4）当天运营结束后，驻站人员需将电客车车辆主管部门正线列车巡查记录交车厂控制中心存档，并由检修调度安排人员对跟车过程中发现的问题进行检查、处理。

（5）驻站人员对正线运营列车的巡查内容包括：

1）电客车车体外侧卫生情况。

2）车厢内广告画及胶片是否安装良好。

3）车厢地板、窗玻璃等的卫生情况。

4）广播音量、内容是否正确。

5）广告、照明、扶手、灭火器等情况是否良好。

6）空调和通道是否正常。

7）转向架或车底是否有异响。

8）客室内、外车门盖板是否锁闭良好。

9）车厢内盖板、LED灯盖板安装是否紧固，是否有异响。

10）LED、LCD显示是否正确。

（6）流动跟车

1）流动跟车人员必须时刻保持通信畅通，并随身携带跟车工具包，以备进行必要的故障应急处理。

2）流动跟车人员应跟最早班车出库，并保证至少有一名流动跟车人员跟最迟班车回库，各流动跟车人员间应加强联系，随时通报自己的位置及跟车方向，以达到人员的合理布置。

3）流动跟车人员需做好跟车工具包的交接，交接班时双方要清点数量，接班人员确认后签字，如有丢失，需及时通知检修调度，并及时报告生产部门安全员，生产部门需对事件进行车调度查，防止工器具遗留在线路或列车上，并及时补齐缺失物资；交班人员和接班人员应在离班前及接班后主动向检修调度汇报。

4）交班人员需将当天运营列车的状态及未完成的工作向检修调度汇报，并在电客车车辆主管部门跟车驻站交接班记录上填写清楚；与接班人员交接完成后，要求接班人员在电客车车辆主管部门跟车驻站交接班记录表上签字确认，接班人员未到，不允许擅自离开岗位。

5）检修调度接报故障信息后，应及时了解故障列车位置及流动跟车人员位置，以便调派流动跟车人员快速到达故障列车进行相应处理。

6）夜班人员回库后将当天的正线跟车情况向当班检修调度汇报，并将电客车车辆主管部门正线列车巡查记录交车厂控制中心存档，由检修调度安排人员对跟车过程中发现的问题进行检查、处理。

7）流动跟车时，对正线的运营电客车的状态、卫生情况等进行巡查，并做好相应记录，发现问题需立刻向检修调度报告。

8）生产部门需安排检修技能较强的员工进行流动跟车人员。

（7）保障跟车管理

1）在大型活动、节假日、保开通等特殊节日期间，根据保障方案安排专人进行跟车时还需按以下要求执行：

2）跟车人员穿便装，携带工作证及工具包。

3）跟车人员须在列车运行方向第一节车端客室进行跟车，每次司机换端后，跟车人员也必须换端。

4）跟车人员交接班时必须在列车上进行交接班，不得在同一车站交接后下车。

5. 进（出）折返线（存车线）的管理

在运营过程中，因设备故障或运营调整的需要，需进入折返线（存车线）作业时，为保证电客车检修人员进（出）折返线（存车线）的安全，电客车检修人员必须按以下规定执行。

（1）电客车检修人员进入折返线（存车线）前必须到车站站控室请点登记（必须注明进入时间、作业地点/区域、进入人数和负责人），并经车站、行车调度同意后，方可进入；若要撤离折返线（存车线）时，必须在离开之前与车站、行车调度取得联系，经车站、行车调度同意后方可撤出，进出折返线（存车线）过程中必须听从车站、行车调度人员的指挥；撤出折返线（存车线）后必须到站控室登记销点。

（2）驻站人员接到检修调度的进入折返线（存车线）对电客车进行检修命令后，如遇紧急情况，驻站人员可先通过电话与车控室联系，由车控室与行车调度协商，经车控室、行车调度同意后，可安排一人先跟车进入折返线（存车线）进行电客车状态检查作业，但严禁私自操作电客车开关及车上设备，严禁私自下车，另外一人到车站站控室进行补办请点登记手续。

（3）进（出）折返线（存车线）的作业人员必须有专人负责

与车控室联系，共同商定安全注意事项及进（出）折返线（存车线）的时机、时间、线路等。

（4）进（出）折返线（存车线）过程中，由车控室负责在LOW上监视防护，作业人员必须注意观察来车方向的情况。

（5）作业人员通过正线线路前，必须与车站监控人员互相确认，作业人员必须在约定的时间内通过正线线路，到达折返线（存车线）后，必须立即与站控室联系确认已到达；从折返线（存车线）出到站台后，立即与站控室联系确认已安全撤出，并及时到站控室登记销点。

（6）上下隧道时必须通过站台端部楼梯，严禁从其他部位攀越，上下楼梯应抓紧扶稳，逐级行走。

（7）进（出）折返线（存车线）必须穿着荧光服，横越线路时严格执行一站、二看、三通过的规定。

（8）沿线路旁行走时，不准脚踏钢轨面、道岔尖轨、连接杆等，注意脚下障碍物。

（9）现场工器具、材料要集中稳固堆放，远离行车线路。严禁在折返线、存车线区域内吸烟。

（10）作业完毕，要清理现场，检查线路有无异状，保证线路的出清。

7.2.11 电客车检修作业挂牌管理

电客车全长100多米，宽2～3m。每一列电客车有时候会有很多不同的检修工作内容。而检修调度一般都是在DCC车辆段控制室内进行电客车检修作业的调度管理。如何保障不同的作业内容不会出现相互抵触的地方，比如说有人需要登上车顶检查受电弓，有人需要做电客车的通电测试，那就出现抵触了，一项作业需要通电一项作业需要无电。有的时候作业量较多，为了使得可以有效的提高电客车的利用率，用较短的时间恢复电客车状态，也需要在同意电客车上进行多项作业。那么这个时候为了使得作业可以得到有效管理，需要对电客车进行挂牌作业管理，就是在电客车进行检修作业时，于电客车首尾两端全自动车钩处悬挂禁止动车牌（图 7.2-2），以此显示该列电客车上有人进行电客车检修作业。除了禁止动车牌以外，还有很多的作业牌。

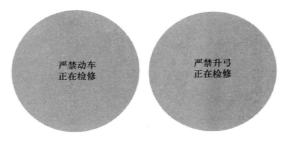

严禁动车
正在检修

严禁升弓
正在检修

图 7.2-2　禁止动车牌

　　为了使得这个作业牌可以得到很好的管理，我们需要做以下管理规定。

　　（1）电客车无电作业需挂牌进行，防止交叉作业、误操作，造成人员伤害、设备损坏。

　　（2）电客车检修作业严格按挂牌管理要求执行。

　　（3）检修调度在审批登车作业时，对符合条件的作业需同时审批检修作业牌借用记录。

　　（4）列车作业完成不需挂牌时，作业人员应及时归还作业牌并填写归还记录，检修调度负责确认。检修作业挂牌未归还的列车，检修调度禁止安排该车进行与检修挂牌冲突的任何作业。

7.2.12　外来人员管理

　　外来人员，顾名思义就是不属于本地或者本公司管理范围内的人员。在以下章节的要求中，适用的外来人员就是不属于点客车车辆主管部门的成员的人员。为何要专门对外来人员提出管理要求呢？由于电客车停放和检修的场所，也就是地铁车辆段或者停车场内往往设置了很多的检修用的设备或者对应以及相关的专门建筑物。这些地方或者设备，都是我们平常不能见到或者接触到的。当我们进入到这些场所或者接触到这些设备时候，不能很快的将其中出现的危险源发现并做好保护。而另外，为了保障检修人员的工作不被我们所打扰，可以正常有序的进行检修工作，检修调度就需要对外来人员的一些行为进行规定，这些规定涉及到了方方面面，有一般性的行为规定（通用守则），也有特殊性的行为规定（作业管理规定），都需要我们去好好的遵守。

1. 电客车车辆主管部门外来人员通用守则

（1）任何人禁止在禁烟区吸烟。

（2）未经允许，严禁擅自进入非授权允许进入的任何场所。

（3）未经允许，严禁使用电客车车辆主管部门所属的设备。

（4）严禁擅自进入行车部位。

（5）不得从电客车底下穿越。

（6）不得从电客车直接跳跃至地面；不得跳跃越过地沟。

（7）必须以安全的方式上下，戴好安全帽穿越列车和地沟。

（8）未经许可，不得带走有关公司资料的纸质或电子文件。

（9）未经许可，严禁照相、录像、录音等记录有关公司任何资料的行为。

（10）严禁在办公楼过道上、楼梯口等堆放物品。

（11）严禁不按规定存放易燃、易爆和有毒物品。

（12）不得损坏、破坏地铁设备、设施、财产。

（13）听从电客车车辆主管部门指定工作人员指挥，否则由此引起的一切后果由外来人员负责。

（14）外单位接口生产部门必须组织针对外单位业务范围、安全控制特点，对外来人员进行相关安全学习，外来人员必须严格遵守。

（15）外单位人员进入电客车车辆主管部门作业均需办理《临时出入证》。

（16）外单位根据运营设备设施外单位施工进场管理相关规定，如需办理外单位施工作业手续，外单位人员自行到车厂控制中心办理外单位施工作业手续（设备委外维修另有规定）。

（17）外单位车辆不得进入段，确因工作需要进入的，应经门卫或配合部门同意后由门卫办理换证（行驶证换取"外来车辆准行证"）和登记手续后方可进入；车辆驶离时，经门卫检查后换回行驶证。

（18）外单位车辆在段内不得乱停乱放，要停放在指定区域；进行库房区域必须经属地管理部门同意后，方可进入。

（19）各种机动车辆通过门卫限速每小时 5km，在车辆段内时速不得超过 20km。

2. 外单位施工人员（如：各种委外修项目、外来试验、测试人员）作业管理规定

（1）作业前准备工作

1）电客车车辆主管部门技术管理相关管理部门配合安全技术部审核办理到本车辆主管部门作业的外单位人员的《临时出入证》，呈车辆主管部门领导签名，写明"同意办证"意见，部门领导签名，加盖部门公章。

2）外单位人员到车厂控制中心办理外单位施工作业相关手续（设备委外维修另有规定）

外单位施工作业相关手续办理参照运营设备设施外单位施工进场管理相关规定执行。

外单位取得外单位施工作业相关手续后，才可提报、安排施工作业计划。

3）办理施工进场作业文件

作业令申报要求：外单位施工负责人到主办或主配合生产部门提交，外单位施工作业相关手续、施工负责人证、施工安全协议、施工技术方案、具体施工作业计划，由主办或主配合生产部门提报施工计划。

（2）提报施工计划注意事项

1）涉及运营上级部门内实施委外维修及施工，外单位将相关施工计划提交主办部门，主办部门必须审核施工安全措施、影响情况、提供配合情况，并负责申报施工作业计划。

2）作业令发放

施工计划批准后，外单位施工进场作业文件由车厂控制中心签发，外单位领取并凭原件请点作业。如属行车设备维修施工管理相关规定的 B3 或 C2 类的作业，外单位可凭外单位施工作业相关手续直接到规定的地点、区域值班人员处申请进行施工，获批准并登记后进行作业，不再需要施工进场作业文件。

8 相 关 知 识

8.1 人身安全

人身安全是指消除或控制危害人身安全健康的一切危险、有害因素，保障员工的安全和健康，舒适地工作。这里主要讲员工通用安全守则和调车作业人身安全。

8.1.1 员工通用安全守则

我们的安全工作方针是："安全第一，预防为主"。

我们的安全工作理念是：人人讲安全、时时讲安全、事事讲安全、处处讲安全。

我们提倡和推行"零事故伤亡"的安全文化。

每一位员工，都有关爱自身生命和他人生命、确保地铁设备安全的责任。

每一位员工，都必须遵守各项安全规章，按操作规程工作。

每一位员工，都有制止违章作业和防止事故发生的权利和义务。

我们的安全总目标是：以高水平的管理、合理的成本投入，实现安全、正点、可靠运行，完成各项服务指标。

1. 日常安全注意事项

（1）注意警示标志，谨防意外。

（2）注意地面状况，谨防滑倒。

（3）注意高空坠物，谨防砸伤。

（4）注意扶梯运作，谨防夹伤。

（5）注意设备异常，谨防发生事故。

（6）通过道口，请"一站、二看、三通过"。

（7）车辆段内汽车限速行驶，行人请注意交通安全。

（8）线路附近，不准舞动绿色、黄色、红色物品。

2. 上岗安全要求

（1）时刻牢记，安全第一。

（2）坚守岗位，遵章守纪。

（3）当班期间，专心致志，履行本岗职责。

（4）遵守安全规程，保证安全作业。

（5）牢记应急程序，发现异常，立即按程序处理。

3. 消防安全要求

（1）严禁在易燃易爆物品处动火。

（2）发现火灾，立即报警。

（3）发生火灾，有义务组织引导乘客按逃生线路离开现场。

（4）严禁随意移动消防器材和阻碍消防器材的使用。

（5）不准随意使用消防水。

（6）熟练掌握灭火器材使用方法。

4. 用电安全要求

（1）下班后及时关闭各类电源。

（2）严禁私拉乱接电线。

（3）办公楼、车站电源插座按用电容量使用。

（4）临时用电按《临时用电管理办法》执行。

（5）作业须严格执行电气安全规程。

5. 严禁事项

（1）严禁擅自进入行车重地和主要设备场所。

（2）严禁擅自触动非本人操作的设备、电闸、阀门、各种开关按钮等。

（3）严禁携带易燃、易爆、剧毒等危险物品进站、上车。

（4）严禁上、下行驶中的车辆。

（5）严禁擅自移动、改换、拆除防护装置和警示标志。

（6）严禁在地铁限界内坐卧、休息、吸烟。

（7）严禁违章操作、作业。

（8）严禁在轨行区遗留生产工器具、备品备件、垃圾等。

8.1.2　调车作业人身安全

车厂内的调车作业比较频繁，调车作业过程中稍有不慎就可能出现人身安全的问题，其重要性可想而知。调车作业人身安全的规定如下：

（1）班前禁止饮酒，作业中严禁吸烟。

（2）在带电区段进行调车作业时，严禁调车人员攀登机车、车辆或装载货物的顶上。

（3）上、下车时，应停车，选好地点，注意地面障碍物，确认安全后方可下车，不得飞乘飞降。在机车、车辆运行未停稳的情况下上、下该机车或车辆叫做飞乘飞降。

（4）严禁在机车前后端坐立。

（5）在机车、车辆移动过程中：

1）禁止在平板车的侧板或端板、支架上坐立。

2）禁止站在车梯上探身过远。

3）禁止在装载易于窜动货物的车辆间和货物空隙间站立或坐卧。

4）禁止骑坐车帮，跨越车辆。车帮是指平板车辆前、后、左、右的边框。

5）禁止进入线路内摘解风管或调整车钩钩位。

（6）处理车辆作业时应：

1）摘车时，应执行"一关前，二关后，三摘风管、四提钩"的作业程序。就是指第一步关前车的风管折角塞门，第二步关后车的风管折角塞门，第三步摘解风管，第四步手提车钩杆解开车钩。

2）摘接风管、调整钩位、处理钩销时，应等待车辆、车列停妥，并向司机显示防护信号。

3）调整钩位、处理钩销时，不要探身到两车钩之间。

4）使用折叠式手闸，须在停车时竖起闸杆，确认方套落下，月牙板关好，插销上好后方可使用。注意检查手闸链条良好。

（7）行走线路时应：

1）调车人员应走两线路之间显示信号，并注意邻线的机车车辆。严禁在道心、枕木头上行走，不准脚踏钢轨面、道岔连接杆、尖轨等。

2）横越线路时，应"一站、二看、三通过"，注意左右机车车辆的动态及脚下有无障碍物。

3）横越停有机车、车辆的线路时，先确认机车、车辆暂无移动，然后在该机车车辆较远处通过。严禁在运行中的机车、车辆前面抢越。

4）不准在钢轨上、车底下、枕木头、道心里坐卧或站立，不准跨越地沟。

（8）调车作业中应站好扶稳，中转信号时，不能探身过远，需留意周边环境、地点变化。车辆在进出库门移动过程中，任何人员不能在车辆（或机车）与库门之间的缝隙中穿越。

（9）调车长、调车员需上下车时，必须先用无线便携台与司机联系清楚，同时显示停车手信号，待车列停稳后，方可上下车。

（10）调车长、调车员应注意无线便携台及口笛皮套挂绳的安全，避免挂绳缠挂危及人身安全。

（11）调车作业人员要密切留意并避免车辆刚停稳（指还未结束作业时）维修及其他作业人员就立即上车作业的情况（比如上止轮器、钻入车底等），注意督促现场负责人负责现场作业人员人身安全。

8.2　车厂行车备品

8.2.1　车厂行车备品简介

车厂行车备品主要是指无线电台、信号灯、信号旗、照明应急灯、手摇把、钩锁器、配备工具、钥匙等。车厂行车备品的主要种类和数量详细见表 8.2-1《车厂行车备品配置表》，其他新增备品及数量需登记入册，同样需根据说明书、用户手册的要求做好维护保养工作。

车厂行车备品配置表　　　　　　表 8.2-1

序号	品名	规格型号	车厂信号楼		轨道车库		运转值班室		车厂调度	
			数量	用途	数量	用途	数量	用途	数量	用途
1	手持无线电台	GP88S	2	行车	4	调车	4	调车备用	2	行车
2	信号旗	红、黄、绿	各2面	备用	各6面	调车	各1面	备用	各2面	备用
3	信号灯	铁路专用	2盏	备用	6盏	调车	2盏	备用	2盏	备用
4	红闪灯		2套	备用	6盏	防护	2盏	备用	8盏	备用
5	应急灯		2盏	备用	6盏		2盏	备用	2盏	备用
6	防水探照灯		1盏	备用					3盏	备用
7	手电筒	带信号灯	2套	备用	6套	班组	6套	备用	3套	备用
8	钢卷尺	7.5×25mm	1把	备用	1把	班组	1把	备用	1把	备用
9	皮卷尺	30m	1把	备用	1把	班组			1把	备用
10	组套工具		1套	备用	1套	班组	1套	备用	1套	备用
11	荧光带		2条	备用	2条	备用	2条	备用	2条	备用
12	安全帽		2顶	备用	4顶	备用	2顶	备用	2顶	备用
13	防毒面具		2个	备用	4只	备用	2只	备用	2只	备用
14	铁鞋				20只	防溜			10只	防溜
15	转辙机钥匙		4把	人工摇岔						
16	道岔手摇把		4把	人工摇岔						
17	钩锁器		16副	人工锁岔						

8.2.2　行车备品保管和使用

1. 行车备品的保管使用

车厂各行车岗位的行车备品必须登记造册，列明品名、规格、数量、编号、存放地点、责任人等，每班交接班必须认真清点、核对品名、数量无误，检查使用状态良好。需进行充电或更换电池、灯泡等维护作业的由交班人员进行，并做好维护记录。

行车备品保管及维护保养工作，按照"分级管理，逐级负责"的原则进行。配置在乘务材料房的行车备品由乘务材料员负责，配备到生产岗位的行车备品由各组兼职材料员或指定人员负责，配发到个人的行车备品由个人负责。在使用过程中，发现有质量问题，应及时归口上报，由乘务材料员负责协调解决。

2. 行车备品保管、维护保养要求

（1）行车备品必须按产品性能要求进行维护保养，各岗位每天做好备品交接，对红闪灯、手电筒、应急照明灯等灯具的维护保养应设立专门登记本做好记录，填写内容包括经手人、保养日期、保养事项等，保持可追查性和连续性。

（2）重点要保证无线便携台、手电筒、应急照明灯的电量充足，性能可靠，严防无电或失效等影响安全的故障发生，保证使用正常。

（3）主要行车备品的维护保养见表 8.2-2《主要行车备品维护保养明细表》。存放在电客车司机室的红闪灯和防毒面具，每天由早班接班客车司机进行检查，确认备品存在、红闪灯是否有电、电量是否充足。红闪灯由客车组材料员定期充电维护。

（4）每月由乘务材料员负责检查 1 次各岗位备品维护保养执行情况。各组兼职材料员要随时检查本组备品保存和使用情况，确保各行车备品处于良好状态。

（5）乘务各组应将行车备品造册登记、建立使用维护台账，注意行车备品防盗、防潮，需借用时，做好登记。

主要行车备品维护保养明细表 表 8.2-2

序号	备品名称	品牌	维护保养周期	连续充电时间(h)	可连续使用时间(h)	注意事项
1	红闪灯（FL4810 远程方位灯）	海洋王	每次使用后及时充电或长期搁置每 6 个月充电一次	10	10	充电时必须使用本产品配置的专用充电器

序号	备品名称	品牌	维护保养周期	连续充电时间(h)	可连续使用时间(h)	注意事项
2	手电筒（JW7200袖珍防爆调光电筒）	海洋王	每次使用后及时充电，长期搁置每4个月充电1次	5	强光1.5工作光4	使用配套充电器
3	应急灯（JIW5210便携式多功能强光灯）	海洋王	每半个月充放电各1次，先放电后充电	10-15	强光1.1工作光1.5	每次使用后或电池放电完毕后须放置1h后方可充电
4	探照灯（RJW7100手提式防爆探照灯）	海洋王	每次使用后充电；长期搁置每月充电1次	10	强光1.5工作光3.5	使用配套充电器
5	800M行车电台	诺基亚	使用后及时充电	—	—	注意不能使用非本产品配置的充电器座进行充电
6	400M行车电台	摩托罗拉	使用后及时充电	14～16	—	注意不能使用非本产品配置的充电器座进行充电
7	信号灯	南极光	灯光变暗时及时充电，长期不用，每3个月充电一次	12～16	照明8显示信号12	使用配套充电器，充电时间不能超过24h
8	钩锁器	—	每次使用后涂黄油保养	—	—	每月检查一次
9	手摇把及转辙机钥匙	—	每月检查一次	—	—	单独锁闭存放，借用登记

注：海洋王产品均实行3年保用，灯泡保用6个月，出现故障可免费维修。

3. 转辙机钥匙、道岔手摇把和钩锁器的使用管理

（1）转辙机钥匙（2把）、道岔手摇把（4把）和钩锁器（16副）统一编号，统一在车厂信号楼加锁存放，由信号楼值班员负责管理。

（2）因道岔故障或施工、检修作业，需要使用转辙机钥匙、手摇把、钩锁器时，使用单位负责人到车厂信号楼办理借用手续，并在《车厂行车设备施工、检修登记本》上登记、签认。

（3）使用完毕后，使用单位应及时将转辙机钥匙、手摇把、钩锁器交回车厂信号楼，经信号楼值班员检查无误后，双方在《车厂行车设备施工、检修登记本》上登记、签认，由信号楼值班员收回并上锁。

（4）信号楼值班员交接班时应认真确认转辙机钥匙、手摇把、钩锁器的数量、编号和加锁状态良好后，在交接班本上注明。

附　　件

附件一　名词解释

（1）进路：机车车辆由某一指定地点运行至另一指定地点所经过的路段叫做进路。

（2）基本进路：是指车场（站）内由一点向另一点运行有几条径路时规定常用的一条径路。

（3）平行进路：是指任何两条进路彼此不相妨碍，即同时办理不危及行车安全的进路。

（4）变通进路：除基本进路外，所排出的进路称为变通进路，也称迂回进路。

（5）敌对进路：指如果两条进路既有共用的路段，又对共用的道岔的位置要求相同，在这种情况下，不可能借助道岔位置防止它们同时建立，而必须采取另外的技术方法加以防止，我们称进路中的一条是另一条的敌对进路。

（6）轨道电路：利用轨道的钢轨作导体，在一定长度的钢轨两端装设轨道绝缘物体（绝缘节），中间的两条钢轨间的轨缝用轨道接续线连接起来，并用引接线连接电源和接收设备的电路叫轨道电路。

（7）超限绝缘：装有轨道电路的车站上，轨道绝缘距警冲标一般应不小于 3.5m 且不大于 4m。但是当相邻两组道岔警冲标之间的距离不足 7m 时。安装于它们中间的分界绝缘就不可能满足以上要求，称为超限绝缘。

（8）道岔区段：设在车站道岔区的轨道电路区段叫做道岔区

段轨道电路，该区段称为道岔区段。为了不让辙叉把轨道电路短路，在道岔处设置两个绝缘节，该绝缘节称为道岔绝缘。

（9）进路锁闭：进路在建立状态时进路上有关道岔不能转换，敌对信号机不能开放。进路锁闭一般分为预先锁闭和接近锁闭两种状态。

（10）预先（进路）锁闭：信号机开放后，列车尚未进入其接近区段时的进路锁闭状态，此时若关闭信号，进路立即解锁。

（11）接近锁闭：也称完全锁闭，是指信号开放后，列车已进入接近区段时进路锁闭，此时若关闭信号，进路实行延时解锁。

（12）区段锁闭：集中操纵的道岔，为了防止列车或调车车列占用道岔是道岔中途转换而危及行车安全，在有车占用的道岔区段，即使车站值班员操纵也不会使道岔转换的道岔锁闭方式。

（13）故障锁闭：进路不应该锁闭而锁闭或应该解锁而没有解锁的状态。

（14）车长：工程列车开行时，由两位乘务员担任，一名任司机驾驶列车，另一名任车长，车长指挥列车运行及监视装载货物的安全，推进运行时负责引导瞭望。

（15）关门车：临时发生空气制动机故障，而关闭截断塞门的车辆。

（16）线路出清：施工完毕后施工负责人检查所有人员携带的工具及物料撤离行车线路，所有施工人员撤离行车线路或线路巡视员巡查完毕，该段线路已具备正常行车的条件。

（17）三、二、一车距离：指调车作业时，距离停留车或停车地点的距离三车（约60m）、二车（约40m）、一车（约20m）。

（18）运营时刻表：列车在车站（车厂）出发、到达（或通过）及折返时刻的集合。

（19）电话闭塞法：车厂与连接车厂的正线车站间或相邻车站间通过电话联系确认区间空闲，司机凭行车许可证行车的一种行车方法。

（20）列车：按运营时刻表、施工行车通告及有关规定编成的车列，挂有动力车辆（如机车等）及规定的列车标志，称为列车。列车分为客车、工程车、轨道车、救援列车等。

（21）行车许可证：采用电话闭塞法组织行车时，列车占用区间的行车凭证。

（22）DCC：车厂控制中心。

（23）ATC：列车自动控制系统。

（24）ATS：列车自动监控子系统。

（25）ATP：列车自动防护子系统。

（26）ATO：列车自动运行子系统。

（27）AR：列车自动折返模式。

（28）RM：限速（25km/h）人工驾驶模式。

（29）SICAS：西门子计算机辅助信号连锁系统。

（30）SM：ATP 保护的人工驾驶模式。

（31）URM：非限制的人工驾驶模式。

（32）MMI：人机接口。

（33）主任调度员：OCC 调度指挥当值负责人，负责行调、电调、环调协调运作。

（34）行调：负责行车指挥工作的专职人员。

（35）电调：负责供电系统的管理和调度的专职人员。

（36）环调：负责环境控制系统的管理和调度的专职人员。

（37）车厂检修调度：在车厂 DCC 当值，负责车辆各种维修作业组织、安排及信息传递工作的员工。

（38）连锁：指信号系统中的信号机、道岔和进路之间建立的一种相互制约关系。如进路防护信号机在开放前检查进路空闲、道岔位置正确及敌对进路未建立等，信号机开放后，道岔锁定，这种相互制约的关系称为连锁。

（39）解体调车：将故障、检修的车列，按车辆维修部门的要求分解到指定的线路上。

（40）编组调车：根据列车编组的计划的需要，将车辆、单元车组编成车组或车列。

（41）取送调车：装卸货物或检修车辆，向运用线和检修线送车或取回车辆。

附件二　试车线 60km/h 以上试验作业单

见附图 2-1。

第 200×－×× 号

车需于日时至时在试车线进行试验,试验车辆采用模式驾驶,最高速度 km/h。 主持试验单位:试验负责人: 时间:联系电话:翻译: 车辆检修调度:车厂调度:时间:
备注:

附图 2-1　试车线 60km/h 以上试验作业单

本单一式 4 份，DCC1 份（存车厂调度处），客车队长、司机、试验负责人各 1 份

附件三　车厂与正线车站采用电话闭塞法时的行车许可证样式

见附图 3-1。

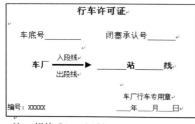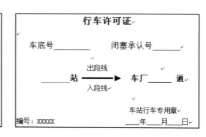

注：规格 74mm×88mm

附图 3-1　车厂与正线车站采用电话闭塞法时的行车许可证样式

参 考 文 献

[1] 毛保华等编著. 城市轨道交通. 北京：科学出版社，2001
[2] 张铮等编著. 零起点速学电工技术. 北京：人民邮电出版社，2007
[3] 高朝祥主编. 机械基础. 北京：化学工业出版社，2005
[4] 汪松滋、黄锤主编. 地铁概论. 南京：南京出版社，1994
[5] 李培根主编. 机械基础（初级）. 北京：机械工业出版社，2005
[6] 陆荣主编. 电工基础. 北京：机械工业出版社，2006